中央民族大学优秀博士论文文库
The Outstanding Doctoral Dissertation Library

鄂伦春族传统游戏的教育人类学研究

——民族文化传承的危机与思考

◎白 洁/著

Study of Educational Anthropology of the Oroqen Traditional Games-Crisis and Reflection on the Inheritance of National Culture

by Bai Jie

中央民族大学出版社
China Minzu University Press

图书在版编目（CIP）数据

鄂伦春族传统游戏的教育人类学研究：民族文化传承的危机与思考/白洁著．—北京：中央民族大学出版社，2016.6

ISBN 978－7－5660－1195－4

Ⅰ．①鄂…　Ⅱ．①白…　Ⅲ．①鄂伦春族—游戏—研究—中国　Ⅳ．①G898

中国版本图书馆 CIP 数据核字（2016）第 134768 号

鄂伦春族传统游戏的教育人类学研究

作　　者　白　洁
责任编辑　宁　玉
封面设计　布拉格
出 版 者　中央民族大学出版社
　　　　　北京市海淀区中关村南大街 27 号　邮编：100081
　　　　　电话：68472815(发行部)　传真:68932751(发行部)
　　　　　　　68932218(总编室)　　　68932447(办公室)
发 行 者　全国各地新华书店
印 刷 厂　北京宏伟双华印刷有限公司
开　　本　880×1230（毫米）　1/32　印张：10.25
字　　数　260 千字
版　　次　2016 年 10 月第 1 版　2016 年 10 月第 1 次印刷
书　　号　ISBN 978－7－5660－1195－4
定　　价　48.00 元

总 序

中央民族大学是我们党为解决民族问题、培养少数民族干部和高级专门人才而创办的高等学府。建校六十多年来，中央民族大学认真贯彻党的教育方针和民族政策，坚持社会主义办学方向，坚持为少数民族和民族地区发展服务的办学宗旨，培养了成千上万的优秀人才，取得了许多具有开创性意义的科研成果，创建和发展了一批民族类的重点学科，走出了一条民族高等教育又好又快发展的成功之路。

今天，荟萃了56个民族英才的中央民族大学，学科门类齐全、民族学科特色突出，跻身于国家“211工程”和“985工程”重点建设大学的行列。中央民族大学已经成为我国民族工作的人才摇篮，民族问题研究的学术重镇，民族理论政策的创新基地，民族文化保护和传承的重要阵地。

教师是学校的核心和灵魂。办好中央民族大学，关键是要有一支高素质的教师队伍。为建设一支能够为实现几代民大人孜孜以求的建成国际知名的、高水平的研究型大学提供坚实支撑的教师队伍，2012年4月，学校做出决定，从“985工程”队伍建设专项经费中拨出专款，设立“中央民族大学青年学者文库”基金，持续、择优支持新近来校工作的博士、博士后出站人员以及新近取得博士学位或博士后出站资格的在职教职工出版高水平的博士学位论文和博士后出站报告。希望通过实施这一学术成果出版支持计划，不断打造学术精品，促进学术探究，助推中央民族大学年轻教师成长，形成长江后浪推前浪、一代更比一代强的教师队伍蓬勃壮大的良好局面。

青年教师正值学术的少年期。诚如梁启超先生脍炙人口的名言所祈愿：少年智则国智，少年富则国富，少年强则国强，少年独立则国独立，少年自由则国自由，少年进步则国进步，少年胜于欧洲，则国胜于欧洲，少年雄于地球，则国雄于地球。希望在各方面的共同努力下，在广大青年教师的积极参与下，《中央民族大学青年学者文库》能够展示出我校年青教师的学术实力，坚定青年教师的学术自信，激发青年教师的学术热忱，激励广大青年教师向更高远的学术目标攀登。唯有青年教师自强不息，中央民族大学的事业才能蒸蒸日上！

中央民族大学青年教师学术著作出版
编审委员会
2013 年 6 月 19 日

序　言

前些天，白洁跟我说她的博士论文要出版了，想请我为她写个序，当下我欣然允诺。还记得当年她报考时，我是有些疑虑和好奇的。作为一个世代在茂密森林中靠狩猎为生的鄂伦春族的女孩子，能否完成博士的学业？她的研究方向又会选择什么？随着入学后时间的推移，我对她的了解也日益增多。发现在这个人口稀少的少数民族学生身上，确实有着淳朴的品质。特别是她的善良、单纯以及对自己民族的热爱，给我留下了深刻的印象。在学业上，她肯于下慢功夫，一点一滴地去汲取知识。在研究上，作为鄂伦春族最早的博士，她有着强烈的民族责任感，愿用自己所学为生养她的民族尽一分力量。

鄂伦春族在我国是一个人口较少民族，至今在国内的总数也不过万人。但作为我国的 56 个民族之一，其罕见的狩猎文化在国内外备受关注。白洁的博士论文《鄂伦春族传统游戏的教育人类学研究——民族文化传承的危机与思考》，以其独特的视角从儿童的传统游戏入手，试图揭示民族文化和民族教育在人的形成过程中的深刻影响，是一篇难得的教育人类学论文。把一个民族的文化性格和教育问题聚焦到儿童的游戏上，看似题小，其实却恰与欧美等世界发达国家的经典研究相近。其中的道理，在于游戏是儿童教育的最重要手段，是儿童成长的基石，是民族文化传承的天然渠道。正是那一个个古老的传说和童谣、一个个让人沉迷于其中的游戏、一个个精美的桦树皮手工制作，赋予了鄂伦春人勇敢、智慧和率真，从而铸就了世上独一无二的鄂伦春人。同时，通过大量的访谈和田野调查，作者也对这些传统游戏和民族文化传承所受到的现代化的巨大冲击，表示出深深的忧虑和不安。尤其是透过老一代鄂伦春人的讲述，为人们留下那古老文化的最后一抹光辉和未来寄语。或许这个民族的传统游戏和文化终将不再世间流传，但作为一个历史的记录和教育人类学的研究，相信这篇论文会从一个侧面铭记一个民族的风貌与辉煌。

尽管这篇论文限于种种原因，还有一些遗憾和不足。但其可贵之处，在于它出自一个鄂伦春学子之笔，用其本民族的视角、感怀和思考，为我们展示和讲述了一个民族的文化与教育的兴衰和变迁。由衷地愿白洁能够继续沿着这条路走下去。因为这不仅是一个民族学博士的责任，更肩负着一个民族的振兴与未来希望！

哈经雄

内容摘要

鄂伦春族是当今世界罕能延续下来的狩猎民族之一，有关鄂伦春族的研究具有重要的学术价值和实践意义。在长期的历史发展中，鄂伦春族独特的文化和生存方式造就了鄂伦春人特有的品格。然而，随着鄂伦春族传统文化的迅速消失，鄂伦春人的独特品格也面临着消亡的危机。因此，从教育人类学的视角对形成鄂伦春人的优秀品质有重要影响的游戏加以研究，使其得到有效抢救和传承，是本研究的目的和价值所在。

游戏作为鄂伦春人培养后代的重要手段之一，其中蕴含着鄂伦春族传统文化的精华和独特的教育功能。本书通过历史文献法、理论分析法和人类学的实地调查方法，在对鄂伦春族传统游戏的起源、形成、主要内容及特征进行整理和分析的基础上，根据多元智能理论和心理学、教育学等学科关于游戏与儿童发展关系的理论，从教育人类学的视角，对游戏在鄂伦春人多种智力和心理素质、道德品质形成中的作用进行了分析。之后，通过对当今鄂伦春族传统游戏的传承现状的实地调查及其相关因素分析，论证了自然环境、制度环境和文化环境的变迁与游戏传承困境之间的关系。最后，分别从历史、现实和未来三个视角，对鄂伦春族游戏的传承价值和发展途径进行了深入分析和探讨。

论文的内容由以下几部分构成：

绪论：对选题背景、研究目的和意义、理论框架和主要研究方法、相关研究动态以及本研究的理论价值和现实意义作简要阐述和说明。

第一章：鄂伦春族传统游戏概说。在对鄂伦春民族的形成、历史发展和传统文化进行概述的基础上，对鄂伦春族传统游戏的起源、演变、主要内容及其特征进行了分析和论述。

第二章：鄂伦春族传统游戏的社会文化功能及教育功能分析。就鄂伦春族游戏传承在其社会中对生产和生活知识、道德和习俗、增进娱乐和交往、民族性格的培养以及增强民族凝聚力等方面的作用进行探讨。并从教育人类学的视角，就游戏在鄂伦春族传统教育中的功能，以及对鄂伦春族儿童智力因素和非智力因素发展的影响进行了深入的考察和分析。

第三章：鄂伦春族传统游戏传承现状的田野调查。介绍了笔者通过人类学的问卷和访谈等实地调查方法，对内蒙古自治区鄂伦春自治旗鄂伦春族传统游戏的传承现状所做的田野调查，并对调查获得的资料和数据进行了相关分析和解释。

第四章：鄂伦春族传统游戏传承机制与困境分析。根据文化生态学理论，对鄂伦春族传统游戏能够传承至今的机制和环境条件加以阐释，并分别从自然环境、制度环境和精神环境三方面对游戏在今天的传承困境进行了深入探索。

第五章：鄂伦春族传统游戏的传承思考。从历史、现实和未来三个视角，对如何传承和发展鄂伦春族传统游戏进行了思考。指出鄂伦春族传统游戏在保护人类非物质文化遗产、丰富人类文化多样性、促进当代儿童身心发展及保持人的个性化、人类的创造性方面具有特殊价值。提出鄂伦春族传统游戏应以开放的姿态面向未来、面向世界，使之不仅为过去和今天的鄂伦春民族发展服务，更要为整个中华民族和全人类的发展服务，并就如何对鄂伦春族传统游戏进行挖掘、保护和传承，如何对其进行现代化变革等问题，提出了自己的看法和思路。

关键词 鄂伦春族，游戏，教育人类学，少数民族，民族文化，文化传承，文化保护

ABSTRACT

Today Oroqen ethnic minority in China is one of the few ethnic minority still existing in the world which depended on hunting for thousands of years. The study about Oroqen people has scholarly value and practical significance. During the long history, the unique culture and lifestyle of Oroqen ethnic minority have engendered their proper characteristics. However, as the traditional culture of Oroqen ethnic minority is disappearing rapidly, these characteristics are also changing and may die out one day. It is just the purpose and value of this study to research the games which play an important part in engendering the excellent characteristics of Oroqen ethnic minority from the pedagogical visual angle, so as to salvage and preserve them efficaciously.

As an important way to cultivate their offspring, the games contain the soul of Oroqen ethnic minority's traditional culture and unique educative functions. This thesis analyzes the effects on the forming of various intelligence, mentality, and morality of Oroqen ethnic minority with literatures method, theoretics analyzing method, and field survey method of anthropology from a visual angle of pedagogical anthropology, which is based on coordinating and analyzing the origin, formation, main content, and characters of Oroqen ethnic minority and is in terms of theory of Multiple Intelligence and the theories of psychology and pedagogy about the relation between plays and the development of children. Furthermore, the author demonstrate the relationship between the vicissitude of natural environment, institutional environment, cultural environment and the plight of the inheritance of plays by investigating the current situation of the inheritance of the Oroqen ethnic minority's traditional games and analyzing the results . Finally the author deeply analyzes and discusses the value of inheritance and the way of development of Oroqen ethnic minority's traditional plays from the visual angles of the history, the reality and the future separately.

The thesis contains:

The exordium: explaining the context of selecting the subject, the purpose of this study, the theoretical frame, the main methods of the study, the related trend of the study, and the theoretical value and practical significance of this study briefly.

Chapter One, general introduction of Oroqen ethnic minority's traditional games. Analyzing and introducing the origins, evolvements, main contents and characteristics of the Oroqen ethnic minority's traditional plays, which are based on the general introduction of the formation, historical development and traditional culture of Oroqen ethnic minority.

Chapter Two, analysis of the social and cultural function of the traditional games. Discussing the effect of the plays on inheriting the knowledge of product and life, morality and customs, on improving entertainment and intercommunion, on engendering ethical characteristics, and on enhancing the ethical cohesion, etc. Furthermore, analysis of the educational function of Oroqen ethnic minority's traditional plays. Analyzing and discussing thoroughly the effect of the plays on the traditional education of Oroqen ethnic minority and on the development of Oroqen children's intellective and other factors from the pedagogical visual angle of pedagogical anthropology.

Chapter Three, field investigations about the current situation of the inheritance of Oroqen ethnic minority's traditional plays. Introducing the field investigation which the author made to survey the current situation of the inheritance of Oroqen ethnic minority's traditional plays in Oroqen Borough of the Inner Mongolia Autonomous Region with some pedagogic investigative methods such as questionnaire and interview. At the same time analyzing and explaining the information and data gained in the investigation.

Chapter Five, analysis of the inheritance institution and plight of Oroqen ethnic minority's traditional plays. Explaining the institutions and circumstances by which Oroqen ethnic minority's traditional games can still exist today in terms of cultural ecology, and exploring deeply the current plight of the inheritance of plays from three aspects which are natural environment, institutional environment and cultural environment.

Chapter Six, think about the inheritance of Oroqen ethnic minority's traditional plays. Thinking about how to inherit and develop Oroqen ethnic minority's traditional plays from the visual angles of the history, the reality and the future. Pointing out that Oroqen ethnic minority's traditional plays have special value on protecting nonmaterial cultural heritage, enriching the cultural variety of human beings, promoting the development of current children's body and mind, keep individuation and creativity of human beings. Proposing that Oroqen ethnic minority's traditional plays should take a open stance towards the future and the world, so that they can not only serve the development of the Oroqen ethnic minority both in the past and today, but also should serve the Chinese Nation and all the human beings. In addition, putting forward my own perspectives and trains of thoughts about many issues, such as how to dig, protect, and inherit Oroqen ethnic minority's traditional plays, and how to modernize them, etc.

KEY WORDS: Oroqen ethnic minority's, plays, educational anthropology, ethnic minority, inheritance of traditional culture

目　录

绪 论

一、选题的缘起与选题的意义

（一）选题的缘起

我生长在内蒙古自治区东北部的呼伦贝尔，那里既有一望无际的茫茫草原，也有面积广阔的大兴安岭原始森林。我的家是名副其实的“民族团结家庭”——爸爸是鄂伦春族，妈妈是达斡尔族，奶奶是鄂温克族，而爸爸的奶奶是蒙古族。

为了使我们几个孩子能得到更好的学校教育，父母在 20 世纪 60 年代末大学毕业后不久，选择了把家安在距离我们的老家阿荣旗不远的小城扎兰屯，这个当年在行政区划上被称为布特哈旗的地方，是个以汉族居民为主、多民族杂居的山清水秀的小城市。因为是鄂伦春族，从上小学开始，我们几个孩子就一直享受着国家每月 14 元的民族助学金，加上平日里常吃的“柳蒿芽”和偶尔从鄂伦春自治旗亲友那里带来的狍子、飞龙、野猪肉等野味，让我朦胧意识到自己与周围孩子有些许不同。

那时，爸爸妈妈同在一所在当地令人羡慕的中专——环境优美的扎兰屯林业学校工作，爸爸教物理，妈妈做校医。校园内成片成片的茂密树林和林间草丛，和散落在其间的单杠、双杠、操场、冰场，以及离学校不远的雅鲁河、吊桥公园，是我们经常流连和玩耍的地方。记得小时候我们一群孩子经常在一起玩“欻嘎拉哈”“过家家”“老鹰捉小鸡”“跳皮筋”“跳房子”“踢瓦块”等游戏，还自编自演“小兔拔萝卜”，女孩儿也会像男孩儿一样爬树上房，采山丁子、爬墙头，我还敢爬到高高的篮球架上，把架子中间的横梁当作单杠，然后完成我们自创的一整套动作，再从距离地面近3米高的横杆上跳下来！童年和少年的幸福时光留给我许多美好的回忆，小城美丽的风光，质朴的民风，儿时的游戏和伙伴，都使我难以忘怀。至今童年时代的游戏带给我的期盼、快乐、刺激、幸福、满足……每每细细回味仍令我激动不已。

后来长大了，离开家乡，上大学，读研究生。在中央民族大学这所不同民族、不同文化和谐共处的学校里，我开始从族群文化的视角关注自己的民族和文化。从逐渐深入的认识和思考的过程中，我对它的认识从零散到整体，从朦胧到清晰，慢慢地，我发现自己已从心底里开始亲近和爱上了自己的民族！这种发现是令人欣喜和感动的，我不再因以往找不到与自己所属民族之间真正的内在联系而困惑，而先辈们创造的独特的狩猎文化，以及他们身上具有的诸多优秀品质尤其令我欣喜和自豪——原来自己属于一个如此令人引以为傲的民族！而其后在中央民族大学攻读民族教育与文化专业博士研究生的时间里，在导师哈经雄教授和教育学院其他几位老师的精心传授和指导下，我系统学习了民族学和教育学等方面的理论知识，对民族文化与教育之间的相互作用和影响开始给予更多关注和思考。

游戏作为人类文化的重要组成部分，是人类社会普遍存在的文化现象。更为重要的是，人类的游戏与教育之间有着极为密切的关系，对儿童的成长具有重要价值。结合自己的民族身份和童年经历，我开始思考作为鄂伦春族传统文化的一个组成部分——鄂伦春族传统游戏与其社会发展及后代培养之间的关系，并在导师的启发、鼓励和指导下，最终将鄂伦春族传统游戏的教育人类学研究作为论文的研究方向。

（二）研究背景和研究价值

1. 研究背景

儿童时期是人的身体素质、心理素质、个性情感、道德品质发展和形成的关键时期。20世纪60年代以来，各国教育心理学家在对儿童发展规律的研究中，一致认为：儿童期蕴藏着丰富的发展潜力，这些潜力可在游戏中挖掘。从儿童教育的层面来看，好的游戏对于儿童智力的开发、协作精神的培养、良好个性的养成、意志品质的锤炼等均有重要价值。在我国的《幼儿园工作规程》中，游戏也被列为对儿童实施全面发展的重要手段。

从20世纪80年代中后期开始，改革开放和科技进步对我国的游戏尤其是儿童的游戏产生了深远影响。从踢毽子、跳绳、“欻嘎拉哈”到如今的电子游戏、滑板车，儿童游戏无论是内容和形式都发生了巨大变化，那些曾令一代代孩童在其中欢乐、学习、成长的传统游戏已渐渐在我们的生活中淡去了。这种变化在城镇尤为明显。关于我国城市儿童游戏的发展变化的一项调查显示，改革开放后我国儿童的游戏与改革开放前相比，在亲近自然、游戏伙伴、游戏材料制作、游戏时间、游戏场地、游戏性别差异等方面均呈明显下降趋势。尤其是在当今应试教育条件下，作业与各种“功课”成了压倒一切、占据儿童课余生活第一位的事情，许多孩子的“玩”被挤到了几近于无的程度。

更值得重视的是，虽然近年风行的电子游戏在开阔儿童视野、提高反应速度等方面具有进步意义，但由虚拟性和个体性特征所决定，这些游戏缺少身体运动和面对面交流，缺少合作与实践，不仅易造成儿童不善于体察他人，不善于忍耐克制，缺乏基本道德和素养等，而且易使儿童产生过度游戏行为。目前中小学生游戏成瘾现象日益突出，有关沉溺于游戏不能自拔而荒废学业时有耳闻，甚至还有因长时间玩游戏过度疲劳导致猝死的报道。以至于一些老师和家长谈“游戏”色变。可以说，今天科技进步给我们这个社会所带来的负面影响突出地反映在儿童游戏上，良莠掺杂、过度追求感官刺激的各种游戏，已给我们儿童的身心成长带来了严重的问题。

此外，作为幼儿园课程的重要内容，当今儿童游戏的不足也体现在课程体系的内在缺陷上。近百年来，各地方、各民族的传统游戏与现实生活有着密切关系，应成为幼儿园良好的教育资源。但目前我国的幼儿园由于种种原因，大多数缺乏地方和民族特色，对民族传统游戏的利用相当有限。统一化的课程和教材往往使得教育内容与儿童的实际生活相脱节，难以使幼儿在游戏中感受游戏与家庭和社会生活之间的内在关联，从而失去了游戏应有的帮助儿童更好地实现社会化的功能。

当今儿童游戏及游戏功能的缺失势必对儿童的教育产生不良影响，同时也是与我国教育的多元化和创新人才培养的目标背道而驰的。我们应该给今天的孩子提供什么样的游戏？传统游戏为什么在短短的数十年间就濒临消亡？如何为我们的儿童和青少年提供更多更好的游戏，让他们在健康的环境中成长？

今天，传统游戏对儿童成长中的价值正在以新的视角为人们所重视。越来越多的人开始关注传统游戏在儿童教育中的重要作用，并积极开展保护、挖掘和整理工作，相关的研究也日渐增多。我国各民族都有历史悠久的传统游戏，它们大都具有形式简单、取材方便、灵活多变、内容广泛、娱乐性与竞争性强、能激发游戏者浓厚兴趣等特点。传统游戏的特点及其对儿童身心发展的价值与当前我国的素质教育有诸多相吻合之处，它对儿童的道德、身体素质、心理素质、审美能力的提高和培养方面的作用值得我们深入探讨。

然而，随着经济全球化趋势和现代化进程的加快，人类的文化生态发生着巨大变化，文化遗产及其生存环境受到日益严重的威胁。各民族在历史上创造的宗教、哲学、音乐、舞蹈、美术、文学、游戏、体育、习俗、工艺等口头与非物质文化正在不断消失，许多传统技艺濒临消亡。在文化遗产相对丰富的少数民族聚居地区，由于人们生活和生产方式的变迁，民族文化面临着传承的危机。

自第32届联合国教科文组织通过《保护非物质文化遗产公约》，2004年12月我国非物质文化遗产的保护工作正式启动。关于非物质文化遗产的保护问题已日益得到世人的关注和认同。人类文化的多样性是人类的个性化和创造性的源泉。不同的游戏对人类社会而言具有不同的社会文化功能，对人类的发展具有不同的价值，如果各民族传统游戏中的精华都得到有效的保护和传承，人类在未来的发展中就能有更多的选择。我国各民族的传统文化是中华民族传统文化的重要组成部分，在维护我国文化的多样性方面具有重要意义。民族传统游戏是非物质文化的重要内容，其中蕴含着大量的文化信息，不仅是文化教育的重要内容，也是文化传承的重要载体，在民族文化的传承中起着重要作用。因此，关注民族传统游戏的现状并对其进行传承和发展研究具有迫切性和必要性。

2. 研究价值

以往关于游戏的研究一般多限于从教育学和心理学的角度对幼儿的游戏进行研究，或从民俗学的角度对各民族（地域）的民间传统游戏的种类、内容、玩法等进行搜集和整理，是一种描述式的研究。虽然也有部分研究对游戏的社会文化功能给予了一定的关注，但大多是一些概括性的论述，缺乏深入的理论分析。近三十年来由于电子游戏的兴起和广泛传播，其对儿童身心发展影响的研究也日益增多，但对传统的民族民间游戏在该民族历史上所发挥的社会功能和塑造民族品性方面的价值，尤其是对传统游戏在人的智力因素和非智力因素中所产生的影响方面的研究尚不多见。本研究从教育人类学的视角出发，选择具有典型狩猎民族文化特征的鄂伦春族的传统游戏进行深入细致的个案分析，通过系统研究传统游戏在鄂伦春族社会历史发展中的社会文化功能，分析游戏对鄂伦春族儿童智力与非智力因素发展的促进作用，探索游戏传承与人类教育之间的关系，以及传统游戏在提升人类的生存技能和环境适应能力方面所起到的作用，为在当代如何传承和发展民族传统游戏，对其在今天儿童教育中的价值进行探索。

此外，本研究通过探讨传统游戏在民族个体形成中的影响，论证民族传统游戏的传承不仅是文化传承的重要途径，也是教育的重要手段，以期进一步丰富我国的教育学理论。

在现实意义方面，首先，希望通过对鄂伦春族传统游戏的价值挖掘，对濒临消失的鄂伦春族文化的这一重要组成部分具有保护和传承的作用。其次，期望可以为丰富我国的民族民间游戏，为当代人们的游戏和幼儿园、中小学及大学的游戏（体育）课程提供更多的内容选择。再次，本研究对在当代如何保护和发展民族民间传统游戏进行了新的尝试和探索，期望能为其他民族传统游戏的传承与发展起到借鉴作用。最后，在当今世界，能延续下来的狩猎民族极少，因此，对鄂伦春族传统游戏的研究，就学术研究本身而言有多方面的价值。在鄂伦春族文化迅速消失的今天，由其独特的文化和生存方式所造就的鄂伦春人特有的品性也必将随之变化，同样存在着消亡的危机。如何将其文化中对人的个性品质形成有重要价值的精髓加以研究，使其得到有效抢救和保存，是本研究的目的所在。

二、理论基础与研究方法

（一）理论基础

本研究的理论基础是文化人类学、教育学及游戏的相关理论。以下几种理论对本研究有直接的指导意义。

1. 人类学的相关理论

（1）文化生态学理论

文化生态学认为，文化在人类与生态环境之间起着举足轻重的作用，人类通过文化认识到能源或资源，同时又通过文化获取、利用能源或资源。该理论的代表人物斯图尔德强调文化与环境之间的相互作用和关系，认为文化生态学要研究生态环境、生物有机体与文化要素之间的关系，并将文化生态学的研究范围概括为三方面：

第一，生产技术或工具与生态环境之间的关系。斯图尔德认为，生产技术与环境之间的关系是：越是简单、原始的生产技术越是更多地受环境的制约。

第二，生产技术与人的“行为”方式的关系。斯图尔德认为，生产技术的水平可以影响人类的行为方式。

第三，行为方式对文化其他方面的影响。即对家庭制度、政治制度、人们的风俗习惯以及居住方式、资源占有和利用等的影响。

（2）文化唯物论

文化唯物论认为，人类最关心的基本问题包括生存、取得食物和水、保温以及满足其他的生物学需要。任何特定社会的文化都是用来解决这些问题的。马文·哈里斯认为，文化是由技术经济、社会政治和意识形态三种成分构成的。在适应过程中，文化直接对人类的生存发挥作用。因此，文化变迁在本质上是技术经济的变迁。文化的其他成分，即社会政治和意识形态也发生适应性变化，但这是第二、第三层次的适应。文化是由社会的物质和适应性所决定的。亲属制度、婚姻制度、法律和政治行为，以及体育竞技（游戏）等社会制度是由技术和经济所决定的。当技术变化时，社会制度和意识形态也会发生变化。

2. 心理学及教育学的相关理论

（1）皮亚杰的认知理论

皮亚杰的认知结构学说认为，儿童智慧的发展是通过主体的认知结构与客观的社会环境相互作用而实现的，社会环境，包括社会生活、社会传递、文化教育、语言等是制约儿童心理发展的主要因素之一。思维结构的变化是由内部决定的，儿童不是被动地接受知识，而是主动地探索知识，进行创新，一切教育活动必须以儿童的兴趣和需要为前提。

皮亚杰理论的核心是思维产生于动作，儿童只有直接、自发地参加各种活动，才能获得真正的知识，形成自己的假设并予以证实或否定。活动是连接主体和客体的桥梁，是认知发展的最直接源泉。

皮亚杰还认为，儿童之间的互教和相互影响是认知发展的重要源泉。儿童认知的发展与情感的发展、社会化的发展是密不可分的。

（2）多元智能理论

多元智能理论由美国哈佛大学教授霍华德·加德纳提出，该理论是20世纪后期人类智能研究领域中最具影响的研究成果。加德纳教授认为，人在实际生活中所表现出来的智能是多种多样的，这些智能可被区分为八项：语言文字智能、数学逻辑智能、视觉空间智能、身体运动智能、音乐旋律智能、人际关系智能、自我认知智能和自然观察智能。

3. 游戏的相关理论

关于游戏的研究有许多不同的理论，以下几种关于儿童游戏的相关理论对本研究有直接的指导意义。

（1）心理学的游戏理论

①皮亚杰的游戏认知理论

皮亚杰认为，学校中的儿童通过游戏、团体活动和语言交流，互相监督是否遵守游戏规则，养成开展竞赛的集体精神，产生道德情感和道德判断，逐渐从自我中心状态中解脱出来，形成儿童社会化过程。他认为，游戏是学习新事物、形成和扩大知识与技能、把思维和行动结合起来的方式，是个体把信息纳入原有的认知图式，是同化的一种形式。游戏是儿童智力发展的重要手段。

②精神分析理论

精神分析学派创始人弗洛伊德认为，游戏也有潜意识的成分，它补偿了现实生活中不能满足的欲望，再现那些难以忍受的体验，抒发情感，缓和心理紧张，使儿童能克服困难，减少忧虑，发展自我力量，而能应付现实的环境。新精神分析学派代表人物艾里克森认为，游戏是情感和思想的一种健康的发泄方式。在游戏中，儿童可以“复活”他们的快乐经验，也能渡过自己精神的创伤。通过表演角色，儿童可以把个人的苦恼、困难，在想象中发泄出来。同样，顺利的经验能使儿童感到自己有力量，在自我表达中获得快乐。

③活动论

苏联心理学家维果茨基认为，游戏是社会性实践活动，儿童看到周围成人活动，就会模仿这些活动并迁移到游戏中，通过游戏掌握基本的社会关系。他还提出游戏是学前儿童的主导活动，游戏包括心理发展的一切倾向，心理发展的最重要的变化，首先产生在游戏之中。苏联心理学家艾里康宁认为，角色游戏是幼儿的典型游戏。强调角色游戏是在真实条件之外，借助想象，利用象征材料再现人与人的关系，幼儿在游戏中，不仅模仿，而且创造。认为角色游戏的社会起源是由于儿童的地位在社会发展的一定阶段上发生了变化而出现的。当社会产生了各种各样的手工业，有了复杂的工具，有了儿童不能直接参加的生产劳动时，儿童就在游戏这种特殊活动中，模仿成人的劳动，满足了自己的需要，以及满足与成人共同生活的愿望。社会考虑到儿童的教育任务和年龄特征，也开始推广游戏，生产玩具，制定规则，并把规则一代代传递下来，慢慢地定出了用游戏表现现实的种种方法。

（2）教育学的游戏理论

俄罗斯教育家乌申斯基提出儿童游戏的重要作用，他认为儿童的想象会比成人贫乏，但想象对儿童尚未发展成熟的心灵有一种力量，这是成人所不能有的。他认为在幼年时，游戏在儿童的身心的发展上比学习有更重大的意义。他认为儿童所以把游戏看得更饶有兴趣，就是因为它更容易了解；而它所以更容易了解，是由于它部分地就是儿童自己的意识。儿童生活于游戏中，这种生活的痕迹比现实生活中的痕迹更加深刻地保留在儿童的心里，儿时的游戏可以决定一个人的性格和方向，因此，现实生活是游戏内容的源泉。

（3）人类学的游戏理论

人类学的游戏理论认为，游戏作为社会文化生活的组成部分，它的发展与演变也必然受到社会文化因素的影响，反映社会文化的发展与变迁。萨顿—史密斯等把规则游戏分为身体技能型游戏、运气型游戏、策略型游戏三种文化等级不同的游戏。以游戏的文化分类学研究为基础，萨顿—史密斯等进一步提出了规则游戏的冲突——文化理论（the conflict - enculturation theory of games）。该理论的核心内容为：人们教养儿童的方式与游戏的文化类型之间存在着一定的关系和联系；人们的教养方式会造成对儿童的压力而导致儿童的紧张和焦虑；游戏可以帮助儿童释放焦虑和紧张；通过游戏，儿童学会如何应付社会生活中的生存竞争。

以身体技能型游戏为主的社会注重实际的技能和操作，游戏常被用作对狩猎等实际生活技能的训练。儿童所面临的社会压力就是要有出色的体力和技能。儿童面临成长而产生的焦虑主要是尽快掌握生产过程所需要的技能。通过游戏，可以帮助儿童练习生产过程所需要的体力和技能，减少内心的焦虑。所以，游戏对这些民族的儿童来说既是身体技能的练习，也是焦虑的释放。

（二）研究方法

本研究采取的研究方法以文献法和田野调查法为主，辅以历史研究法和比较研究法。

1. 文献法

本研究所引用的文献资料的来源包括有关儿童游戏、学前游戏、民间游戏（体育）、少数民族游戏（体育）等领域的论著及论文，有关少数民族（本研究以鄂伦春族为主）传统游戏、传统体育方面的论著及论文，以及有关研究鄂伦春族历史、文化等方面的文献资料等。在查阅以上文献的基础上，笔者对相关资料进行了分类整理、归纳和吸收。

2. 田野调查法

本研究采用文化人类学田野调查方法，以内蒙古自治区鄂伦春自治旗境内的鄂伦春族为主要调查对象，对其传统游戏的种类、内容及传承现状，以及人们对传统游戏的态度、传统游戏在学校及幼儿园开展的状况、教育决策者对待传统游戏的态度和未来实施计划等进行了实地调查。调查方法包括问卷调查、参与观察、个别访谈、开座谈会等。

3. 历史研究法

本研究在文献资料的基础上，采用历史研究法，通过对鄂伦春族传统游戏的起源、形成及其现代变迁的纵向性研究，对传统游戏在鄂伦春族社会发展和后代培养中所发挥的功能进行分析和探讨。

三、文献综述

就笔者对目前所掌握文献资料的整理和分析，尚未见到国外有关民族传统游戏的教育人类学研究，国内关于民族传统游戏的研究以往多集中在对某些民族传统游戏的内容、种类等进行简单的描述上。近年来，由于世界范围内对非物质文化遗产保护的重视，关于民族传统游戏的社会文化功能研究日益增多，但多限于对传统游戏的历史起源及其社会文化功能进行文化人类学的考察，研究民族传统游戏传承与教育之间关系的著述尚未发现。目前相关的研究主要有以下几方面：

（一）关于鄂伦春族传统游戏和历史、文化和社会变迁的研究

由于近几十年来鄂伦春族社会发生了全面的变迁，因此关于鄂伦春族社会文化包括传统游戏的资料主要依靠鄂伦春族社会历史、文化方面研究的文献。

有关鄂伦春族的研究是一个国际性的研究领域，主要涉及历史学、民族学、人类学、语言学和民间文学等学科和领域。相关鄂伦春族的研究以中国学者为多，日本学者和俄罗斯学者也有一些较高价值的研究。

在上述研究中，与本研究关系较为密切的论著和论文主要有以下内容：

1. 关于鄂伦春族传统游戏的研究。以往关于鄂伦春族传统游戏（体育）的研究，一般是在实地调查或文献资料基础上对游戏的种类、玩法进行民族志的描述，其中宋兆麟的《最后的捕猎者》、韩有峰的《鄂伦春族风俗志》、关小云的《鄂伦春族风俗概览》、于学斌的《鄂伦春游猎生活》等论著中均有专门章节进行论述。由于传统游戏在鄂伦春人日常生活中已经基本消失，这些文献是本研究关于鄂伦春族传统游戏的主要资料来源。

2. 关于鄂伦春族传统文化的研究

在民族历史文化方面，有俄罗斯著名民族学家和人类学家史禄国于1915—1917年在中国从事有关鄂温克族和鄂伦春族的田野调查后所著《北方通古斯的社会组织》《通古斯人的心理情绪》，这两部著作可以说是用功能主义的观点和方法进行鄂伦春族的人类学研究的经典之作。

此外20世纪30－40年代，日本学者到中国东北对鄂伦春族进行了大量的民族学实地调查，其中也包含关于当时鄂伦春族社会生活、狩猎生产、氏族制度、民族性格及价值观等方面的大量描述。主要有：秋叶隆的《大兴安岭东北部鄂伦春族调查报告(一)》（载《京城帝国大学创立10周年纪念论文集（哲学编)》，屋号书店，1936年)，《鄂伦春族萨满教——大兴安岭东北部鄂伦春族调查报告（二)》（载《民族学研究》第2卷第4号，1936年)，《鄂伦春民居解说——大兴安岭东北部鄂伦春族调查报告（三)》（载《民族学研究》第3卷第1号，1937年)，泉靖一的《大兴安岭东南部鄂伦春族调查报告》（载《民族学研究》第3卷第1号，1937)，浅川四郎的《兴安岭之王》，永田珍馨的《使马鄂伦春族》等。

新中国成立后的50—60年代，我国学者对少数民族进行了大规模的社会历史调查，当时对鄂伦春族社会历史文化的调查成果奠定了其后鄂伦春族研究的基础。这些论著多为民族学、人类学方面的研究，主要有：《鄂伦春族社会历史调查》（民族问题五种丛书），秋浦的《鄂伦春人》《鄂伦春社会的发展》《鄂伦春族简史》（内蒙古人民出版社，1983），赵复兴的《鄂伦春族游猎文化》《鄂伦春族研究》，以及关于民间文学、民歌方面的研究如巴图宝音的《鄂伦春民间故事集》，隋书金的《鄂伦春族民间故事》，王丽坤、张嘉宾、孟淑珍的《鄂伦春传统民歌》等，这些成果也是本研究关于游戏研究的重要背景资料来源。

20 世纪 70 年代末以来，有关鄂伦春族研究成果明显增多，这一时期的研究仍以民族学和人类学为主。90 年代西方现代民族学、人类学的理论和方法被引入到鄂伦春研究中，出现了一批新的民族学和人类学者。同时有部分日本和韩国的学者，研究领域主要涉及民族学、人类学和语言学。①

以上研究中有直接参考价值的论著有：白兰的《鄂伦春族》，鄂·苏日台的《鄂伦春狩猎民俗与艺术》，韩有峰、都永浩、刘金明的《鄂伦春族历史、文化与发展》等。而何群的《环境与小民族生存——鄂伦春文化的变迁》《狩猎民族与发展——鄂伦春族社会调查研究》（何群等．内蒙古人民出版社，2002），唐戈关于鄂伦春族文化变迁的系列研究《鄂伦春族为什么出现文化解体现象》《如何从文化变迁的角度把握鄂伦春族的现状》《如何认识鄂伦春族定居以来的文化变迁》《鄂伦春族定居以来文化变迁的阶段性划分》（北方民族．1998. 3），对笔者思考鄂伦春族传统游戏与鄂伦春社会文化变迁之间关系起到了启发和借鉴作用。

此外，《西伯利亚埃文基人》（［苏］伏·阿·图戈卢科夫．（白杉译）．呼伦贝尔盟文联，2000）、《中国北方少数民族文化》（安柯钦夫等．中央民族大学出版社，1999）、《呼伦贝尔盟

① 参见唐戈．鄂伦春族研究的主要阶段及其特点．满语研究．2006（2）

民族志》(苏勇、孟和、刘焕阁．内蒙古人民出版社，1997)、《东北通古斯诸民族起源及社会状况》(郑东日．延边大学出版社，1991)、《莫日根趣文轶事》(杜国良．内蒙古文化出版社，2005)、《金色的森林》(何青花．民族出版社，2002)、《鄂伦春族——黑龙江黑河市新生村调查》(郭建斌、韩有峰．云南大学出版社，2004) 等论著，对本研究均有一定参考价值。

期刊资料方面，王俊敏的《从游居到定居、再到城镇化——鄂伦春族发展问题的生态经济人类学研究》(黑龙江民族丛刊．2002. 4)，《重说狩猎——鄂伦春族发展问题的生态——经济人类学研究》(广播电视大学学报．哲学社会科学版．2003. 1)，《鄂伦春族生产关系的变迁及其效应——鄂伦春发展问题的生态经济人类学研究之二》(内蒙古大学学报．人文社会科学版．2002，3)，唐戈、陈伯霖的《达斡尔、鄂温克、鄂伦春族文化保护漫谈》，白兰的《鄂伦春——山岭上的人》(Spotlight. 2003)，尤明慧、刘亚玲的《鄂伦春族文化人格镜鉴》(重庆科技学院学报．社会科学版．2005. 3)，麻国庆的《开发、国家政策与狩猎采集民社会的生态与生计——以中国东北大小兴安岭地区的鄂伦春族为例》(学海．2007. 1)，刘晓春、关德明的《开发鄂伦春族民俗文化旅游的特殊意义》(民间文化．2001. 2)，王铁志的《人口较少民族研究的意义》(黑龙江民族丛刊．2005. 5) 等，对本研究也有一定的参考价值。

（二）心理学和教育学关于儿童游戏的理论研究

关于儿童游戏的理论研究方面的论著及论文都较为丰富，对本研究具有比较重要参考价值的论著主要有：刘焱的《儿童游戏通论》(北京师范大学出版社，2004)、《幼儿教育概论》(中国劳动社会保障出版社，1999)、林崇德的《发展心理学》(人民教育出版社，1995)、陈帼眉的《学前心理学》(人民教育出版社，1989）、朱智贤的《儿童心理学》（人民教育出版社，1980）、黄人颂的《学前教育学》（人民教育出版社，1989）、丁海东的《学前游戏论》（山东人民出版社，2001）等。

近些年关于儿童游戏方面的论文资料较多，主要集中在对儿童游戏的本题理论研究和应用性研究方面。主要有：王志成、乔吾《对游戏活动的思考》，丁海东的《儿童游戏本质观的演变及其主体性本质观的建立》，毛曙阳的《儿童游戏观刍议》、王晓的《关于体育游戏基本理论问题的初步研究》，冯季林的《儿童游戏评价的后现代审视》（教育导刊．2005. 12），张珊明的《国外有关儿童游戏的文化研究概述》（比较教育研究．2005. 11），丁海东的《论儿童的游戏精神》（山东师范大学学报．人文社会科学版．2006. 1），杨月敏的《试论体育游戏对学前儿童健康人格的影响》（浙江体育科学．2005. 4），杨丽珠、邹晓燕、伯根 D 的《学前儿童在游戏中社交和认知类型发展的研究——中美跨文化比较》（心理学报．第 27 卷第一期），杜凤华、葛丽媛的《以游戏为主线培养幼儿创造力基础》（教育参考．2005. 4），曾爱华的《游戏对幼儿心理发展的价值刍议》（四川教育学院学报．2002. 10），郭力平、许冰灵、李琳的《游戏对于促进儿童心理发展的作用》（心理科学．2001. 6），曹中、平蒋欢的《游戏功能的再认识——来自脑科学研究的启示》（调查与研究．2005. 7－8），王颖的《幼儿游戏中的认知成分分析》（幼教天地．2006. 4），黄绍文、卿丽蓉的《中国传统儿童游戏观探析》（教育导刊．2006. 9）等。

（三）关于传统游戏（体育）的理论及应用研究

1. 关于中国民族传统游戏（体育）方面的研究

专题研究方面，论著主要有陈华的《传统体育与人类的适应性——因纽特等民族的体育人类学研究》（华龄出版社，

2005)，芦平生、杨兰生的《民族传统体育研究》（甘肃教育出版社，2002）等。关于民族、民间传统游戏的论著有陈连山的《游戏》（中央民族大学出版社，2000）、郭泮溪的《中国民间游戏与竞技》（上海三联书店，1996）、李露露的《图说中国传统玩具与游戏》（世界图书出版西安公司，2005）等。

这方面的论文主要有：张新立的《论教育人类学视野中儿童游戏斗鸡的内在价值》（内蒙古师范大学学报．哲学社会科学版．2005.4)，王晓芬的《“捉迷藏”哪里去了——从社会学视角看民间儿童游戏的衰落》（教育导刊．2006 年九月号下半月)，刘焱、王丽、沈薇的《建国以后儿童游戏发展变化的特点、趋势及原因分析》（学前教育研究．1999.4)，施小菊、徐志诚的《论我国民间游戏与民间竞技的社会价值》（体育文化导刊．2003.5)，陈云霞的《民间游戏在幼儿教育中的作用》，李玉峰的《民间幼儿体育游戏：特性，价值及入园策略》（2005.6)，龙佩林的《经济全球化与民族传统体育的文化选择》（体育文化导刊．2002.5)，陈婕的《民族传统体育文化的传承方式和途径》（体育文化导刊．2002.5)，田祖国、白晋湘、钟海平的《民族传统体育文化现代变迁与发展研究》（体育文化导刊．2003.4）等。

2. 关于我国关于少数民族传统体育（游戏）的研究

由于近些年国内对少数民族传统文化保护意识的加强，以及受中国少数民族传统体育运动会和奥林匹克运动的影响，目前关于少数民族传统体育（游戏）方面的研究日益增多。其中论著主要有：苏德毕力格的《蒙古族传统儿童游戏》（联合国儿童基金会中国青少年发展研究中心，1988)、赵静冬的《云南省特有民族传统体育文化》（云南民族出版社，2003)、韦晓康的《壮民族传统体育文化研究》（中央民族大学出版社，2004)、姚重军的《少数民族传统体育文化研究》（民族出版社，2004）等。

论文主要有：陈立华的《东北少数民族传统体育文化的传

承与发展》（大连民族学院学报．第5卷第2期），栾桂芝的《对中国少数民族传统体育文化的再认识》（中南民族大学学报．人文社会科学版.2003.3），何林的《广西少数民族传统体育文化研究》（广西民族学院学报．自然科学版.2003.3），王南童的《浅析少数民族传统体育文化的传承》（贵州民族学院学报．哲学社会科学版.2003.5），冯平、姚重军的《西北少数民族传统体育文化的现代化思考》（甘肃科技.2003.2），徐万邦的《少数民族传统体育的特点和功能》（宁夏社会科学.2003.5），庞俊娣的《云南边疆少数民族地区传统体育文化研究》（学术探索.2003.8），朱琳的《少数民族传统体育的文化价值》（贵州民族学院学报．哲学社会科学版.2002.1），周竞红的《赫哲族儿童传统游戏的文化功能》（民俗研究.1994.2），张冀震的《西藏儿童游戏“提格”及其文化内涵》（西北民族学院学报．哲学社会科学版.2000.3）等。

四、论文主要内容

论文的内容由以下几部分构成：

绪论：对选题背景、研究目的和意义、理论框架和主要研究方法、相关研究动态以及本研究的理论价值和现实意义作简要阐述和说明。

第一章：鄂伦春族传统游戏概说。在对鄂伦春民族的形成、历史发展和传统文化进行概述的基础上，对鄂伦春族传统游戏的起源、演变、主要内容及其特征进行了分析和论述。

第二章：鄂伦春族传统游戏的社会文化功能和教育功能分析。就鄂伦春族游戏传承在其社会中对生产和生活知识、道德和习俗、增进娱乐和交往、民族性格的培养以及增强民族凝聚力等方面的作用进行探讨。并从教育人类学的视角，就游戏在鄂伦春族传统教育中的功能，以及对鄂伦春族儿童智力因素和非智力因素发展的影响进行了深入的考察和分析。

第三章：鄂伦春族传统游戏传承现状的田野调查。介绍了笔者通过人类学的问卷和访谈等实地调查方法，对内蒙古自治区鄂伦春自治旗鄂伦春族传统游戏的传承现状所做的田野调查，并对调查获得的资料和数据进行了相关分析和解释。

第四章：鄂伦春族传统游戏传承机制与困境分析。根据文化生态学理论，对鄂伦春族传统游戏能够传承至今的机制和环境条件加以阐释，并分别从自然环境、制度环境和精神环境三方面对游戏在今天的传承困境进行了深入分析和思考。

第五章：鄂伦春族传统游戏的传承思考。从历史、现实和未来三个视角，对如何传承和发展鄂伦春族传统游戏进行了思考。指出鄂伦春族传统游戏在保护人类非物质文化遗产、丰富人类文化多样性、促进当代儿童身心发展及保持人的个性化、人类的创造性方面具有特殊价值。提出鄂伦春族传统游戏应以开放的姿态面向未来，面向世界，使之不仅为过去和今天的鄂伦春民族发展服务，更要为整个中华民族和全人类的发展服务，并就如何对鄂伦春族传统游戏进行挖掘、保护和传承，如何对其进行现代化变革等问题，提出了自己的看法和思路。

五、创新点

本研究的创新点主要体现在以下两方面：

一、首次采用教育学、人类学和心理学等多学科的视角对鄂伦春传统游戏进行系统研究，从分析传统文化塑造下该民族成员所共有的品质特征入手，探讨民族传统游戏传承对儿童的教育和发展价值。

二、本研究的教育人类学视角是对民族民间传统游戏研究的一个新的尝试，期望通过发掘鄂伦春族传统游戏在当代的社会价值，丰富我国传统民族民间游戏的内容，弥补现代儿童游戏的不足。同时也希望本研究对当代儿童的多元文化教育，对儿童创新能力的培养和素质教育的推进具有积极意义。

六、基本概念界定

（一）关于“游戏”的概念界定

关于“游戏”一词，东西方民族虽然地域相隔遥远，语言符号系统也不相同，但从词源及语义演变上看，却有着惊人的相似。如在汉语中，“游戏”一词在其意义的渊源上是从古汉语中的“遊”、“遨”、“嬉”等词（字）义发展而来的，而在现代词语中与“玩”、“玩耍”等十分相似。其含义与动作或运动有关，其活动特点是轻松自在，但又与“无意义”或“无价值的”等贬义判断有关。荷兰文化史学家和语言学家约翰·赫伊津哈（Johan Huizinga）在《游戏的人》（Homo Ludens，1938）一书中，对包括希腊语、梵语、拉丁语、汉语、日语、英语等十几种语言在内的游戏概念的语言表达所做的分析表明，“游戏”一词在语义学的起源上与“快速轻捷”有关，游戏的特定含义广泛用于某些“轻松的”行为和运动。游戏概念所覆盖的领域相当广泛，既包括儿童各种各样的游戏，也包括成人的竞技、比赛、娱乐、赌博、典礼仪式、戏剧表演、音乐舞蹈、玩笑幽默等在内的各种各样的活动。游戏活动的特性，是它不同于“日常活动”。

由于游戏现象的广泛性和复杂性，以及各学科研究角度的不同，对什么是游戏这一问题也有种种不同的解释。例如，据统计在1972年出版的韦氏新世界词典中关于游戏就有59个定义。下面仅就比较典型的定义加以介绍。

首先是约翰·赫伊津哈在其有广泛影响的著作《游戏的人》一书中对游戏的定义，通过对游戏现象的深刻观察和体验，他认为："游戏是在某一固定时空中进行的自愿活动或事业，依照自觉接受并完全遵从的原则，有其自身的目标，并伴以紧张、愉悦的感受和'有别于平常生活'的意识。"①

其次是百科全书及《辞海》关于游戏的定义。例如《简明不列颠百科全书》是从动物学角度来下定义的：

"游戏：动物学术语，指动物在缺乏正常刺激时呈现出的行为，或由正常刺激引起但没有完成全套仪式化模式的行为。游戏行为仅在哺乳动物和鸟类中观察到过。游戏常见于未成年的动物，是学习成年行为过程的一部分。"

《中国大百科全书·教育卷》对幼儿游戏的定义是："儿童运用一定的知识和语言，借助各种物品，通过身体运动和心智活动，反映并探索周围世界的一种活动。幼儿游戏是 3～6 岁儿童的基本活动形式，它的主要特点是：①在假想的情景中反映周围现实和社会生活，具有社会性。②幼儿自发地、自愿地从事游戏，具有主动性。③形象、动作、语言相结合，在游戏中具有创造性。④游戏中的行为是象征行为，具有概括性。⑤没有外在的目标，是非生产性的，具有趣味性。"

《中国大百科全书·心理学卷》的定义是："游戏是一种社会性活动。儿童在游戏中反映周围的现实生活，并通过游戏体验着周围人们的劳动、生活和道德面貌，同时也理解和体验着人们之间的相互关系。游戏是实现儿童和周围现实相联系的特殊形式、特殊活动。"

比较通俗的辞书——《辞海》的游戏概念反映了一般社会

---

① 约翰·赫伊津哈．游戏的人．多人译．北京：中国美术出版社，1996. 30.

大众对于游戏的看法："体育的重要手段之一。文化娱乐的一种……游戏一般都有规则，对发展智力和体力有一定作用。"①

笔者认为，在以上几种关于"游戏"的定义中，《中国大百科全书》中的两种定义能够较准确地揭示儿童游戏的本质及其教育学和心理学意义，但缺点是未能涵盖成人的游戏，而且游戏的教育意义是通过参与者在游戏的过程中体现出来的，并非游戏本身所固有。而约翰·赫伊津哈是从游戏自身的角度出发对"游戏"进行定义的，对游戏的本质概括更为科学和准确。"这个游戏的概念不仅涵盖面非常广泛，囊括了所有动物、人类儿童和成人的游戏活动，而且准确揭示了游戏的特点，尤其是确定了游戏自身的价值"② 因此笔者更倾向于赫伊津哈关于游戏的定义。

（二）民间（传统）游戏

关于"民间游戏"的概念，陈连山在其著作《游戏》一书中作如下定义：民间游戏"就是指那些在广大民众中广泛流行，并且成为代代传承的文化传统的游戏。"并认为，民间游戏的参加者至少有两个，所以这些游戏通常都有着独特的规则以及由此形成的稳定的表现形式。③

乌丙安在其《中国民俗学》一书中则将"民间游戏"定义为："民间游戏是指流传于广大人民生活中的嬉戏娱乐活动，俗称'玩耍'。游戏是游艺民俗中最常见、最普遍、最有趣的娱乐活动。它主要流行于少年儿童中间和节日里成年人娱乐节目之中"（《中国民俗学》第343页）。

---

① 辞海．中华书局香港分局．1965，1846.
② 陈连山．游戏．北京：中央民族大学出版社，2000. 5.
③ 陈连山．游戏．北京：中央民族大学出版社，2000. 18.

笔者认为以上两个定义都比较准确地概括了民间（传统）游戏的本质和特点，而陈连山的定义强调了民间游戏的传承性，因而更能反映民间游戏所具有的传统文化特质。

（三）民族传统游戏

世界上的文化都是由各民族所创造的，没有民族所属的文化是不存在的。游戏也是如此。因此即使是在某一地域广泛流传的民间游戏在历史上也必定是属于某个或某几个民族的。

根据以上关于民间游戏的定义，笔者认为，“民族传统游戏”就是指那些在一个或几个民族的民众中广泛流行，并且成为代代传承的文化传统的游戏。这些游戏，既包括在历史上由该民族自己创造的游戏，也包括从其他民族那里传播、借鉴来的游戏。

需要说明的是，本研究中“民族传统游戏”是指包括世界上所有民族在内的各民族的传统游戏，而非专指我国少数民族的传统游戏。

（四）民族传统体育

关于“游戏”与“体育”，人们在使用时常常存在概念上的含混现象。在西方人的观念中，正式的体育比赛与包含规则的游戏完全是同一种东西。神圣的奥林匹克运动会是“game”，孩子们玩的“捉迷藏”也是“game”。而在中国的相关研究中，一些民俗学家在论及民间体育时，也多把它归入民间技艺或民间竞技活动。而在许多具体的民间游戏活动与民间竞技活动中，“你中有我，我中有你”的现象是常见的。关于民间游戏（体育）或民族游戏（体育）的研究范围也往往大体相同。由于二者在内容上的相似性和研究范围上的交叉性，笔者认为有必要对本研究中的“民族传统游戏”和“民族传统体育”的概念予以界定。

关于“体育”的概念，《中国体育风俗》（盛琦、丁志明编著．天津人民出版社，1992）一书认为“体育是以运动为基本手段进行身心健康锻炼和教育的社会文化形态。”并指出“我国一位学者认为体育应该是‘以增进人身心健美舒畅为目的，以各种运动和游艺为手段的教育过程和娱乐过程’”① 笔者认为，与游戏相比，体育更强调活动中的身体运动和竞技性，健身和竞技的目的性比较突出；而游戏更强调娱乐性，以娱乐为主要目的。因此，在民族传统游戏中，成年人的大部分游戏兼有体育活动的性质，而儿童游戏中除身体运动游戏外，大部分角色游戏、智力游戏、追逐打闹游戏等均不属于民族传统体育活动。

因为鄂伦春族传统体育均表现出较强的娱乐性，因此笔者在本研究将所有鄂伦春族传统体育活动均归为鄂伦春族传统游戏。即后者在外延上完全涵盖了前者，而大于前者。

（五）现代游戏

“现代游戏”是与“传统游戏”相对而言的。本研究对“现代游戏”的界定，是指伴随科技进步和市场经济而出现的各种商品化的、含有较高现代科技因素的游戏，包括用各种商品化玩具进行的游戏，如乐高积木、各种电动玩具、电子游戏游戏等。在我国，主要以改革开放后出现的上述各种游戏为主要内容。

（六）文化传承

关于“文化传承”的概念，笔者比较认同的观点是赵世林在其《论民族文化传承的本质》（北京大学学报哲学社会科学版，2005 年 5 月第 39 卷第 3 期，第 10 页）一文中的解析。他认为，文化传承是文化与主体的有机结合，指文化在一个人们共

① 盛琦、丁志明．中国体育风俗．天津：天津人民出版社，1992. 8，182.

同体（如民族）的社会成员中作接力棒似的纵向交接的过程。这个过程因受生存环境和文化背景的制约而具有强制性和模式化要求，最终形成文化的传承机制，使人类文化在历史发展中具有稳定性、完整性、延续性等特征。也就是说，文化传承是文化具有民族性的基本机制，也是文化维系民族共同体的内在动因。

第一章　鄂伦春族传统游戏概说

图1－1

高高的兴安岭，
一片大森林，
森林里住着勇敢的鄂伦春。
一呀一匹猎马，
一呀一杆枪，
獐狍野鹿满山满岭打也打不尽。

这首创作于五十年代的歌曲《高高的兴安岭》，几十年来曾唱遍大江南北，它形象地描述了鄂伦春族的生存环境、生存方式和骁勇善猎的特点。这个长期在茂密的森林中游猎和生活的民族，不仅创造了自己独特的狩猎文化，而且通过这些文化塑造了独有的民族性格。

“太阳渐渐沉入重峦叠嶂之后，参天的桦树梢沐浴着落日的余晖。山坡背风处，有几座圆锥形的‘斜仁柱’一字排开，上面覆盖着的桦树皮泛着柔和的金光。……猎马打着响鼻隐现在附近的草甸子上。几个顽童仍在打闹，稚声稚气的欢笑声阵阵传出……”①一代代的鄂伦春人，正是在大自然的怀抱中，在充满童趣的游戏陪伴下茁壮成长。先辈留下来的古老文化，宛如嘎仙洞前清澈的溪流从远古淌来，又日夜不停地流向远方……

第一节　鄂伦春族及其传统游戏概述

功能主义学派认为，文化是一个整体，任何文化现象都应置于文化整体中去考察。作为传统鄂伦春文化的一个组成部分，鄂伦春儿童游戏与鄂伦春文化及其所依存的自然生态环境之间有着千丝万缕的联系。因此在研究鄂伦春族传统儿童游戏之前，有必要先了解这个民族的历史和文化。

一、鄂伦春族的形成及其生态环境

高高的兴安岭，
一片大森林，
森林里住着勇敢的鄂伦春。
一呀一匹猎马，
一呀一杆枪，
獐狍野鹿满山满岭打也打不尽。

图 1－2

---

① 白兰：鄂伦春族，北京：民族出版社，1991，13.

这首流行于20世纪五十年代而被世人广为传唱的歌曲，形象地描述了鄂伦春族的生存环境、生存方式和骁勇善猎的特点。

（一）鄂伦春族人口及分布

鄂伦春族是世居我国东北部地区的人口最少的民族之一，解放初期人口只有两千余人，近几十年人口增长比较快，据2000年第五次全国人口普查统计，鄂伦春族人口为8196人。鄂伦春族是跨境民族，俄罗斯境内的埃文基人与我国的鄂伦春族和鄂温克族属于同一个民族。鄂伦春语属阿尔泰语系满—通古斯语族通古斯语支，没有文字，曾学习使用过满文，现在主要使用汉文。

图1－3（图片来源于网络）

鄂伦春人素以“骁勇闻天下”，曾世代在山林里繁衍生息。在广阔的黑龙江流域，大、小兴安岭，外兴安岭，以至贝加尔湖以东、库页岛的莽莽森林、山川河谷，都曾留下鄂伦春族人有力的生命足迹。现在的鄂伦春族主要分布在黑龙江省和内蒙古自治区东北部的大小兴安岭一带，具体说主要居住于呼伦贝尔市鄂伦春自治旗、扎兰屯市、莫力达瓦达斡尔族自治旗和黑龙江省北部的呼玛、逊克、爱辉、嘉荫等地，地处东经一百二十二度至一百三十一度，北纬四十八度至五十三度之间。

（二）鄂伦春族的生存环境

历史上，鄂伦春人生活的大小兴安岭、黑龙江流域人烟稀少，甚至在某些历史阶段几乎与外界隔绝，但这里广阔而富饶的生态环境，为鄂伦春人世代在这里栖息和繁衍提供了条件。

鄂伦春人生存的自然环境具有以下特征：

1. 地处大小兴安岭原始森林。大兴安岭由东北向西南斜贯于黑龙江省和内蒙古自治区境内，平均宽约二百至三百公里，海拔一千至一千四百米左右。西麓多波状丘陵，东麓陡峭，河流湍急；小兴安岭沿黑龙江斜向东南伸展，山势平缓，海拔六百至一千米之间，大部分是三百至五百米的丘陵或洪积台地。大小兴安岭连绵逶迤，漫山遍壑的原始森林遮天蔽日。

2. 四季温差大，冬季气候严寒。这里地处寒温带偏北端。由于纬度和地形的影响，气候差异性很大，冬季漫长而严寒，最低气温可降至零下四十五度。九月中旬降霜气候转冷，九月末便雪花飞舞，积雪期长达六、七个月之久。黑龙江于十月中下旬就开始流凌，封冻期长达六个月以上，这期间车马行人可以在冰上往来。夏季短促而不炎热，自五月份起气温开始上升，最高温度达36℃。全年平均降水量约700毫米，雨量以六、七月份最多。

3. 交通不便。鄂伦春人曾经使用驯鹿作为主要交通工具，后来改为使用鄂伦春马。冬天大雪封山时，人们使用滑雪板追逐野兽，雪橇也是重要的交通工具。

4. 森林茂密，河流众多，野生动植物资源丰富。该地区自然资源极其丰富：大兴安岭生长着多年生的落叶松、樟子松、白桦，黑桦、柞树和白杨等耐寒树种。小兴安岭主要生长红松，其次是鱼鳞松、杉松、冷松和黄花松。野生果实如山葡萄、越橘、红豆、山梨、稠李子，以及各种野菜、各种菌类如猴头、蘑菇、木耳等十分丰富，大小兴安岭上还生长着许多有名的药材如黄芪、知母、五味子等，这一地区的矿藏也很丰富。

在大小兴安岭的繁茂森林里，栖息着种类繁多的珍禽异兽，是鄂伦春人最主要的食物来源。野兽有马鹿、驼鹿（亦称犴、犸达罕）、狍子、狐狸、猞猁、狼、熊、貉、东北虎、豹以及紫貂、灰鼠（亦称松鼠）、黄鼬（俗称黄鼠狼）等；鸟类以松鸡和雉为主，其中有著名的榛鸡（俗称飞龙）和野雉（俗称野鸡）；候鸟类有天鹅、大雁和野鸭等。此外各河流中鱼类颇多，有大马哈鱼、鳇鱼、鲤鱼、白鱼、鲫鱼、哲罗鱼，细鳞鱼、草根鱼和鲶鱼等。

5. 地处偏远，历史上很长时期几乎与世隔绝。历史上，鄂伦春人生活的大小兴安岭、黑龙江流域人烟稀少，甚至在某些历史阶段几乎与外界隔绝。

图 1-4 绿色兴安岭（白洁摄）

（三）鄂伦春族的起源和形成

1. 族称释义

"鄂伦春"（oroqen 或 urequn）一词直译为汉语有三种说法，一说为"山岭上的人们"，其中的"鄂伦"意为"山岭上"，"春"为"人"的复数形式，是方位格，即"人们"的意思；一说认为"鄂伦春"意为"使用驯鹿的人们"，驯鹿在鄂伦春语中为"鄂伦"（oron），"春"是所有格，意为"人"；一说为满语"归顺的人们"。关于以上三种解释，在鄂伦春人中倾向于"山岭上的人们"的为多数，但也并不认为"使用驯鹿的人们"

这一解释错了，因为历史上鄂伦春族曾驯养使用过驯鹿，尽管他们失去驯鹿已有三、四百年的历史了。而对第三种解释则多数人持否定态度。

图 1－5（图片来源于网络）

2. 族源

鄂伦春族是我国东北地区古老民族的后裔，有着悠久的历史。鄂伦春族的形成，也同其他民族一样，经过了漫长的历史阶段，是在生活于黑龙江流域的古代民族无数次地兴衰更迭、频繁迁徙的基础上逐步形成的。据历史记载，生活于黑龙江流域的古代民族很多，活动于西部的有东胡、鲜卑、室韦、契丹、蒙古等；活动于中部的有秽貊、索离、夫余等；活动于东部的有肃慎、挹娄、勿吉、靺鞨、女真等。至于鄂伦春族究竟属于哪个族系，由于鄂伦春族没有文字，关于本民族的起源只有口耳相传的神话故事和传说。而且因为与中原地区相距遥远，长期在原始森林中过着与世隔绝的生活，我国的历史史籍中罕有关于鄂伦春的记载，它同我国历史上的哪个民族具有一脉相承的关系一直没有统一的说法。

图 1－6（图片来源于网络）

目前学术界关于鄂伦春族的族源大致有五种不同的观点：一种观点认为，鄂伦春族源于先秦时期的肃慎人，是按照挹娄、勿吉、抹褐、女真的发展序列而来的①；第二说认为源于北室韦人②；第三说认为源于钵室韦人③；第四说认为源于传说中的玄夷人（即倭人）④；第五说认为源于丁零族⑤。

以上观点集中起来主要有两种意见，一是室韦说，二是肃慎说。目前学术界多倾向于“钵室韦”说。持这一观点的学者认为，北朝时期，钵室韦人作为室韦诸部之一居住在黑龙江以北的胡布山（今俄罗斯境内西林木迪河流域的雅玛岭）一带，靠近

---

① 陈玉书．关于鄂伦春族的来源．文史哲，1962.4

② 冯君实．鄂伦春族探源．吉林师范大学学报，1979.2

③ 鄂伦春族简史编写组．内蒙古人民出版杜，1985

④ 傅朗云、杨旸．东北民族史略．长春：吉林人民出版社，1983

⑤ 徐殿玖．鄂伦春族族源初探．学术交流．1989.2

图 1－7（白洁摄）

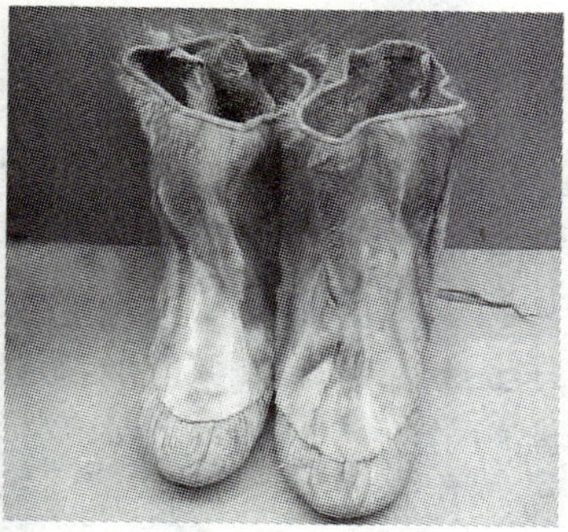

图 1－8（白洁摄）

外兴安岭南麓，这里“饶獐鹿”，他们过着逐野兽而迁徙的游猎生活；“射猎为业，食肉衣皮”；“用桦皮盖屋”；主要交通工具为驯鹿和滑雪板；在婚姻习俗方面，钵室韦人有“男先就女舍”的婚俗，即订立婚盟的一对男女可以先在女方居住一段时间过夫妻生活。丧葬制度采用风葬，“父母死，尸则置于树林之上”。这些习俗和制度在新中国成立初期的鄂伦春族中都不同程度的存在和保留，而且史书中记载的钵室韦人居住的区域同鄂伦春族早期分布地域吻合，因此根据民族的分布和迁徙情况、根据文化的比较、根据经济生活的特点，鄂伦春族同钵室韦人都比较吻合，许多方面都是一致和相似的。

图 1－9（图片来源于网络）

在各种族源说中，笔者认为鄂伦春族学者韩有峰先生的“肃慎靺鞨说”观点比较有说服力。他认为：“从语言方面看，鄂伦春族语属通古斯——满语族，与肃慎系的靺鞨族语相通，而不同于蒙古语族的室韦语言；从经济类型和风俗习惯方面看，鄂伦春的狩猎活动和许多习俗虽然与室韦族相似，但是这种经济类型和风俗习惯是北方诸多民族所共有的，因此与肃慎系靺鞨族的风俗也接近；从地缘关系方面看，在鄂伦春的居住地是曾有室韦族活动，但是他们并非单一族，有的虽然被称为“室韦”族，实际上还有肃慎系的靺鞨等族。因此，我们可以得出结论，鄂伦春族的族源应该是肃慎系的靺鞨族，而不应是室韦或其他民族。”①

二、鄂伦春族历史及传统文化概述

（一）新中国成立前鄂伦春族历史发展概述

根据史料记载，鄂伦春族很早就被纳人中原封建王朝的统一管辖之下。8 世纪上半叶的唐朝和 12 世纪的金朝都曾在黑龙江上游和下游设立行政管辖机构。元朝时，史籍中把居住于贝加尔湖以东以及黑龙江中上游包括鄂伦春人在内的民族统称为“林木中百姓”，并于 13 世纪在这里设置了相应机构进行管理。明代时，史籍中称外兴安岭一带的渔猎民族为“北山野人”和“可木地野人”，并对包括鄂伦春民族在内的北方民族进行了更为有效的管理。史籍中记载，天命元年（1616 年）后金“招抚诺罗路”，天聪五年（1631 年）“诺罗路贡貂皮”。有人认为“诺罗”即鄂伦春，是鄂伦春的同音异译。

清朝初年索伦诸部被统一，鄂伦春族作为“索伦之别部”被纳于清朝的统治之下。清朝康熙初年，在宁古塔将军之下设立

① 韩有峰、都永浩、刘金明．鄂伦春族历史、文化与发展．哈尔滨：哈尔滨出版社，2003

“布特哈八旗，负责统一管辖分布在黑龙扛上中游地区的鄂伦春、鄂温克、达斡尔等民族，康熙二十三年（1684 年）布特哈八旗划归黑龙江将军管辖，康熙三十年（1691 年）黑龙江将军在布特哈八旗的基础上建立布特哈（满语，虞猎、打牲的意思）总管衙门，令各族披甲驻防。

清朝将鄂伦春族分成两部分加以管理，一部分编入八旗，谓之摩凌阿俄伦春（骑马的鄂伦春之意，即披甲当差的鄂伦春族）；另一部分编为散户，谓之雅发罕俄伦春（步行的鄂伦春），“仅以纳貂为役”。

鄂伦春族是清朝政府的重要兵源，直至清末，鄂伦春族都始终被编入八旗之中，在各种军事活动中发挥着重要的作用，是清朝政府的重要依靠力量，既为清朝驻防，也为清朝南征北战。如康熙二十四年（1685 年）的雅克萨之战中有 565 名鄂伦春族士兵直接参加了对俄之战，为战争的胜利立下了汗马功劳，“俄人亦颇畏之”。光绪二十六年（1900 年）为抵御沙俄的进犯，黑龙

图 1 –10（图片来源于网络）

江城副都统风翔便派遣库玛尔路协领寿廉“带领鄂伦春马队官兵500人与俄交战，颇称勇敢”。沙俄垂涎我国兴安岭中的林、矿资源，因惧鄂伦春人，乃遣其国最勇之哥萨克兵一千人来剿袭之。不半年，死八百人，俄人乃深惊鄂伦春之雄强焉”。在边防和许多军事重镇上，清朝也派遣许多鄂伦春人在那里驻守，应该说鄂伦春族为保卫祖国领土、维护祖国统一做出了重要的贡献。

从生产力发展的角度看，清代是鄂伦春族重要的发展时期，是鄂伦春族生产力水平飞跃发展时期。其发展的原因是鄂伦春族在这一时期同其他民族联系加强，其发展的标志是铁器、猎枪、马的传入和使用，这些东西的传入和使用使狩猎水平达到了新的高度。但清朝时期鄂伦春族也遭到了前所未有的经济盘剥。最大的剥削者是清朝派遣到鄂伦春族地区征收貂皮的税务官“谙达”，及后来官方谙达被取消后代之而起的私人谙达和商人，他们利用鄂伦春族的淳朴和商品意识不强，大肆盘剥。谙达和商人的盘剥和欺诈性交易活动造成了鄂伦春族的极度贫困。

随着清朝政府被推翻，鄂伦春族的八旗制被取消，但是仍然沿用了清朝时的统治机构，以路佐为单位进行管理。民国初年，北洋军阀政府为了更有效地统治鄂伦春族，尤其是面对边防日益紧张的局势，推行了“弃猎归农”政策，企图以此将鄂伦春族固着在土地上。这一政策对鄂伦春族的长远发展无疑是有利的，但是由于北洋政府措施不力，加之鄂伦春族世代狩猎，对农事不感兴趣，使得这一政策以失败告终。

伪满时期，日本在鄂伦春族地区推行法西斯统治，将鄂伦春族置于日本特务机关的直接统治之下。日本殖民者对鄂伦春族实行反动的民族政策，限制鄂伦春族的发展，其政策是“不开化其文化，持续其原始生活，不使其归农，当特殊民族实行隔离，构成其独立生活道路，排除其依存生活习惯，暂时利用，最终消灭”。首先用武力把鄂伦春人驱回深山密林，限制鄂伦春族的发展，隔绝鄂伦春族同其他民族的联系，让鄂伦春族生活始终停留在固有水平，不仅如此，还使本已出现的农业消失在萌芽状态。由于害怕鄂伦春人的反抗，日本人没收了鄂伦春人的快枪，只准使用单响猎枪，所以狩猎生产也较以前出现了倒退。

由于鄂伦春族的强悍勇敢而且性情直爽、淳朴，日本殖民者看到有利用价值，因此，他们在军事上确立了“暂时利用，最后消灭”的反动政策，拉拢鄂伦春族的上层人物，并强迫鄂伦春青壮年组成山林队，用以对付苏联和抗日联军，由日本人担任山林队的教官，强迫鄂伦春人接受每年春秋两季的军事训练。

在经济上，日本殖民者将商人和谙达全部取消，实行垄断式的剥削，成立“满洲畜产株式会社”，专门掠夺鄂伦春族的猎产品，鄂伦春族打到的猎产品必须全部交给日本人，同时实行配给制，只配给猎民微薄的粮食和布匹，子弹和火药也受到限制。日本侵略者还通过鼓励吸食鸦片毒害鄂伦春人。日本殖民者统治时期是鄂伦春族受压迫和剥削最为严重的时期，鄂伦春族的经济和文化出现了严重的倒退。由于生活的窘迫，人口急剧下降，当时有人预言：若干年后，鄂伦春族在地球上将不复存在。①

（二）鄂伦春族传统文化概述

鄂伦春族因为长期生活在外兴安岭及大小兴安岭腹地的原始森林中，以狩猎生产生活为主要生计方式，被称为“森林民族”、“狩猎民族”；因以白桦树皮为材料搭建“斜仁柱”（又称“仙人柱”、“撮罗子”），造桦树皮船，以桦树皮制作各种器皿具，又被称为“白桦民族”。

---

① 参见于学斌．鄂伦春游猎生活．编前絮语．哈尔滨：黑龙江美术出版社，2003.

图 1－11（图片来源于网络）

千百年来，鄂伦春族的历史始终按照自己的轨迹发展着，起伏和变化很小，不管改朝换代亦或是战争，都不能影响鄂伦春族，鄂伦春族始终按照自己固有的生活方式生活着。鄂伦春族是典型的、单一的渔猎文化，而在渔猎文化中，狩猎文化又占有突出的地位，由于大小兴安岭蕴藏着丰富的野生动物资源，这种得天独厚的自然条件使得鄂伦春族始终保持着较为单一的狩猎经济，并因此创造了较高的狩猎文化。无论是物质文化还是精神文化几乎都同狩猎有关，表现在物质文化方面是，衣食所用均从野兽身上出，房屋是适应游猎生活需要的便于拆建的“撮罗子”，交通工具是便于山野中行走的滑雪板和

图 1－12

鄂伦春马，生活中的日常用具是便于游猎生活中携带的桦皮器皿，生产工具多是打猎工具，如猎枪、猎刀、弓箭等；表现在精神文化方面是，狩猎经验的积累、山川地理形势、自然环境、野兽习性的掌握是主要内容，其民歌、口头文学创作、舞蹈和游戏等，绝大部分是根据狩猎生活创作的。由于狩猎活动的需要，鄂伦春族的社会组织集体性非常强，在家庭观念、血缘纽带方面的联系都非常强，讲究集体协作的共同劳动、平均分配，所以说，鄂伦春族是典型的狩猎文化，狩猎占其文化复合中的主要部分。①

图 1－13（图片来源于网络）

三、鄂伦春族传统游戏的主要特征

游戏作为一种社会性活动，是对周围人们的劳动、生活和道德面貌，以及人与人之间关系的反映。鄂伦春族生活于我国北方

① 参见于学斌．鄂伦春游猎生活．编前絮语．哈尔滨：黑龙江美术出版社，2003.

的大小兴安岭、黑龙江流域，江河、山林是他们的衣食之源，鄂伦春族游戏是对鄂伦春民族独特的生存环境、生产生活方式、民族文化等现实生活的综合反映，因此也决定了鄂伦春族游戏具有以下主要特征：

（一）游戏材料和内容具有典型的北方狩猎民族的文化特征

因地制宜、就地取材是民族民间游戏的共同特征。鄂伦春族是典型的、单一的渔猎文化，而在渔猎文化中，狩猎文化又占有突出地位，由于大小兴安岭蕴藏着丰富的野生动物资源，这种得天独厚的自然条件使得鄂伦春族始终保持着较为单一的狩猎经济，并因此创造了较高的狩猎文化。无论是物质文化还是精神文化几乎都同狩猎有关。“射猎为业，食肉衣皮”、“用桦皮盖屋”、“骑木而行”（木指滑雪板）是其典型的文化特征，游戏作为其精神文化的一部分也是如此。

图 1－14（图片来源于网络）

从鄂伦春儿童的玩具看，儿童玩射箭游戏使用的小弓箭、滑雪橇时用的野猪皮雪橇、母亲们用桦树皮和动物皮为幼儿剪制的各种小动物、抓嘎拉哈游戏中用的嘎拉哈（也叫狍拐，是狍子的髌骨）、打球游戏中用兽毛填充的皮质球、划桦皮船游戏用的桦皮船、下“班吉”棋用的桦树皮棋盘等，都来自鄂伦春族的日常生产生活，有着鲜明的北方狩猎民族的文化特征。

从内容上来看，多数游戏也都是以该民族的狩猎生产生活为主要题材的。如射箭、滑雪、划桦皮船，及综合再现其生产生活不同侧面的“过家家”游戏，其他还有“打鬼护子”（玩法与内地的“老鹰捉小鸡”游戏相同，但鄂伦春族过去信鬼神，因此内容也随之变化）、“闯绰哈仁”（一边学着树鸡的样子一边进行赛跑）、跳高、跳远、扛人比赛、爬树比赛、摔跤、游泳、攀绳等。

（一）冰雪类游戏内容丰富

鄂伦春人生活的地区属于寒温带，从九月开始降雪至第二年的4月，积雪期长达六、七个月之久，而封冻期也长达六个月以上。与这样的自然环境相适应，鄂伦春儿童的冰雪类游戏较多，反映出鲜明的地域性特征，如滑雪、野猪皮雪橇、玩冰车、拉爬犁等。这些游戏不仅在寒冷而漫长的冬季为孩子们增添了无穷的乐趣，也对鄂伦春人从小就经受适应严寒天气的锻炼，增强体质，培养鄂伦春民族坚强的意志和勇敢向上的精神起到了积极的作用。

（二）以身体技能型游戏为主

人类学的游戏研究表明，身体技能型游戏是生产技术比较简单、生存活动主要依靠人的体力和身体运动技能的社会的主要游戏类型。鄂伦春族文化属于狩猎——采集型文化，从鄂伦春族儿童游戏的类型来看，可以比较充分地证明这一点。鄂伦春儿童的游戏可以主要概括为三类，即身体技能型（身体运动）游戏、

图 1－15（图片来源于网络）

角色游戏和智力游戏，其中身体技能型游戏的比例占到一半以上，模仿游戏（角色游戏）次之，智力游戏较少，而其他类型的游戏如策略类和博弈类游戏很少或没有。鄂伦春族游戏的这一特点反映出鄂伦春族社会当时渔猎经济生产力发展水平低下，社会分工尚不明显的特征。

（三）具有增强生存能力的作用

鄂伦春族游戏的主要形式表现为投、射、拉、划等训练手臂力量和技巧以及奔跑、跳跃、游泳等训练下肢力量和技巧的项目。在以狩猎经济为主的年代，狩猎需要臂力强、射箭准，同野兽进行搏斗，需要掌握走、跑、骑、射、划船、游泳等各种技能，因此在向自然所取生存资料的过程中，鄂伦春人强健的身体、灵巧协调的身体动作、熟练的生产技能等对于人们的生存是至关重要的。鄂伦春族游戏中很多游戏所需要的技能来自于生产劳动，游戏技能与生产劳动对人的身体素质和技能的要求是相似的。此外，各种游戏尤其是冰雪类游戏对鄂伦春儿童适应兴安岭地区严寒的气候也起到了重要的作用。

（四）被视为民族文化传承的重要手段

与其社会发展阶段和生态文化类型密切相关，鄂伦春族传统游戏的特征是与狩猎的生产方式密切相关，甚至有很多是其社会生产的直接表现，如儿童的射箭、射击、野猪皮雪橇、赛马、游泳比赛等游戏都是该民族日常生产生活中的技能的直接模仿。由于儿童游戏在增强鄂伦春人的生存和生活能力等方面具有特殊的意义，鄂伦春人把游戏作为培养其后代掌握必要的生产技能、生产和生活知识、社会习俗等社会文化的重要传承手段。例如男孩子们喜欢玩的射箭游戏，是成人对儿童进行使用弓箭的技术传承的主要手段，从三四岁开始，成人就为其制作各种类型的弓箭，经过游戏的练习，六七岁的儿童便可以熟练掌握弓箭的使用方法并随大人一起出猎。

（五）游戏材料、内容、规则的自然性和原始性

渔猎经济是人类的最早的生存手段，原始经济的特征决定了其游戏的材料和内容必然带有自然性和原始性的特征。从游戏材料看，鄂伦春族游戏的材料全部来自其生活的自然环境——原始森林中的动物和植物，从摇篮中婴儿的玩具“骨响铛”（用动物的骨片串成，摇车摇动时发出悦耳的响声，既可以助眠，也是婴儿的玩具），到狍和鹿的髌骨“嘎拉哈”、野猪皮制成的雪橇、兽皮和桦树皮剪制的动物玩偶，到桦树皮的“班吉”棋盘等，完全取自于大自然。

图1-16

从内容上看，大多鄂伦春族游戏或来自对狩猎生产的直接模仿，如跳高、跳远、投石、射箭、滑雪、打猎游戏、过家家游戏

等；或来自对动物的直接模仿（如“闯绰哈仁”游戏），游戏方式和游戏规则都比较自然原始，而几乎没有经济较发达社会盛行的博弈型、策略型游戏。这些特征也反映出鄂伦春族社会尚未出现明显的阶级分化，原始共产主义观念影响很深，社会政治制度和社会关系并不复杂的特点。

（六）强调合作，没有强烈的对抗性

鄂伦春族人口少，原始的狩猎生产方式需要人们向严酷的大自然所取一切生活的来源，在这种情况下，个人的力量是微不足道的，人们需要依靠集体的力量来求得个人、家庭和种族的生存、延续和发展。因此，在鄂伦春族文化中，强调人要具备团结、合作、助人为乐等集体主义品质。表现在游戏中，就是较少表现私有观念的价值取向，集体的配合协调居多，游戏的竞争性不强。即使是以男性为主的游戏中，也很少有对抗和竞争性激烈的游戏，而是以比技巧、比耐力、比速度、比力气为主，弱化竞争，拼力获胜或打败对手并不是鄂伦春族游戏的主要目的，大家注重的是对团体活动的参与，从中感受团体的力量和个人的进步。

从以上分析可以看出，鄂伦春族游戏无论是在游戏的材料上，还是游戏的内容、规则、类型和功能上，均具有北方原始狩猎民族的典型文化特征，是鄂伦春社会经济文化生活的综合反映，同时又作用于社会生活。独特的地理环境、民族生产生活方式和民族文化又决定了其游戏具有浓郁的民族风格，在某些方面，这些游戏正是鄂伦春人勇武、勤劳、团结一致的民族性格的表现。

第二节　鄂伦春族传统游戏的起源

由于鄂伦春族没有文字，关于本民族的文化和历史没有文字

记载，我们无法知道丰富多彩的鄂伦春族传统游戏是从何时起源并如何演变的。但作为民族民间游戏的一部分，鄂伦春族的游戏也必定具有民族民间游戏的一些共性，包括游戏的起源和演变，也会大体遵循其中的规律。下面本文分别从劳动起源、教育起源、生活起源和交往起源等方面来进行具体分析和论述。

一、来源于日常生产劳动

很多传统游戏都是源于人类最初的生产劳动的，我们在许多游戏中都可以看到劳动生产的影子，在鄂伦春族这样一个几十年前还保持着原始狩猎经济文化的民族来说，这一特征更加清楚。

如本章第一节所述，熟练准确的箭法是狩猎成功的关键，为了训练儿童熟练使用弓箭的本领，鄂伦春儿童从 3 – 4 岁起就开始用成人制作的玩具弓进行射箭游戏。这一游戏无疑来源于鄂伦春人射猎野兽的狩猎活动。其他游戏如滑雪、划桦皮船、冰爬犁等，则来源于人们日常生活中以滑雪板、桦皮船和爬犁作为交通和运送货物的工具，“扛人游戏”来源于人们为日常生活中拣拾烧火柴的劳动，赛跑、跳高、跳远等游戏来源于早期狩猎生产人们必需的身体技能等。可以说，这些游戏活动都带有明显的狩猎生产所需的生产和生活技能的特征。

二、来源于教育和培养下一代的需要

在原始的社会经济形态下，儿童的游戏与原始教育是密不可分的，没有成人的干预和指导，没有教育的形式和作用，儿童游戏亦是难以产生和发展的。儿童的游戏源远流长，在人类社会初期就把它作为教育儿童的一种手段。成人常把自己的生活与劳动经验通过游戏的方式传授给孩子们。鄂伦春族游戏中有很多是由成人根据培养下一代的需要而创造的，比较典型的如“阿尼罕”。这种游戏与现在给孩子们设计的“看图识字”相类似，是母亲们用桦树皮或兽皮给孩子们剪（刻）成鹿、狗、天鹅、大雁等各种飞禽走兽的图形，让孩子们加以识别，并进行一系列捕捉动物的训练，其目的是使孩子从小就增长狩猎知识和技能。此外，象猜谜语、数数字、“小仙人柱”（语言游戏）、歌谣等，也都是成人根据各种教育的需要为孩子们创造的。

三、来源于对社会生活和动物的模仿

模仿是儿童的天性，他们自发地对周围环境和成人的行为进行观察和模仿，做各种简单的、象征性的游戏。对成人社会生活和动物的模仿是游戏的一个重要来源。鄂伦春族游戏中的“闯绰哈仁”就是在“谁要是最先到达终点，谁就是梅花鹿；谁要是半路逃跑，谁就是兔子；谁要是跳到一半就发笑，谁就变成臭李子；谁要是落在最后，谁就是又胖又笨又懒的树鸡!”的歌声中以双脚快速蹦跳、两臂上下摆动、旋转等姿态模仿树鸡进行比赛的游戏。

还有包括鄂伦春儿童在内全世界的儿童都在玩的“过家家”游戏，是儿童对各种现实生活场景的模仿，祭神、跳神游戏则是鄂伦春儿童对一些祭神和跳神仪式的模仿，其游戏起源都是对人们现实生活的模仿。

四、来源于民族间文化的传播

文化具有传播性。鄂伦春游戏中有些是与其他民族所共有的，尤其是与鄂伦春长期在一个地域内生活的民族包括鄂温克族、达斡尔族。这些游戏中有的游戏如抓嘎拉哈，是包括居住在我国北方的汉族在内的所有北方民族共有的游戏，其玩法也都大同小异。嘎拉哈游戏的起源据说是满族，一说源于锡伯族，但根据其玩具材料为动物髌骨的特点，应起源于狩猎生产，作为鄂伦春族的抓嘎拉哈游戏，既可能是其先民流传下来的，也可能是从周边其他民族中传播而来。其他鄂伦春的游戏如“班吉”棋，和周边民族如蒙古族、达斡尔族、鄂温克族的“宝格”（围鹿棋）玩法相似，赛颈力、拉棍等游戏在鄂温克族和达斡尔族传统游戏中也都有类似的内容。

五、来源于人们日常交往和娱乐的需要

鄂伦春族诸多游戏的产生来源，除了上述原因外，应该说还有很大程度上是源于人们最直接的娱乐身心的需要。娱乐是游戏最本质的特征，如一些身体活动的游戏拉棍、赛颈力、赛跑、投石等，可能就是人们在闲暇娱乐时偶然通过日常生产劳动的启发创造和发明的，这些游戏虽然简单，却充满了生趣，使人们在愉快的身体活动中感受着适度的紧张和刺激，对于长年游猎在人烟稀少的山林中的鄂伦春人来说，无疑为单调的生活增添了无穷的乐趣。

第三节　鄂伦春族传统游戏的分类和主要内容

一、鄂伦春族传统游戏的分类

如前面所述，游戏的分类有多种方法，根据本研究的目的，下面采用当前我国较多采用的按游戏在人的成长中起到的教育作用来分类的方法，对鄂伦春族传统游戏进行分类，以便于从现代

教育学和儿童发展的视角分析这些游戏对儿童身心发展的价值。

按照游戏对人的身心发展的作用，鄂伦春族传统游戏主要可以分为三类，即身体运动游戏、创造性（角色）游戏和智力游戏。

（一）身体运动游戏

身体运动游戏是以身体运动为主的游戏，是鄂伦春族游戏中种类最多的一类，又可根据活动部位的不同大致分为手、臂运动游戏，脚、腿运动游戏和其他身体运动游戏。

1. 手、臂运动游戏：射箭、射击、打弹弓、玩石头（抬石头、抓子、打水漂）、欻嘎拉哈、翻绳、“撒布卡”（抛接木条）、掰腕子、拉爬犁、打球、拉木棒、拉钩（拉手指）、玩冰车、划桦皮船等。

2. 脚、腿运动游戏：荡秋千、跳绳、赛跑、跳高、跳远、翻炕、踢毽子、“土萨路哈吞”（跑的游戏）、“闯绰哈仁”（蹦蹦跳）等。

3. 其他身体运动游戏：赛马、滑雪、野猪皮雪橇、颈力绳、扛人比赛、爬树比赛、摔跤、游泳、攀绳等。

（二）角色游戏

角色游戏是以模仿和想象，通过扮演角色创造性反映周围生活的游戏。鄂伦春儿童的角色游戏包括“阿尼汉特”（过家家）、“萨夫克坦”（意为被知晓、被认出，是一种化妆游戏）、“抓俘虏”、“打鬼护子”（相当于汉族的老鹰抓小鸡），“蒙瞎”、捉迷藏、玩摇车等。

（三）智力游戏

智力游戏是以生动有趣的游戏形式，使人在自愿和愉快的情绪中，增加知识，发展智力的游戏。智力游戏具体可分为棋类游戏、牌类游戏、语言类游戏等。

1. 棋牌类游戏。有“班吉”、“章跟班弟”棋、“刻耶处”（一种玩法类似于麻将的木头牌）等。

2. 语言类游戏。有“数数字”、“小斜仁柱”、猜谜语、歌谣（包括顺口溜形式带有游戏性质的歌谣、绕口令等）。

3. 其他智力游戏。有“阿尼罕”（用桦树皮、兽皮等剪成的飞禽走兽，相当于现在的看图识字）、“找中指”等。

除以上三类游戏外，鄂伦春族还有儿童的玩蝈蝈笼（见图1－17）、“玩火把”、“抓鬼”、“祭神”、“跳神”等游戏。

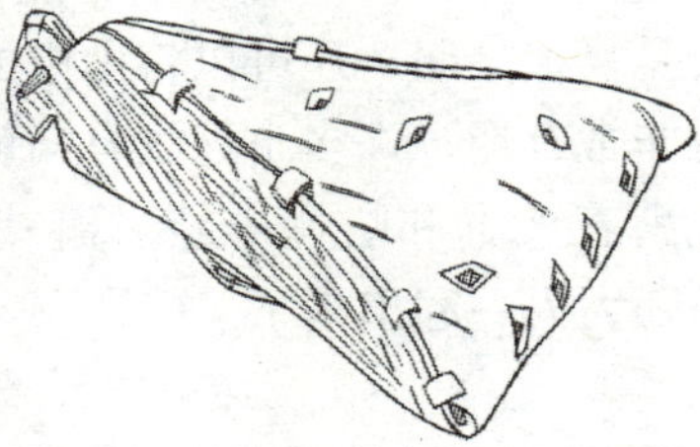

图1－17　蝈蝈笼

二、鄂伦春族主要代表性游戏简介①

（一）身体运动游戏

1. 射箭

鄂伦春语称“拍兰地然”，是鄂伦春成年人和儿童都喜欢的

① 本节游戏内容主要参考：宋兆麟．最后的捕猎者．济南：山东画报出版社，2001；关小云．鄂伦春族风俗概览．哈尔滨：黑龙江省民族研究所（内部刊物）；韩有峰编著．鄂伦春族风俗志．北京：中央民族大学出版社，1991；于学斌编著．鄂伦春游猎生活．哈尔滨：黑龙江美术出版社，2003

一种竞技性游戏。鄂伦春族曾世代以狩猎为生，直到二百多年前鄂伦春人还在使用弓箭。过去在节日里和氏族集会上都要进行射箭比赛。鄂伦春族儿童从三四岁开始就由成人为其“制作各种类型的弓箭，如响箭、木箭、尖头和钝头箭等，使他们从小就能了解各种类型箭的性能差异。”① 玩射箭游戏时，儿童或单独玩，或三五成群在一起比赛。比赛方法有两种：或是距靶一定距离站立射击，或是骑马在移动中射击，以中靶者为胜。鄂伦春族的玩具弓一般以煮蒸后的山槐木或榆木为弓背，以犴筋或狍筋为弦，箭杆用笔直的树枝或木棍削制而成，箭头有石、铅或铁头的。比赛时的靶子也多种多样，或者用桦树皮做个靶子，或者以天空中的飞物为靶子，若是夏秋之间，还可以将山中的野果当作靶子来射击。儿童比赛时非常有趣，许多小孩没有马就骑着一根木棍当马，非常投入，充满着天真和烂漫。经过游戏的练习，六七岁后，儿童就能骑马随大人一起出猎了。

2. 比枪法

随着狩猎生产用具的不断改进，枪支也广泛使用。“枪不离身，刀不离鞘”，猎民珍爱猎枪像珍爱自己的生命一样。被誉为“莫日根”猎手的人，必定是神枪手。因此以枪打靶成为成年人的娱乐活动。每逢射击比赛，男女老少都来观看，并给予优胜者“莫日根”的称号。有些鄂伦春族猎手，在抗日战争和解放战争中，以百发百中的枪法闻名。新中国成立后，随着武装民兵的发展壮大，以经常性的打靶取代了过去的比枪法活动。

3. 比赛马

赛马是猎民们最喜爱的活动项目。每逢年节、嫁娶、祭神、联欢、聚会和假日玩乐中经常举行，次数不定。有的集体组织，

---

① 史禄国著吴有刚等译．北方通古斯的社会组织．呼和浩特：内蒙古人民出版社，1985，449

有的以“叫号”（东北方言，有“挑战”“挑衅”之意）的方式举行。叫号者往往是较出色的骑手，或前次赛马的领先者，以唱“赛歌”的方式引得不服气的骑手们前来较量一番。

一般参加赛马的男女，都穿上最漂亮的猎装和彩袍，给猎马备上彩鞍，披挂绸带。人人愿意在众人面前露一手，争个高低。获胜者因赢得声誉而感到自豪。若是未婚者，常得到姑娘们（或小伙们）的青睐。在赛马过程中，不仅比速度，还比技巧，如跨溪越涧、穿林翻山等。

4.“欻嘎拉哈”

“嘎拉哈”鄂伦春语称“阿尤汗”或“毕劳黑”（见图1－18）。“阿尤汗”是狍子前腿膝关节上的髌骨，去掉筋肉，干燥磨搓后，就成了小巧玲珑的凸凹有致可爱玩物。它有四个不同形状的面，分别叫作“木切”（背儿）、“初克”（坑儿）、“它阿”（轮儿）、“卷”（珍儿）。“阿尤汗”有三种玩法：第一种叫猜测，内含祝愿、祝福之意。抓一把“阿尤汗”然后扔散在平地上，同时快速猜测“木切”多还是“初克”多。“初克”多就意味将来生女孩多；“木切”多，就意味着将来生男孩多。这种玩法多为女孩子。第二种叫互弹，即逐个“消灭”的玩法：把20多个“阿尤汗”扔撒在一定范围内的圆圈中，玩者每人手中持一枚母子，向圈内投掷，分出“木切”和“初克”后，使形成了甲乙对峙阵势，然后把母子放在圆圈的任意一点上，用中指或食子弹击对方，被击中者就算“死子”。最后以击中多少决胜负。有时扔撒后的“阿尤汗”会出现“贰卷”，这时可拿起“它阿”和母子任意击打，打成“木切”和“初克”后再继续进行弹击。母子原地弹去和拿起来打，都不能跑出圈内。若跑出，就算“烧死”（犯规），聚起所有“阿尤汗”重新扔撒比赛。这种玩法对儿童的眼力、手力、手感都有很好的锻炼，可培养儿童的自信心。第三种叫抓“阿尤汗”。这种游戏是二人以上，各算各的。把“阿尤汗”撒开，抛起装有小沙石的小布口袋，迅速用一只手抓起两个或两个以上相同的“阿尤汗”，并接住将要落地的小布口袋。抓到两个为1个数，3个以上为10个数，4个以上为40个数。当抓满100个数时，就开始“搬珍”。“搬珍”难度较高，要求也严，其顺序是把“阿尤汗”扔撒后，抛起小口袋，在瞬间用手指把“阿尤汗”翻跃成两个以上的“木切”。把“木切”抓完后，再接“初克”；“它阿”、“贰卷”翻跃，其过程中如有一次小口袋失落就算失败。玩者必须手疾眼快，才能同时抛接小布口袋和翻跃“阿尤汗”不同面的双重动作。这种游戏集智力与技能为一体，动作优美，扣人心弦。

图1－18

3.“撒布卡”（抛接木条）

“撒布卡”游戏鄂伦春语称“思瓦克吉俄玉仁”，是小姑娘们喜欢玩的一种游戏。玩具由20根细木棍削制，如筷子大小。玩法是将20根细木棍放在桌子或平台上，先出手者，以最快速度一次捋起细木棍在手，若是长短不齐交叉错乱，便被废掉玩权。若捡得合适，手中的细木棍无论数量多少（最少为 10 根），扔上去立刻用手背接住，若掉一根或几根，玩权即让给对方。假如接得成功，再抛起来，伸手横向抓住即将落下来的细木棍，再变几个花样，这是优胜的玩法。这种游戏多为女孩玩，可以一人玩，也可三人以上玩。

4. “拉木棒”

类似于拔河，鄂伦春语称“坦地任”。在漫长的冬季和多雨的季节，人们多数时间不得不待在“斜仁柱”里打发时光，便想出了这种适合在室内玩的游戏。玩具是木棒，有大小两种，玩法也不一样。小木棒有擀面杖那么大，玩时两人对坐，面对面，足对足，互相共握短木棒，比赛命令下达后，两人都拼命往自己一方拉木棒，谁把对方拉对来为胜。这种玩法男女孩都玩。另一种长木棒，如锄柄大小，两人各握其头，彼此对拉，看谁能把对

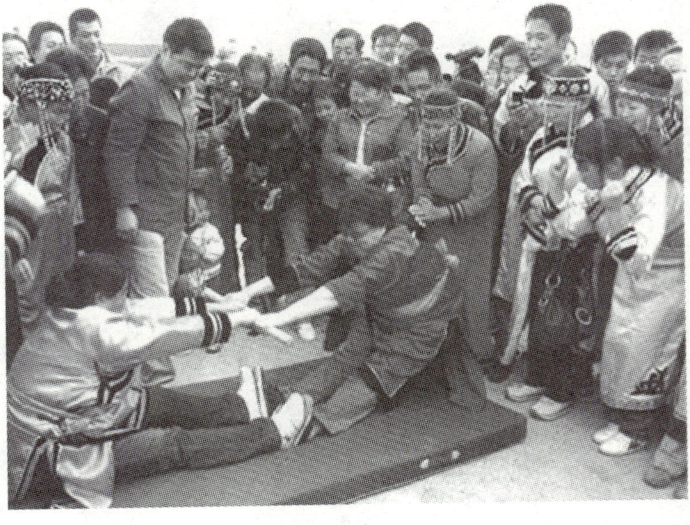

图 1－19

方拉过来，以此决胜负，是青年男子比臂力的游戏。①

5. “玩石头”（抬石头、抓子、打水漂）

玩石头游戏鄂伦春语叫作“交劳吉俄玉尔地仁”，石头大小不一，玩法也不一样：大石头，是抬，看谁的力气大；中等石头是举，看谁的臂力大，有点像举重；小石头是抓子，类似抓拐；片石，是打水漂，看石片在水面上漂多远，这种玩法是小孩玩的，比力气则是成年人的游戏。

6. 划桦皮船

鄂伦春语称此游戏为“木沫沁”。鄂伦春人生活的大小兴安岭河流纵横、多桦树，人们在长期的狩猎生活中根据实际需要利用桦树皮轻柔防水的特性将其制作成桦皮船。桦皮船是鄂伦春人重要的水上工具，它船体轻盈，迁徙时把船驮在马背上或肩扛即可，非常适合游猎生活。儿童们从小就以游戏的方式进行划船比赛，看谁划的快、划的好，在夏季时青壮年猎手也经常三五成群地进行划船比赛。

7. 滑冰车

这种游戏在我国的北方比较常见，冰车（见图1－20）一般

图1－20

① 宋兆麟．最后的捕猎者．济南：山东画报出版社，2001，256

由成年人制作，儿童坐在上面，双手各持一根冰钎，在结冰的河面上快速滑行。玩法有两种：一种是一人坐着，以冰钎滑行；另一种是站在冰车上，取一根长杆，下端有铁尖，从胯下斜插于冰上，双手握钎向前滑行，也可几个人比速度。

8. 滑雪和野猪皮雪橇

鄂伦春儿童的滑雪游戏有两种玩法：入冬后，遍地积雪，少儿取两块长条形木板，拴在“其哈密”（皮靴）上，底上包有狍皮，在雪地上滑行，常常是几个孩子在一起比赛，看谁滑得快，滑得远。这种游戏鄂伦春人称“格音那”。

另一种游戏叫作“特更色帕然汉”（野猪皮雪橇）：拿一块未加工熟制的野猪皮当滑雪工具，孩子们坐在上面，2 人或 3 人为一组，坐在前面的孩子用脚当舵，后面的孩子抱紧前面孩子的腰或者肩膀，从山顶顺着雪道急速滑下，中间不时有孩子从飞速下滑的雪橇上跌落，山谷里回荡着孩子们欢快的笑声。在冬天一片银白的雪的世界中，孩子们的这种充满童趣的游戏不仅带给他们极大的欢乐，而且对增强孩子们对寒冷的适应能力和日后滑雪工具的使用等都有积极意义。

9. 赛颈力

这种游戏需要一根皮带或布腰带，在 2 个或更多的人中进行，是进行一种力量和耐力比赛的游戏。游戏开始时，两人面对面而坐，双手放松放在前面，两脚相对用力蹬住，把皮带或布腰带的两头系紧，形成套状套在双方的脖子上。游戏中比赛双方用力蹬腿后仰使劲拉动绳套，当有一方绳套从头上滑落或臀部离地时游戏就结束了。

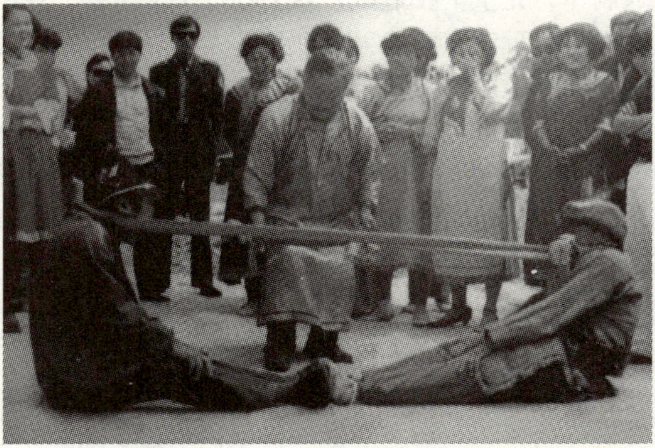

图 1－21

10. 打球

打球是鄂伦春人又一古老的游戏。球有两种，一种是小球，用手当球拍在草地做网球式的游戏。一种是大球，用脚踢着前进或用手投掷。这种球是用柔软的皮革制成，里面用兽毛作为填充物。

还有一种球鄂伦春语称“播那天波汗”，是把长在柳树上的软蘑（学名叫“蹄形菌”，俗称“老牛肝”）采下来，削成圆球。这种球小巧玲珑、轻盈方便。打法是两人在相距几十米的地方相互扔球，接过来再扔给对方，能准确地投打对方者为胜，这种游戏是全身运动，锻炼人的智力与技巧。

11. 跳高

鄂伦春语称“干嘎利任”。猎人在山林中打猎，需要经常翻山越岭、跨越河沟。鄂伦春人在闲暇时常进行“干嘎利任”的游戏，以比试跳跃技能。方法是以撑木杆的方式跳跃大小沟壑，或将一横杆放在高处并不断提升高度，跳得远、跳得高者为胜。

通这种游戏，鄂伦春人使自己的跳跃能力得到不断增强。

12. 扛人

鄂伦春语称“阔劳瓦沃那然”。鄂伦春人居住的“斜仁柱”里，烧柴往往要去山里或河边拣拾，有时还要到山脚下去背扛，为不使火熄灭，每天都要扛木头。扛人比赛这项游戏就由此发展而来。比赛时一个人躺在地上，另一个人将其扛起来，绕着“斜仁柱”或篝火堆跑，看谁跑得时间最长。这是一项比赛力气的游戏。

13. 掰腕子

掰腕子也是鄂伦春男女老幼都喜欢参加的一项游戏活动，这种游戏随时都可进行，并常常以比赛的形式进行。比赛时两人分别伸出右手互握，胳膊肘放在中间的木墩或石板上，开始后，双方一齐用力往自己的左方使劲，比赛要求胳膊肘不能离开木墩或石板，先把对方的手掰倒一方为胜。常常玩这种游戏可以增强人的腕力和臂力。

14. 摔跤

鄂伦春语称摔跤为“卷地仁”（见图 1－22），规则是两个

图 1－22

人互相用手抓住对方的肩，直到把对方扭倒，有坐、站和蹲几种不同的姿势，这可能是一种古老的摔跤形式。这种游戏一般是青年男子和男孩子玩的游戏，几个人碰到一起时常常进行各种形式的摔跤比赛。在各种集会和节日期间，人们整天都进行各种形式的摔跤比赛。

15. 游泳

大小兴安岭地区水系发达，因此游泳是人们必备的生存技能。从孩提时代起，他们就在小河中游泳、嬉戏，到稍大些时就经常进行游泳比赛：在激流中顺水、逆水游泳，踩水等。儿童经过这些游戏的锻炼，到十五、六岁长成猎手时，不但能自如地游泳过河，还能把在河中打到的水禽和野兽轻松地拖上岸来。

16. 赛马

马是鄂伦春族的主要狩猎和交通工具，打猎、驮运和搬迁都用马匹。鄂伦春人对马十分珍爱。从五六岁起，儿童就可以单独骑马，到了十几岁就成为熟练的骑手了。鄂伦春马个头矮小，健壮有力，善于爬山穿林，横越障碍，跋涉沼泽，享有“山林之舟”美誉。它可以连续几天几夜追踪野兽，连最善于在森林中窜跑的马鹿也逃脱不了。

我国许多少数民族都有自己的赛马活动。鄂伦春语称赛马为“伊如地然”。每当春节、氏族集会或举行婚礼时，人们都要赛马。赛马有长途、短途之分，以部落为单位派代表参加，所有的人都用自己的马，不允许借用他人的马，要备好马鞭，嚼子和缰绳，不带马鞭，可用缰绳打马快跑。比赛距离有随之鼓动，前三名受奖；5 华里是负重颠马赛，马上驮着装满粮食的大口袋，由老人参加。每个老人跑到终点处，都给敬上一口酒，以示尊敬，前五名给予奖励。

17. 赛跑

鄂伦春语称“吐山地然”。赛跑对追逐野兽的鄂伦春人来说，是不可缺少的体育项目。在早期的狩猎中，由于生产力低下，只能用棍棒、石器或弓箭进行狩猎，遇上野兽或将野兽打伤，如能迅速追赶将其捕捉，就能取得丰盛的肉食，所以赛跑这项游戏就显得非常重要。赛跑有负重或不负重的，有把双腿捆上蹦或单腿蹦等形式，使腿脚锻炼得更加灵活。

18. 跳绳

跳绳是一项使全身运动的体育项目，此项运动对游猎民族来说是非常必要的。活动时得用两人摇动皮绳，一个或几个跳绳的人从不同角度跳进跳出。

19. 攀绳

鄂伦春语称“俄西沃图提地仁”，就是“攀粗绳游戏”。参加这种游戏活动的多以青少年为主。把两根或几根粗绳子系在高高的树杈上，选出一人当裁判。在比赛开始之前要讲好攀几次，几次为一回合，速度快，时间短者为优胜。这种游戏是鄂伦春人培养青少年勇敢精神和锻炼臂力的好办法。

20. 荡秋千

也叫“打秋千”，鄂伦春语称“嘎互吉尔地仁”。鄂伦春族长期在野外游猎生活，常常无暇顾及孩子。一旦得闲，大人们就在“斜仁柱”旁的歪脖树或大树横枝上挂上用兽皮拧成的“嘎胡吉卡特”（绳索），供孩子们高低起落，悠然自得地悠荡。可以有两种玩法，一种是比赛性质的，悠荡起伏的高度和系绳处处于水平位置为赢。还有一种是在绳中间搭一块木板，仅供儿童们玩。

21. “闯绰哈仁”（蹦蹦跳）

这是一个充满情趣、老幼皆宜的赛跑类游戏。开始时，参加者成蹲姿，列成一列横排，双手放在膝盖上。比赛开始时，随着裁判一声令下，参赛者齐声高唱：“谁要是最先到达终点，谁就是梅花鹿；谁要是半路逃跑，谁就是兔子；谁要是跳到一半就发笑，谁就变成稠李子；谁要是落在最后，谁就是又胖又笨又懒的树鸡！”歌声一落，人们便双脚蹦跳着奋力向终点跑去。领先的人在途中还一边快速蹦跳一边做出摆动双臂、旋转等姿态模仿“树鸡”，以显示自己的能力和取笑落后者。当然，谁真正是又懒又笨的“树鸡”，要在游戏最后的欢笑声中才能揭晓。

22. “翻炕”

鄂伦春语称“库兰么乌赫依尔地仁”。流行于农业地区，因为只有当地才有火炕。玩具仅用一张狍皮，放在火炕边的地上，玩者仰卧在狍皮上，然后双腿搭在炕上，接着凭腿劲，把身体翻滚到火炕上去。这是室内游戏，是用来比技巧和力量的。①

（二）角色游戏

1. “阿尼汉特”（过家家）

鄂伦春族有以桦树皮或兽皮剪刻成各种动物、禽鸟、人物玩具的习俗。剪刻的动物有鹿、犴、狍、獐、兔、松鼠、马等，禽鸟有大雁、天鹅、飞龙、乌鸡、树鸡、野鸭等，人物主要是猎人。造型特征以侧影形为主，动物必须四条腿都在一个平面上。剪成后，将动物的四条腿向左右支开呈角形，剪刻的动物就站立。又可以用同样的办法将小人形的腿叉开后，插在已站立的“马”背上，成了骑“马”的“猎人”。儿童用这种玩具可以玩“过家家”游戏（鄂伦春语称“阿尼汉特”）。“过家家”是全世界的儿童都玩的游戏，但因其就地取材及内容反映的是儿童周围日常生活，不同地区不同民族又各有差异。“阿尼汉特”是鄂伦春儿童对大人日常生活的模仿，比如串门、过年、结亲、出猎、猎杀野兽、打鱼、做皮活、放马、抓马、采集野果等。除上述游戏材料外，玩偶的材料还可以用五颜六色的布头、皮边、鱼骨、

---

① 宋兆麟．最后的捕猎者．济南：山东画报出版社，2001，256

兽骨、羽毛和杂草做成不同形状、不同年龄的小人儿，如果是女人偶还要扎上小辫或带上头饰。玩这种游戏需两人以上。玩时用草棍、树枝盖起“斜仁柱”并按生活中家里的摆设把内室布置好，此外还要把人偶的关系处理妥当，分好上下辈、亲属朋友等。然后一个个玩偶次第登场。体现出浓郁的鄂伦春家庭和社会氛围。通过这种游戏可以让儿童们对大自然、各种飞禽走兽及狩猎生产、社会生活等有个粗略的感性认识。①

图 1－23

2. “玩摇车”

这是同多数女孩爱玩的抱小娃娃相似的游戏，鄂伦春的女孩在很小的时候就由母亲给她们用桦树皮制作小巧的“恩克”（即摇篮，见图 1－24），外观与鄂伦春族妇女用的摇篮相同，也为折腹式，有背带。有的还做一个布娃娃，拴在摇篮内。孩子们学

① 关小云．鄂伦春族风俗概览．黑龙江省民族研究所（内部刊物），107－108

大人哄孩子的样子把布娃娃放进小“恩克”，抱在怀里，等“孩子”睡着了，就用皮边或布头给布娃娃缝制衣服，用鹿的肋骨作小刀切野菜，学习女人应当从事的各种家务劳动。①

图 1－24

3. “抓瞎”

鄂伦春语称“包利克坦”，玩法是一个人用帽子蒙住双眼，去抓别人。当抓住一个人以后，要立即猜出这个人是谁，如猜不准，就继续当“瞎子”。

4. “萨夫克坦”（化妆游戏）

“萨夫克坦”鄂伦春语意为“被知晓”、“被认出”，该游戏要求游戏者在暗处穿好野草、野花、裘皮、禽羽伪装的衣服，或者男扮女装、女扮男装，将脸用东西遮住或用浓颜色涂抹，突然跑出，做出怪相和发出怪声，要人们将他认出来。

“巴里哈特”、“萨夫克垣”这两种游戏，对鄂伦春人来说具有特殊意义。鄂伦春人在狩猎中，听到微小的动物，就能辨别出是哪种动物在活动，看到野兽足迹和粪便，就能准地判断出是什么野兽和离去的时间。这两种游戏有助于锻炼孩子们的听觉和视觉能力。②

---

① 同上，108

② 关小云．鄂伦春族风俗概览．黑龙江省民族研究所（内部刊物），108－109

5. “抓俘虏”

在地上放一块石头，有桦皮碗那么大。参加游戏的人，围成一个圆圈，石头居中。接着把一个女孩叫出去，以布蒙上双眼，同时由一人把石块藏起来。再让被蒙着眼睛的女孩猜，是谁拿去了石头？她猜准了，被猜者又被蒙上眼睛，继续游戏；如果没猜准，她就成了“俘虏”，受惩罚，当众唱歌，最后还把她眼睛蒙上，去找一个替身，如此不断，继续游戏。①

6. “打鬼护子”

先由一个顽皮的孩子扮“鬼”，脸上伪装一下，听说还有画花脸的，再在其他人里选一个较大的女孩，称为“妈妈”，其余的都是她的“孩子”。接着游戏就开始了。“鬼”一次一次地向“孩子”们扑来，手无寸铁的他们，惊慌失措，在“妈妈”后边乱跑，但是“妈妈”是沉着的，她一次又一次地抵制“鬼”的来犯，并且努力保护“孩子”。游戏中，“妈妈”让“孩子”一个抱另一个的腰部，最大的“孩子”则搂住她的腰，“鬼”要吃“孩子”，张口伸舌头，“妈妈”举拳迎击，绝不让“鬼”得逞。这种游戏很紧张，锻炼智力，运动身体，也反映了鄂伦春族不惧鬼的英雄气概，以母爱战胜鬼怪。上述游戏，相当于汉族地区的“老鹰抓小鸡”，但是鄂伦春族不养鸡，而且信仰鬼神，自然另有名号。②

（三）智力游戏

1. 棋类游戏

(1)“章跟班弟”棋。“章跟”为鄂伦春语，即佐领的意思。“章跟班弟”是鄂伦春人所喜爱的一项古老的棋类娱乐活

---

① 宋兆麟．最后的捕猎者．济南：山东画报出版社，2001，254

② 宋兆麟．最后的捕猎者．济南：山东画报出版社，2001，254

动，意为佐领与士兵对战，能锻炼对抗、作战技能。

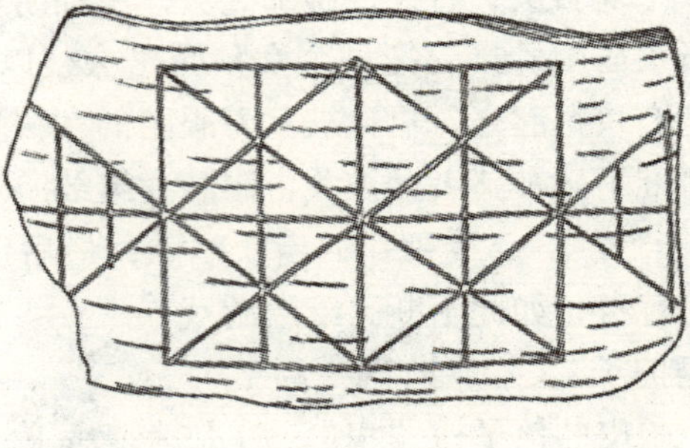

图 1－25

鄂伦春人在游猎生活中，为了增强智力，并增加乐趣、解除疲劳，在狩猎间隙便进行下棋比赛。“章跟班弟”的棋子是用柳树条制成的，一头是平底，一头是尖形，有 22 个小棋子代表士兵，有两个大点的棋子是代表两个“章跟”。棋盘用桦树皮制成（见图 1－25），棋盘的两头是三角形，各有 7 个交叉点，即“章跟指挥部”，棋盘正中是田字形，即“士兵营”，有 25 个交叉点。代表士兵的一方取 22 个小木棋子中的 12 个，摆放在棋盘正中的 12 个交叉点上，表示先派出 12 个士兵，代表佐领的一方将两个大棋子摆在“章跟指挥部”的顶端，表示佐领各把守阵地（即指挥部）。对弈中，“佐领”设法吃掉“士兵”而又不被“士兵”围住，而“士兵”则设法围住“佐领”而又不被吃掉。

“章跟班弟”棋不仅反映了鄂伦春人游猎生活的鲜明民族特点，而且也为在山林中游猎的鄂伦春人增添了无穷的乐趣。

（2）“班吉”

“班吉”是鄂伦春族的一种围棋。这种棋由棋盘和棋子两部分组成。棋盘是在一块较光滑的桦树皮或木板上刻画出棋路。中间的大正方形为“平地”，两头的菱形为“山地”，横、竖、斜线为道路，交叉点为站位。棋子共计 37 枚，其中小棋子 35 枚，大棋子 2 枚。比赛时，甲、乙两人各执大小两种棋子，双方首先要在棋盘上摆好阵势，8 个小棋子摆放在大正方形中间的 8 个“站位”上，2 个大棋子摆放在两边“山地”的要口上，然后执大棋子的先走。走棋子的方法是，无论是大棋子还是小棋子，只能走一步（即一小格），并且只能顺道路走直线。如果小棋子后面有空位，大棋子可以隔这枚小棋子跳到这个空位，就算吃掉了这枚小棋子，把它拿掉。如果小棋子后面没有空位，就只能走一小格。执小棋子的一方开始不能动已摆好的 8 枚小棋子，当大棋子走完一步之后，拿手中的其他 27 枚棋子中的 1 枚放在空位上，待把手中的小棋子全部放完之后，才可以挪动棋盘上的任何一枚棋，包括原先的 8 枚。开战之后，执大棋子的一方则要调动所有的小棋子，互相配合站好自己的位子，一方面要保护自己不被吃掉，另一方面还要尽量围住大棋子。最后，如果两个大棋子被围

图 1－26　鄂伦春老人回忆“班吉”的玩法（白洁摄）

困在盘内的任何一个角落而不能再走一步时，就算输了，而对方算赢；如果小棋子被吃掉的过多，没力量再能围困住这 2 个大棋子时，也算输了，而对方为赢，这样该局棋就算结束。“班吉”是一种很有趣的智力游戏，能增强人的思维能力。①

2. 牌类游戏——“刻耶处”

“刻耶处”是鄂伦春族独有的一种将牌游戏。将牌由木块制成，共有 120 块，按大小排列可分 8 个等级，其名称分别为：“将”、“刻耶”、“算”、“木林”、“特格阿恩”、“炮”、“坤士”、“巴胡列”。除“将”8 块外，其他各样均为 16 块。其制作方法是，首先将杨木或椴木等软木加工成长约 5 厘米、宽约 4 厘米、厚约 0.5 厘米的小木块，然后在其一面用烧红的铁丝烙烫出各种牌的标志。玩的方法与麻将牌相似，共 4 人玩，先将牌面扣过来洗乱，然后 5 块为一摞摆放一圈，依次抓完，抓过来的牌摆放在一起摞起来。出牌时谁先抓的谁先出，开始要出小牌，下家要管必须出同样多，并且是高一级的牌，如果不能管，可以随便出同样多的杂牌。然后再由第三、第四家依次出牌，谁能管谁就有出牌权，没人能管则可继续出牌。出多少牌，出什么牌，这里需要智谋。不仅要掌握自己手中的牌，而且还要估计到其他三方的牌，并想尽办法破坏对方的牌路，为自己创造有利条件，争得出牌权。最后以先出完牌者为赢，后出完牌者为输。对输者，要根据事先商量好的办法予以“惩罚”，或弹两个“脑瓜崩”，或唱一支歌，或另换他人接替等。赢者还享有出牌权。过去这种牌在鄂伦春地区比较盛行，基本上家家都有，并且人人都会玩。每到年节、劳动之余，或晚上都喜欢聚在一起玩。②

---

① 韩有峰．鄂伦春族风俗志．北京：中央民族大学出版社，1991，147－148

② 韩有峰．鄂伦春族风俗志．北京：中央民族大学出版社，1991，147

3. 语言类游戏

（1）猜谜语

鄂伦春族的谜语，多是以动植物、狩猎工具、生活用具和人体等为谜底，暗示事物或形象等供人猜测，具有浓郁的乡土特色，听起来非常贴切生动。如：草地上扣着四个碗——马蹄；一棵松树粗又长，根朝上来头朝下——马尾巴；有个家伙多新鲜，前后都有脸——马鞍子；一只鸟嘴尖又尖，飞出咬死犴达罕——箭，等等。

（2）数数字

鄂伦春族为了训练儿童的智力，还以皮绳串 12 个骨片或木片，让儿童数着玩，如一称“阿门”；二称“九鲁”；三称“阿兰”；四称“地印”；五称“通余”；六称“纽叉”；七称“那旦”；八称“沙申”；九称“也仁”；十称“加安”；十一称“加安阿门”；十二称“加安九鲁”。他们实行十进位制，上述玩具是计月用的，有一定实用性，又是育儿玩具。

（3）“小斜仁柱”

这个游戏是成人为了开发和训练儿童的智力和语言能力而创

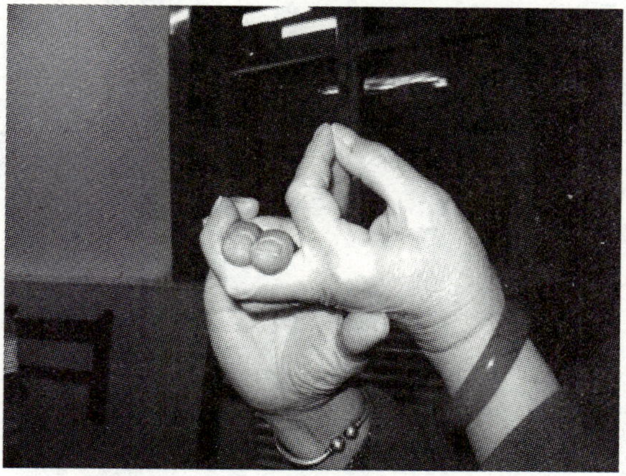

图 1－27（白洁摄）

造的。游戏一般在两个游戏者间进行，游戏开始前一人将两手的手指相互缠绕，与手掌一起搭成一个模仿鄂伦春族传统住房的“斜仁柱”(见图1－27)，游戏开始后另一人用手指指点小“斜仁柱”的不同位置，要求前一人立刻快速说出相应的顺口溜，如果说错了或反应慢了就要受罚。

4. 其他智力游戏

主要有“阿妮罕”游戏，这种游戏是母亲用桦树皮或兽皮给孩子们剪（刻）成鹿、狗、天鹅、大雁等各种飞禽走兽的图形，让孩子们加以识别，还常常加入捕猎的故事，使孩子从小就增长狩猎知识和懂得狩猎技能，有些类似于现在儿童的看图识字。

第二章　鄂伦春族传统游戏的社会文化功能及教育功能

图 2－1

文化人类学认为，一种文化的形成，当初一定伴有它产生的环境和条件，也一定是为某个特定的人群和民族服务的，并有它的实用功能和价值。鄂伦春族传统游戏是鄂伦春传统文化的一个组成部分，它在鄂伦春族社会发展中的功能包括哪些，又是如何发挥这种功能的？本章将对鄂伦春族传统游戏的社会文化功能进行分析和探讨。

游戏的社会文化功能是多重的。作为人类对后代的教育手段之一，游戏具有文化传承的功能；作为一个民族的风俗文化之一，游戏具有广泛的群众性，反映了民族的性格和崇尚喜好，具有娱乐民众、培养和养成民族性格、增强民族凝聚力和民族认同等方面的功能；同时，游戏以其对人的智力和非智力因素形成中的作用而具有独特的教育功能。

第一节 鄂伦春族传统游戏的文化传承功能

一、生产知识和技能的传承

鄂伦春人在长期的狩猎实践中练就了高超的狩猎本领，鄂伦春猎人不仅个个能骑善射，而且积累了丰富的知识和经验。如每种野兽的习性和打法，哪种山川地形窝藏什么野兽，每种弓箭和枪支的性能和射击方法，怎样寻找野兽的踪迹，如何跟踪追击以及打到野兽后如何剥皮、开膛和分割兽肉等。

鄂伦春族的狩猎生产知识主要包括弓箭（后来改为猎枪）、扎枪、滑雪板等狩猎工具的制作和使用方法；驯养和役使猎马、猎犬的方法；关于野兽的习性和活动规律方面的知识；关于山形地势、预测天气方面的知识；关于如何寻找兽迹、如何剥皮和肢解的知识以及狩猎时的各种规律和禁忌等。

鄂伦春族对这些生产知识和技能的传承一般是在老年人、父兄和优秀猎手们的言传身教的基础上，通过青少年的亲身实践进行的，其中儿童的游戏在实践环节中起着不可忽视的作用。

首先，鄂伦春儿童的玩具具有传递生产知识和技能的功能。“作为人类社会现实生活物品的模拟物，玩具具有文化的传承功能。当幼儿在成人的帮助下，了解玩具的名称、用途和用法时，他们正是在学习和掌握凝结在玩具中的人类社会文化历史经验。”①

鄂伦春人十分重视让儿童在游戏中练习使用弓箭（后来改为猎枪）、扎枪、滑雪板等工具。如从儿童三四岁开始，成人就给他们“制作各种类型的弓箭，如响箭、木箭、尖头和钝头箭等，使他们从小就能了解各种类型箭的性能差异。”②

从鄂伦春族儿童玩的游戏看，儿童游戏中直接或间接模仿使用狩猎工具的有很多，小弓箭、滑雪板、桦皮船等玩具，都是对鄂伦春族渔猎生产工具的直接模拟，射箭、投石、打弹弓、滑雪、划船等游戏就是对过去使用弓箭（猎枪）、扎枪，滑雪、划船追捕猎物等渔猎生产中所需工具和技能的学习和演练。与其他实践形式不同的是，游戏为儿童提供的是一种自由、轻松愉悦的学习的情境，通过游戏的反复练习，儿童很快掌握了各种工具的使用方法，最终成长为优秀的猎手。

其次，游戏是鄂伦春族儿童学习和了解各种猎物的知识和习性的有效途径。从幼儿时期，他们就通过母亲用桦树皮或兽皮剪刻的狍子、鹿、野猪、狗、天鹅、大雁等各种飞禽走兽的玩具作识别动物的游戏，加之大人绘声绘色讲解如何猎捕动物的故事，使他们从小就在游戏中增长着狩猎的知识。

男孩喜欢小动物，父兄就给他们捉来狍崽、野猪崽和小鸟等玩耍，在和小动物的玩耍中熟悉着各种动物的习性。

孩子们稍大些的时候，开始玩各种角色游戏，女孩喜欢玩“阿尼汉特”（“过家家”），男孩喜欢玩“打猎”。这些游戏中都有对猎人出猎等一系列情境的模仿，需要他们将从老人和“莫日根”那里听到的有关打猎活动的种种细节，包括各种动物的

① 刘焱．儿童游戏通论．北京：北京师范大学出版社，2004，64

② 史禄国著吴有刚等译．北方通古斯的社会组织．呼和浩特：内蒙古人民出版社，1985，449

图2－2（图片来源于网络）

习性和活动规律、如何寻找兽迹、打猎中遇到各种情况应采取什么样的措施、打到猎物后如何剥皮和分割，通过想象一一再现到游戏中，从而在趣味盎然中的游戏中，不知不觉温习着这些鄂伦春族必备的生产知识和生存本领，为日后成为一个优秀的猎手奠定了基础。

再次，鄂伦春人终年生活在大自然的怀抱中，孩子们经常在树林中、山谷上、小溪旁嬉戏，将成人们讲授的关于山形、地势、天气等方面的知识融入自己的亲身体验中。比如，在河中游泳、划船，在河边嬉戏、玩扔石头比赛，可以熟悉和了解关于河流的分布、哪条河流产什么鱼、各种鱼在不同季节的各自特性等知识，如春天是鱼产卵的季节，细鳞鱼一对对的在小河浅水中并排游动；夏季哲罗鱼怕热，在有泉水的小河中藏匿；春季鱼从上游往下游游动，秋季从下游往上游游动等。

二、生活知识和技能的传承

除了狩猎的知识和技能外，鄂伦春族在长期的游猎生活中创造和总结了大量的生活知识和技能。这些知识和技能是鄂伦春社会赖以生存和延续的重要文化基础。鄂伦春族的生产知识可以从衣、食、住几个方面予以概括。

衣：包括被褥、睡袋、上衣、裤子、鞋、帽、手套、眼罩、饰物等的缝制。传统的鄂伦春服饰以狍皮为主要材料并因季节和性别不同而不同。如冬天时，狍子皮厚毛长，鄂伦春人用它来制作狍皮“大哈”（袍子），狍皮被褥等，防寒效果很好；夏季袍子皮薄毛短，用来做短外衣和裤子，轻巧耐穿。

食：主要是食物的加工和制作。包括各种兽肉和面食的烹制和加工，野菜、野果的采集、加工和储存等。

住：包括“斜仁柱”搭建及其覆盖物的制作、屋内家具（各种桦树皮储物盒、器皿）的制作等。

由原始的社会生产方式所决定，鄂伦春族特别强调对儿童的生活实践教育。孩子从小就跟随母亲一起劳动，初步掌握一些生产生活方面的知识和技能。

鄂伦春人也深知游戏对于孩子们学习日常生活知识和技能的重要性。例如鄂伦春的女孩在很小的时候就由母亲给她们用桦树皮制作小巧的“恩克”（摇篮），有的还做一个布娃娃，拴在摇篮内。孩子们学大人哄孩子的样子把小“恩克”抱在怀里，从小学习哺育子女的方法。母亲还用皮边或布头给玩偶缝制衣服，用鹿的肋骨作小刀让孩子来切野菜。这些贴近实际生活角色的游戏对女孩长大后从事各种繁杂的家务劳动起到了潜移默化的作用。

图 2－3（图片来源于网络）

此外，成人们还会用五颜六色的布头、皮边、鱼骨、兽骨、羽毛和杂草给儿童制作各种动物和人物玩偶，鼓励他们玩“过家家”等游戏。“阿尼汉特”（过家家）是鄂伦春儿童对大人日常生活的模仿，比如串门、过年、结亲、拾柴、打水、生火、煮肉和晒肉干、做皮活、放马、抓马、采集野果等；再如儿童们要用草棍、树枝盖“斜仁柱”，按生活中家里的摆设把内室布置好，此外还要把人偶的关系处理妥当，分好上下辈、亲属朋友等。对于儿童来说，这种游戏不仅满足了他们对成人世界模仿的愿望，而且使他们通过游戏的真实体验，对各种生活知识和技能有了粗略的感性认识。

三、社会规范和习俗的传承

社会规范和习俗是民族文化重要的组成部分。所谓规范，是指一个社会群体诸成员共有的行为规则和标准。规范是具体化、外在化的价值观，包括习俗、道德、礼仪、宗教、法律制度等。[①]

习俗是指人们在群体生活中逐渐形成并且共同遵守的习惯和风俗，是人类在日常活动中世代沿袭与传承的社会行为模式。在原始社会时期，人们之间的相互关系以及共同的生活基本秩序，最初全靠习俗来调整、维持。[②]

鄂伦春族虽然没有本民族的文字，但其独特的道德、伦理及行为规范对规范人们的行为、管理社会生产和生活、调整人与人之间的关系、维系鄂伦春社会的不断延续和发展起到了重要的作用。以下对游戏在鄂伦春族道德规范、节日习俗、社会分工、宗教信仰等方面所起到的文化传承作用予以简要阐述。

---

① 徐万邦、祁庆富．中国少数民族文化通论．北京：中央民族大学出版社，1996，46

② 徐万邦、祁庆富．中国少数民族文化通论．北京：中央民族大学出版社，1996，46

（一）道德规范的传承

在长期的氏族生活中，鄂伦春族所以能够和睦相处，生活井然有序，是靠一整套传统的习惯法和道德规范来维持并调整的。

鄂伦春人特别注重“德行”，认为品德高尚的人永远年轻；行为光明正大的人才受人们的尊敬和爱戴。鄂伦春人的道德规范主要有：

1. 深厚的敬老观念。鄂伦春人在生活各个方面都要给长辈和老人以精心照顾，见到比自己年纪大和辈分高的人，都要先请安问好，在办理重要事情前要征得老人同意，不论什么场合，都要长幼有序等。

2. 扶弱济贫，团结帮助。鄂伦春人把对鳏寡、疾病、年幼孤儿等弱者的关心和照顾看作是大家的义务。过去“乌力楞”内部按户分配生产生活资料时，优先分给鳏寡病残者皮张和肉食。猎人打到猎物归来，不管是否相识，见面都能分给一份，毫不吝啬。一家有难，大家来帮，是鄂伦春人世代相传的美德。30－40年代赴鄂伦春族地区调查的学者曾有这样的评述：

“民族内部的团结非常坚强。特别是在本民族的氏族内部的团结更是不可比拟的。从而集团内互相帮助更彻底。”

“相互帮助的完善，是文化人也为之瞠目的。因而在他们的社会里，无论什么地方也看不到乞讨、饿死人的现象。”①

3. 热情好客，正直宽厚，以诚待人。

鄂伦春族的好客之风毫无吝啬之气，宾友光临，尽量以好酒、好肉相待；当客人告辞时，往往慷慨赠送自家的山珍特产。

鄂伦春人讲求做人要诚实，为人厚道才能得到他人的尊重和

① 浅川四郎、永田珍馨著，赵复兴译．兴安岭之王·使马鄂伦春族．呼和浩特：内蒙古文化出版社，1999，181，183

信任。他们对一切人都很宽容大度，对别人从没有恶意。他们认为，人人都应该有一颗善良的心，遇到好事要谦让，碰到难事要争着去做，为人要正直、诚实、讲信义。老人们也常说：唯有宽容能使怨恨消失，以爱心、美德才能去换取和睦。

“阿尼汉特”（“过家家”）游戏中这一道德观念就有明显体现，如“玩者把人偶的关系处理妥当，分好上下辈、亲属朋友等，大家都听‘长者’的吩咐，一家有事，大家都伸出友谊之手帮助。反映了人们在自然环境中共同生活、和睦相处、团结互助的美好愿望。这种游戏，能使孩子们懂得热爱生活、敬老携幼、勤俭持家的重要性”① 体现了游戏对道德规范的传承作用。

4. 崇尚勤劳

鄂伦春人崇尚勤劳，一年四季都不闲着。除打猎、打鱼、采集外，不是操持家务，就是练习打猎的本事。而且教育孩子要勤奋努力，不求进取最终会一无所获等。“男人不怕山高，女人不怕活细”这句谚语是鄂伦春族对男人和女人的勉励。

从“闯绰哈仁”游戏“谁要是最先到达终点，谁就是梅花鹿；谁要是半路逃跑，谁就是兔子；谁要是跳到一半就发笑，谁就变成稠李子；谁要是落在最后，谁就是又胖又笨又懒的树鸡!”的歌谣中，我们可以看出三种动物的象征意义与社会道德标准之间的关系。

5. 崇尚自然

鄂伦春人是大自然之子，对大自然有着特殊的情感，长年的狩猎生活使他们懂得尊重自然、爱护自然的重要性。鄂伦春的游戏中，处处体现和反映着这一价值观念。

鄂伦春族游戏的材料全部来自其生活的自然环境——原始森林中的动物和植物，从“骨响铛”到“嘎拉哈”、从野猪皮雪橇

---

① 关小云．鄂伦春族风俗概览．黑龙江省民族研究所（内部刊物），108

到兽皮和桦树皮剪制的动物玩偶“阿尼罕”，到桦树皮的“班吉”棋盘等，完全取自于大自然；大多鄂伦春族游戏或来自对狩猎生产过程的直接模仿，如投石、射箭、滑雪、打猎游戏等；或来自对动物的直接模仿，游戏内容、游戏方式和游戏规则处处体现出崇尚自然、朴实无华之风。

图 2－4（图片来源于网络）

（二）重大活动、宗教仪式和节日习俗的传承

与环境和生活方式相适应，鄂伦春人最大的政治群体就是氏族，氏族以下包括“乌力楞”、家庭。鄂伦春族的氏族公社——“穆昆”（鄂伦春语，指“兄弟们”或“同姓人”）是同一父系血统的人们的共同体。穆昆组织的最高权力机关是氏族大会。氏族内部的一切重大问题，都必须由氏族大会讨论决定。召开穆昆大会时，大家都从四面八方赶过来，非常隆重。大家事先搭起许多“斜仁柱”，平整场地。大会首先要举行杀牲祭天、供奉祖先的仪式，要请几个萨满跳大神，然后再进行会议和其他议程。大会期间人们要进行歌舞、摔跤、射箭、赛马等文体活动，尽情欢乐。

祭奠仪式一般要在春、秋两季举行，活动往往要持续数天乃至半个月，在这期间，除观看萨满们的精彩表演之外，人们还要举行赛马、射击、摔跤等传统体育游戏活动。

此外，儿童游戏中有模仿萨满跳神、祭神、抓神等，也是鄂伦春族宗教信仰文化的一个传承途径。

传统游戏活动是鄂伦春传统节日和重大活动、典礼仪式的重要内容。

篝火节是鄂伦春族祭祀火神的日子，是民族的传统节日。过去的篝火节一般在每年的春季（约在公历的6月初）举行。之前，有氏族长或部落长派人通知散居在各地的人们，要按时到预定的地点聚会。到时人们带着好酒好肉及帐篷等，举家骑马到预定的地点参加活动。活动内容丰富多彩，除请萨满进行祭神仪式外，还要进行传统的文娱活动。晚间点燃多堆篝火，人们围着篝火对歌、跳罕贝舞、讲故事、下棋、玩木牌等。白天则举行赛马、射箭、摔跤等体育比赛，热闹异常。这样的活动要举行很多天，少则三五天，多则十几天。篝火节不仅是祭祀火神的活动，还蕴含着丰富的民族文化的内涵。

鄂伦春族对春节非常重视，和我国其他许多民族一样，把春节看作是辞旧迎新的好日子。在除夕的夜晚有守岁的习惯，即一夜不能睡觉，认为这样在新的一年里才都会精神饱满。这一夜，老人们一般都坐在一起边自斟自饮，边讲述他们感兴趣的事，年轻人聚在一起玩“刻耶处”或“班吉”等棋牌游戏。正月初二到初四是人们互相拜年和尽情娱乐的日子，青年们资源组织起来搞些文体活动，或唱歌跳舞，或赛马、射箭（击）、摔跤，或下棋玩牌等。而初五被认为是“鬼日”，因而忌讳出门，也不准娱乐或大声叫嚷等。鄂伦春人对正月十五也很重视，各家吃罢团圆饭还要搞些问题活动，尤其是在月光下，青年们聚在一起不仅唱歌跳舞，还摔跤、捉迷藏等，直到深夜为止。

可见传统游戏与各种民族重大活动、宗教仪式等有机结合在一起，担当着娱神和娱己双重功能，也是民族文化传承的重要途径。

（三）性别角色意识的传承

在鄂伦春的家庭中，每个成员都有比较明确的分工。男子主要从事狩猎、捕鱼等生产，并代表家庭负责与外界交涉或做交易等活动，妇女一般不参与。家务活中除较重的如砍柴、打草、盖房子等由男子来做外，其他一切家务都由妇女完成。

从鄂伦春儿童的游戏可以看到，男女孩到了7－8岁，爱好就有了不同的倾向。女孩爱学抱小孩、摆家家的游戏，她们把布娃娃放在小“恩母克”（摇篮）里“哄孩子”，用一块皮子或一块布给玩偶做衣服，用鹿的肋骨制作小刀来切菜。

男孩喜欢小动物、骑马和射箭，他们和狍崽、野猪崽和小鸟等玩耍，或用一根木棍代表一匹驯鹿或马，骑着跑来跑去的玩儿；父兄还给他们制作小弓箭玩射箭和打猎的游戏，从小就培养他们对骑射和狩猎的兴趣。

这里可以我们清楚地看到游戏在鄂伦春族养育习俗和男女社会分工中所扮演的角色。

（四）民族艺术的传承

鄂伦春族的传统艺术具有浓郁的民族特色，主要有雕刻、刺绣、绘画、编织、音乐、舞蹈、“摩苏昆”（鄂伦春语，说唱故事之意）等形式。

雕刻主要有桦皮雕、木雕和骨雕三种，其中以桦树皮进行雕刻（剪）比较有代表性。在鄂伦春儿童的玩具中即有体现。“在鄂伦春族古代，有以桦皮薄片剪成团花图案放在桦树皮器物盖上做补花饰的爱好，也有以桦树皮剪刻成各种动物、禽鸟、人物玩具的习俗。剪刻的动物有鹿、犴、狍、獐、兔、松鼠、马等。禽鸟有大雁、天鹅、飞龙、乌鸡、树鸡、野鸭等，人物主要是猎人。造型特征以侧影形为主，动物必须四条腿都在一个平面上。剪成后，将动物的四条腿向左右支开呈角形，剪刻的动物就站立。又可以用同样的办法将小人形的腿叉开后，插在已站立的马背上，成了骑马的猎人。儿童以桦树皮剪刻玩具可以玩有故事情节的游戏“阿尼汉特”（即“过家家”）。这种桦树皮剪刻艺术多为妇女们制作，他们对各种飞禽走兽的形体特征把握得非常准确。剪刻时从动物的头部开始，剪刀左转右转一会就能剪出栩栩如生的动物的侧影形，可见他们对动物的观察力和剪刻的技艺是惊人的。"① 儿童们在玩游戏的过程中，自然地体会和学习着鄂伦春人对自然之美的感受和刻画，受到艺术的熏陶。

鄂伦春族的信仰民俗文化中包括对动植物的崇拜，其中有模仿飞禽走兽动作的舞蹈，这种舞蹈具有明显的游戏特征，有"黑熊搏斗舞"、"野猪搏斗舞"和"树鸡舞"等。

鄂伦春族酷爱音乐和舞蹈。每当喜庆之日或劳动之余，只要听到歌声，不管男女老幼便会随着节奏翩翩起舞。黑熊搏斗舞是其传统舞蹈中一种表演形式，是模仿黑熊搏斗的一种舞蹈。此舞多由 3 个人跳，一般不分年龄和性别。跳时，双膝半蹲，上身稍向前倾，双手扶膝，双腿连续跳蹲，头部和双肩摇摆，嘴里不时发出"哼莫"、"哼莫"的声音。当其中两位搏斗者侧身互换位置时，还要以肩互撞，或擦肩而过，并用力呼号，表示搏斗。而另一个舞者则以相同的动作穿插在两个人中间，以示劝解。旁边观望的人这时还要唱：

扎嘿扎，
扎嘿扎，
啊，扎嘿扎，
每一块肌肉都隆起来，
每一根神经都绷紧了，
这是生死存亡的决战。
扎嘿扎，

① 鄂·苏日台．鄂伦春狩猎民俗与艺术．呼和浩特：内蒙古文化出版社，2000，166

我们在斗熊。
扎嘿扎，
啊，扎嘿扎，
勇气就是力量，
力量就是胜利，
力量就是光明。

整个舞蹈动作刚劲有力，气氛紧张严肃，显示出鄂伦春人剽悍、刚强的个性与气质。

“树鸡舞”是属于有寓言性质的鄂伦春民俗舞蹈，是人们模仿树鸡的各种动作，有二个人或四个人来跳，动作为舞者双手叉在腰间，来回迅速跳动，学着树鸡在树上跳动的样子。这种舞没有舞蹈曲谱，仅用呼号声伴奏，形成了有规律性的强有力的节奏。这种模仿动物的舞蹈，含有寓言的特征。与中国古代汉族的“五禽戏”的特征较为相似，同时也含有对动物崇拜的意义。

从以上分析可以看出，游戏是社会生活的反映，它承载着大量的民族文化信息，具有文化传承的功能。

第二节　鄂伦春族传统游戏的娱乐和交往功能

对世代游猎于人烟稀少寂寞山林的鄂伦春人来说，游戏为他们的生活增添了无穷的乐趣，游戏不仅满足了人们娱乐的需要，舒缓了来自于外界的生存压力和社会压力，使人们的剩余精力得到发泄，对人的身心健康起到了积极的作用，而且是加强交流、密切关系、增进了解、加强感情的重要手段，从而使民族内部人们之间的关系更加紧密、团结，促使个人与个人、个人与群体、群体与群体乃至整个社会的和谐交往和健康发展。

一、鄂伦春族游戏的娱乐功能

追求身心的快乐是人类的本能。游戏的本质是使人获得与物质享受无关的精神快乐，这是人们对游戏乐此不疲的动力源泉。“游戏”一词的本意即“玩”“玩耍”，并常常用于某些轻松的行为和运动。游戏使人们获得超越于现实之上的理想境界，在游戏中，没有压制，没有不公正，人们从游戏中体验到的是纯粹的快乐，既有身体运动的快乐，又有没有实际危险的适度紧张和刺激，以及完全依靠自身努力获得的成功和喜悦。

对于世代在深山老林中过着渔猎生活的鄂伦春人来说，狩猎时的紧张和压力与日常生活的简单寂寞同时存在，人们需要在紧张的捕猎后放松身心，需要在获得猎物后释放喜悦的情绪，也需要在平淡的生活中增添色彩。鄂伦春人为自己创造了丰富的精神文化以愉悦身心，其中讲故事、歌舞和游戏是他们最主要的娱乐方式。

在游戏中总是充满了快乐。当孩子们坐在野猪皮雪橇上从山顶急速滑下时，当不时有孩子不慎滚落进厚厚的积雪中时，山谷里便回荡着兴奋的尖叫声和快乐的笑声。在冬天一片银白的雪世界中，这种充满童趣的游戏给鄂伦春人的童年带来了无限欢乐。

幼儿们喜欢玩射箭游戏，主要的动机不是来自大人的鼓励，也不是为了将来成为优秀猎手，而是来自于游戏本身的乐趣。“儿童比赛时非常有趣，许多小孩没有马就骑着一根木棍当马，非常投入，充满着天真和烂漫。”① 在充满着生趣的游戏情境中，孩子们感受着骑马射猎带来的新奇刺激和成就感，体验着自己的进步，这些感受使他们快乐。

---

① 孟淑珍．鄂伦春族传统娱乐和游戏．哈尔滨：黑龙江民间文学（9）

女孩、年轻姑娘和媳妇闲暇时喜欢聚在一起玩“阿尤汗”（欻“嘎拉哈”），其中有一种叫“猜测”（内含祝愿、祝福之意）的玩法：抓一把“阿尤汗”然后扔散在平地上，同时快速猜测“木切”多还是“初克”多。“初克”多就意味将来生女孩多；“木切”多，就意味着将来生男孩多。当玩到高兴时，有人打诨逗趣，往往把大姑娘、小媳妇逗得羞怯、脸红，大家喜笑颜开。

虽然有很多日常劳动是枯燥的，但鄂伦春人受其启发却创造了不少充满乐趣的游戏。鄂伦春人居住的“斜仁柱”里，烧柴往往要去山里或河边拣拾，有时还要到山脚下去背扛，为不使火熄灭，每天都要扛木头。扛人比赛这项游戏就由此发展而来。比赛时一个人躺在地上，另一个人将其扛起来，绕着“斜仁柱”或篝火堆跑，看谁跑得时间最长。这是一项充满乐趣的比赛力气的游戏。

游戏也是人们节庆、丧典和重大活动的重要内容，起着使人们放松身心、愉悦精神的作用。例如鄂伦春人认为年岁大的人去世是享福，所以当有老人去世，其他老人们按照传统为其守灵时，可以在灯火和篝火旁谈笑逗趣，或讲故事或唱歌等，还可以聚在一起玩“刻耶处”、“班吉”等棋牌游戏。①

虽然鄂伦春人出猎一般是以“安嘎”为单位的集体行动，但往往要离开“乌力楞”在山林中“游荡”个把月甚至几个月，难免感到孤独和寂寞。他们常常在追捕野兽的间隙剥一块桦树皮，画上棋盘，用柳树条削制棋子，两人对弈玩“班吉”棋，为狩猎时光增添了不少乐趣。

---

① 郭建斌、韩有峰主编．中国民族村寨调查——鄂伦春族．昆明：云南大学出版社，2004，294

二、鄂伦春族游戏的社会交往功能

在长期、艰苦的游猎生活中，为了更好地生存，鄂伦春族形成了很强的集体观念。要维持一个集体内部的团结，需要人们经常联络感情、加深对彼此的了解和理解，为此，社会交往显得十分重要。

社会交往功能是游戏的一个重要功能之一。集体性和广泛的参与性是民族传统游戏的一个重要特征，不论是汉族地区的老鹰抓小鸡还是鄂伦春地区的“打鬼护子”，孩子们都是三五成群，热闹非常；不论是蒙古族“那达慕”大会上的“博克”表演还是传统的鄂伦春赛马，都是观众如潮，场面热烈。

游戏是幼儿的基本活动，是他们进行社会交往、学会与他人相处最好的方式。如在“打鬼护子”游戏中，当“鬼”一次次地向手无寸铁的“孩子们”扑来时，“孩子们”惊慌失措，在“妈妈”后后乱跑；而“妈妈”让“孩子”一个抱住另一个的腰，带领大家沉着地一次又一次地抵制“鬼”的来犯。孩子们要达到游戏的理想境界需要尽职尽责地履行自己的任务，扮演好自己的角色，为此必须互相信任和支持。他们在游戏这种自然愉快的交往方式中建立起友谊，学会理解和帮助他人，懂得了人与人之间互相支持和配合的重要性。

为了狩猎生产的需要，鄂伦春人每个“乌力楞”都有自己的猎场，各自在各自的猎场打猎，互不交叉。由于居住分散，大家平日里除了“乌力楞”内部的成员外，很少和外界交往。只有到一些重大活动如开“穆昆”大会、祭祀火神时，人们才从四面八方聚到一起。除了一些严肃性的仪式和程序外，游戏往往是这些活动的主要内容之一，是人们借以联络感情、增进了解、亲友团聚的重要形式。

火神信仰是过去鄂伦春人最重要的信仰之一，除平日里进行祭祀外，一般在每年春季（约在公历的6月初）还要举行隆重的集体祭祀火神的仪式。之前，有氏族长或部落长派人通知散居在各地的人们。届时人们带着好酒好肉及帐篷等，举家骑马到预定的地点集合。整个祭祀活动内容丰富，除请萨满进行祭神仪式外，还要进行传统的文娱活动。夜晚，人们围着熊熊篝火对歌、跳罕贝舞、讲故事、下棋、玩木牌，白天则举行赛马、射箭、摔跤等游戏比赛，热闹异常。祭祀活动持续时间很长，少则三五天，多则十几天，它不仅是宗教性的活动，同时也是久别的亲友重逢欢聚的喜庆节日。

鄂伦春族对春节十分重视，游戏也是春节里人们的重要活动。在除夕夜晚，鄂伦春老人们一般坐在一起边自斟自饮边兴致勃勃聊天讲故事，年轻人则聚在一起玩“刻耶处”或“班吉”等游戏。从初二起，老年人或互相拜年互致问候，或聚在一起饮酒，青年们则自愿组织娱乐活动，或唱歌跳舞，或赛马、射箭、摔跤，或下棋玩牌等。到了正月十五，迷人的月光和篝火交相辉映，青年男女聚在一起尽情地唱歌、跳舞、摔跤、捉迷藏，直到深夜。

游戏为鄂伦春人长年在深山老林中的游猎生活带来了无尽的欢乐，使人们的身心得到很好的调节，而且通过交往和玩各种游戏，大家互相交流生产、生活经验，促进了文化的发展；同时，各种游戏活动为人们提供了沟通感情、增进友谊的机会，是保证鄂伦春社会稳定、和谐发展的“润滑剂”。

可见，游戏在鄂伦春人的生活中起到了娱乐身心、加强交往、增进内部团结的功能。对于鄂伦春族这样一个需要依靠集体的力量来生存的民族来说，游戏的这一功能对维系整个民族的发展无疑具有重要意义。

第三节 鄂伦春族传统游戏的教育功能

一、鄂伦春族对环境的适应能力和独特品质

我国是多民族的国家，56 个民族都有各自独特的传统文化。民族文化传承作为教育的重要手段，必定会对其所属族群个体的形成产生重要影响，继而使不同的民族形成不同的个性品质。

作为古老的民族，鄂伦春族依靠其独具特色的狩猎文化，顽强地从远古一直走到近代，是人类文化史上为数不多的奇迹。在长期与严酷的自然环境进行生存斗争的过程中，鄂伦春族形成了很多独特的能力和品质。

以下文字描述比较生动地反映了半个多世纪前鄂伦春人及其文化对环境的生存适应：

“当户外气候零下 40 摄氏度时，被风雪吹拂的鄂伦春人的小房，除了生火的地方以外，同外边一样寒冷。……生活在严寒的大兴安岭的鄂伦春人，之所以能抗拒严寒，是和大自然斗争的结果……在这种环境下培育长大的孩子们，在下着大雪和结冰的时候，也经常光着身子，赤着脚在雪地里玩耍。”

“蒙古人耐寒性是很强的，但是远不如鄂伦春人的耐寒本领。史学家们认为，还没有见过像鄂伦春人这样的在战胜严寒上居于首位的民族。”

“鄂伦春人具有卓越、超人的能力，如他们对寒冷的抵抗力；对足迹的判断力；他们的动作是那样的敏捷；他们能巧妙地渡过河川、沼泽地区；他们不论白天还是夜晚，都能通晓野兽的

习性，因此非常善于狩猎活动。”

“他们忽然发现一只白色的狼，指给我们看，我用双筒望远镜也看不见，他们的视力非常敏锐，这种视力使我很是吃惊。”

图 2－5

“当发现猎物的足迹，立刻下马，沿着足迹寻找。他们要爬陡坡、穿密林，翻山越岭，常常一整天都徒步寻找猎物，这并不足为奇。每当他们接近猎物时，绝不骑马，而是完全靠双脚来跑。……鄂伦春人走路又巧妙、又快、又轻，可以说是步履矫健者。”

“射击的好坏是视力和射击动作协调的结果，也是与枪的性能好坏有一定关系的，这是一般的常识。鄂伦春人所有的枪支都是 18 世纪制造的，叫“别拉弹克”的步枪。虽然是古董式的枪支，但是他们能百发百中。每次外出狩猎，他们都很能发挥这古老、笨拙的步枪的性能。”

“猎手们在河边、水泡子、沼泽地处仔细、反复地寻找野兽的足迹。鹿类动物似乎每年夏天都常来沼泽地带，当今晚看好了昨日动物来这里的足迹，就迅速隐匿在森林里，有时要等候很长很长的时间，身上背着枪，目不转睛地注视着野兽是否进入视野；有时需要在草丛、潮湿的地方卧倒等候。天逐渐黑了，这时他们既不能吸烟，也不能谈话……他们脸上、脖子上、手上都被蚊子叮成大包，但也不说什么。继续观察一小时、两小时、三小时……做到绝不说一句话、不动一下。”

“他们的部落是由 2 –3 户到 5 –6 户人家组成的。……这样的集体是互相依赖，互相帮助的。……我们还没有听说，在鄂伦春的氏族中，出现过饿死人的现象。……他们总是接受大自然的洗礼，不断受到外界的暴力和压迫，因而促使他们具有团结友爱的美德，互相合作，互相帮助，不可分离。他们的内心深处是善良的、友好的，是具有极大同情心的大自然之子。”①

俄国学者史禄国在 20 世纪 20 年代对通古斯（注：史禄国将鄂伦春人和使鹿的鄂温克人统称为“通古斯人”）进行实地调查后得出这样的结论：关于通古斯人的智力的总结论是，通古斯个人的平均水平，可能比那些生活有确实保障，劳动分工复杂的其他集团高得多。②

可见，鄂伦春族居住的环境和生存方式使得鄂伦春人在身体上具有一些特殊的素质，如良好的视力、听力和敏锐的观察力；良好的耐力，能够进行长途跋涉、长时间卧倒或站立；较强的弹跳力、灵活性及身体平衡能力；较强的耐寒能力和抗饥饿能力；

---

① 浅川四郎、永田珍馨著，赵复兴译．兴安岭之王·使马鄂伦春族．呼和浩特：内蒙古文化出版社，1999

② 史禄国著，吴有刚等译．北方通古斯的社会组织．呼和浩特：内蒙古人民出版社，1985. 484 –485

行动敏捷、快速；过人的臂力等。同时，也形成了鄂伦春人刚毅、果敢、乐观向上、求知欲强、善于观察和学习等优秀的心理素质；此外，依靠集体的力量求得生存使鄂伦春人形成了团结、乐于助人、善良、敬老爱幼等道德品质。

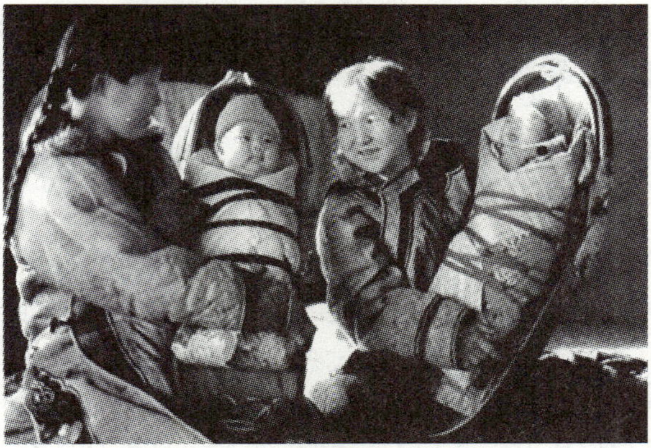

图 2－6（图片来源于网络）

二、鄂伦春族传统游戏与智力因素和非智力因素的形成

民族游戏是各民族传统文化的重要组成部分，游戏的传承过程就是对儿童进行民族传统文化教育的过程，也是民族性格和品质形成的过程。我国各民族的传统游戏浩如烟海，历史久远，其中蕴含的丰富文化内涵对形成各民族人的独特品质具有重要价值。

人的发展包括身体的发展和心理的发展，身体发展是人一切发展的生理基础和物质前提，心理发展是人完成社会化的必要过程。儿童阶段是人一生中身心发展的关键时期，大量研究证明，游戏作为儿童的基本活动和生活经验的主要来源，不仅可以促进儿童身体的生长和发育，还对儿童形成健康的心理和人格有着不可替代的作用。鄂伦春族传统游戏对儿童的身心发展有哪些价值？鄂伦春人独特品质和能力的形成，是如何通过游戏的传承发挥作用的？

下面重点以射箭、滑雪和雪橇、过家家游戏为例，对传统游戏在鄂伦春儿童身体素质、心理素质和人格形成中的作用进行分析。

（一）“拍兰地然”（射箭）

作为狩猎民族，在过去相当长的历史时期内，射箭是鄂伦春族最基本的生存技能，所以鄂伦春人把对此项技能的训练作为儿童教育中最重要的内容之一。过去鄂伦春族儿童从三四岁开始就由成人为其“制作各种类型的弓箭，如响箭、木箭、尖头和钝头箭等，使他们从小就能了解各种类型箭的性能差异。”① 玩射箭游戏时，儿童或单独玩，或三五成群在一起比赛。比赛方法有两种：或是距靶一定距离站立射击，或是骑马在移动中射击，以中靶者为胜。鄂伦春族的玩具弓一般以煮蒸后的山槐木或榆木为弓背，以犴筋或狍筋为弦，箭杆用笔直的树枝或木棍削制而成，箭头有石、铅，或铁头的。比赛时的靶子也多种多样，或者用桦树皮做个靶子，或者以天空中的飞物为靶子，若是夏秋之间，还可以将山中的野果当作靶子来射击。儿童比赛时非常有趣，许多小孩没有马就骑着一根木棍当马，非常投入，充满着天真和烂漫。② 经过游戏的练习，六七岁后，儿童就能骑马随大人一起出猎了。

射箭游戏是一项集力量和技巧于一身的游戏活动，对儿童的

① 史禄国著，吴有刚等译．北方通古斯的社会组织．呼和浩特：内蒙古人民出版社，1985. 449

② 孟淑珍．鄂伦春族传统娱乐和游戏．哈尔滨：黑龙江民间文学（9）

身体素质和心理素质具有较高要求。这种弓箭的弦是由动物的筋捻成绳再合股后打上油制作而成的，拉力很大，它要求儿童要有足够的臂力拉开弓，同时，箭射出时的方向、力量和速度都有较高要求，对双臂和手指的动作连贯性、精确性、协调性要求也很高，在游戏中儿童的运动知觉、手眼协调能力、视觉、观察力等得到很好的训练。此外，射箭时要求儿童拉弓时要沉着冷静，瞄准时注意力要高度集中，放箭时要大胆果断。对初学的儿童来说，这项活动是具有相当挑战性和难度的，但在想象中模仿成人骑马打猎的愿望加之成人的鼓励，尤其是游戏自身所富有的内涵和魅力使儿童充满兴趣、乐此不疲，一次又一次地体验着失败—调整—进步—成功的过程，儿童的注意力、想象力、探索精神、勇气和意志力等在此过程中得到很好的培养和熏陶。

（二）滑雪和滑雪橇

每到冬季，大、小兴安岭便被皑皑白雪所覆盖，过去猎人乘驯鹿或马匹狩猎非常困难，在狩猎实践中他们发明了滑雪板。鄂伦春儿童的滑雪游戏就是对成人滑雪的模仿。入冬后，当气候严寒、遍地积雪时，鄂伦春儿童便开始了他们的雪上游戏。一种玩法鄂伦春人称“格音那”，模仿的是成人的滑雪：取两块长条形木板，拴在“其哈密”（皮靴）上，底上包裹狍皮，在雪地上快速滑行。一般是几个孩子在一起比赛，看谁滑得快，滑得远；另一种玩法叫作“特更色帕然汉”（野猪皮雪橇），是大人为孩子拿一块未加工熟制的野猪皮当滑雪工具，孩子们坐在上面，2 人或 3 人为一组，前者用脚当“舵”，后者搂腰或抱肩，从山顶飞速滑下。

这两种玩法都对身体在高速运动中的平衡能力要求很高，要求儿童有良好的身体动觉智能；滑雪游戏速度很快，稍有闪失就会摔倒或从雪橇上滑落，从初学的胆怯到自如掌握滑雪技能，勇气和自信心得到不断增强；在冬季零下三四十度的严寒中游戏，儿童的耐寒能力得到锻炼。同时，这也是一项要求亲密合作的游戏，坐在雪橇前面的孩子要努力“掌好舵”，保证雪橇的正确方向，坐在后面的孩子要紧紧抱住前面孩子的肩或腰，帮助前面的孩子掌握平衡，这些游戏要素无疑对培养儿童团结合作的精神有积极意义。

（三）“阿尼汉特”（“过家家”）

“过家家”是全世界的儿童都玩的游戏，但因其就地取材及内容反映的是儿童周围日常生活，不同地区不同民族又各有差异。“阿尼汉特”的玩法是鄂伦春儿童对大人日常生活的模仿，比如串门、出猎、打鱼、做皮活、放马、抓马、采集野果等，玩偶是用五颜六色的布头、皮边、鱼骨、兽骨、羽毛和杂草做成的不同形状、不同年龄的小人儿或猎马、猎狗等，如果是女人偶还要扎上小辫或带上头饰。玩这种游戏需两人以上。玩时用草棍、树枝盖起“斜仁柱”并按生活中家里的摆设把内室布置好，此外还要把人偶的关系处理妥当，分好上下辈、亲属朋友等。然后一个个玩偶次第登场。体现出浓郁的鄂伦春家庭和社会氛围。[①]

“阿尼汉特”游戏中蕴含着多种促进儿童身心发展的因素。游戏的故事性、情节性很强，引人入胜，长时间沉浸其中，可以培养儿童专注的精神；孩子们认真地替自己的玩偶扮演着各自的角色，体会着不同角色的权利、义务和情感，同时也发展着自己对现实社会角色的初步了解和认识；游戏中孩子们不时喃喃自语般介绍着故事的背景和进展情况，并用角色的身份相互交谈，语言、交流和思维能力在不知不觉中得到了锻炼和提高；同时，虽然是在游戏，但又都在认真地按照日常生活的规则来展开游戏的

① 关小云．鄂伦春族儿童的几种游戏方法及其玩具．塔河：塔河文史资料（3）

故事情节，这要求她们平时对生活注意观察，如大家都听“长者”的吩咐；一家有事，大家都伸出援助之手等。这些不仅是对将来真实生活的演练，同时也在潜移默化中使儿童懂得了尊老爱幼、热爱生活、勤俭持家、和睦相处、团结互助等做人的道理，使民族的价值观、道德观得以传承。

除上述游戏外，其他游戏也都有其独特的功能。如负重赛跑、跳高、跳远、抬石头等游戏对儿童的速度、耐力、力量等身体机能的锻炼，“阿尤汗”（欻“嘎拉哈”）、撒布卡游戏对儿童手臂小肌肉群的锻炼和手眼协调能力、快速判断能力，“巴里哈特”（“抓瞎”）、“萨夫克坦”（化妆游戏）、“阿尼罕”游戏对锻炼儿童的观察能力、听觉和视觉判断能力，“班吉”、“刻耶处”对儿童的想象、逻辑推理、判断能力的形成和发展都起着积极、有效的作用。

通过以上分析可以看出，鄂伦春族传统游戏对其儿童身体和心理素质的形成、对培养鄂伦春儿童团结、乐观、勇敢、坚毅、勤劳、与自然和谐相处等人格品质，对儿童学习生活技能和生存技能，对民族文化的传承均有着重要价值。

图 2－7（图片来源于网络）

第三章　鄂伦春族传统游戏传承现状的田野调查

图 3－1

为了更好地对鄂伦春族传统游戏传承进行可行性研究，为挽救、保护和传承鄂伦春族传统游戏提供现实依据并寻找解决方案，从 2001 年起笔者陆续对我国内蒙古自治区鄂伦春自治旗境内的鄂伦春族传统游戏的传承现状进行了实地调查。以下是本次调查的主要内容及相关结果分析。

第一节　调查目的、方法及主要内容

一、调查目的

本调查的目的，是对我国内蒙古自治区鄂伦春自治旗境内的鄂伦春族传统游戏的传承现状进行实地调查，为鄂伦春族传统游戏传承的可行性研究提供现实依据，为挽救、保护和传承鄂伦春族传统游戏寻找解决方案。

二、调查地点及民族背景介绍

本研究的调查地点呼伦贝尔市位于内蒙古自治区的东北部，地域辽阔、富饶美丽，辖 13 个旗市，境内有 35 个民族。其中的鄂伦春自治旗为我国唯一的该民族县级自治地方。鄂伦春自治旗位于内蒙古自治区呼伦贝尔市东北部、嫩江西岸，地域辽阔，面积 54657.8 平方公里，占呼伦贝尔市总面积的 21.6%，[①] 是鄂伦春族的主要聚居区，境内有鄂伦春族人口 2050 人，占全国鄂伦春族总人口的 25.01%，主要分布在旗政府所在地阿里河镇以及四个猎民乡镇、七个猎民村，其中城镇人口为 1270 人（以中、小学学生为主，其余为干部、职工），猎民村人口为 780 人。[②]

---

① 鄂伦春自治旗史志编纂委员会．鄂伦春自治旗志（1989～1999）

② 根据内蒙古自治区统计局、内蒙古自治区第五次人口普查办编．内蒙古自治旗 2000 年人口普查资料（上册）整理．北京：中国统计出版社，2002

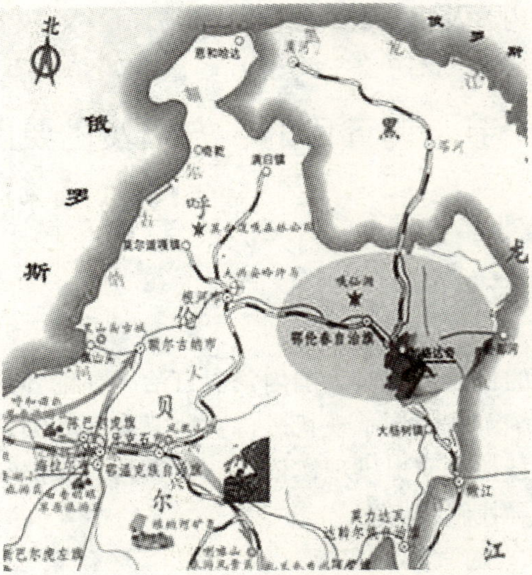

图 3－2（图片来源于网络）

三、调查范围及抽样设计

本次调查采取的方法包括问卷调查、访谈和开座谈会等。为了使调查尽可能具有较大的代表性和较高的可信度，在实地调查前，就调查和走访的地区和对象进行了反复思考和慎重选择。主要考虑内容包括以下几方面：

（一）调查区域。本次调查选择位于我国内蒙古自治区呼伦贝尔市鄂伦春自治旗作为调查目的地。根据研究目的并基于现实的考虑，选择鄂伦春族比较集中的旗政府所在地阿里河镇以及4个猎民乡镇中的诺敏镇和托扎敏乡作为鄂伦春族传统游戏的调查地点，其中阿里河镇设有鄂伦春中学，该校集中了旗内各乡镇的鄂伦春族学生，也有部分来自呼伦贝尔市其他旗县和黑龙江省的鄂伦春族学生。

（二）调查对象。本次调查的主要目的是传统游戏在不同年龄人群中的保存情况，以及人们对传统游戏的态度。所以在调查对象选择上，主要以中小学和幼儿园的学生、教师、学校和教育行政部门的负责人，以及部分其他成年人为主。60 岁以上的老人则作为对传统游戏的内容、种类等进行重点访谈的对象。

（三）问卷抽样范围

鄂伦春自治旗鄂伦春族人口少而地域辽阔，考虑到鄂伦春族学生的分布情况，本次调查选取了位于阿里河镇的鄂伦春中学、阿里河一中、鄂伦春旗实验小学，以及位于两个猎民乡镇的托扎敏小学、诺敏小学作为中小学问卷发放点，除阿里河一中和鄂伦春旗实验小学外，其他几所都是鄂伦春族学生相对集中的学校。成人问卷以政府机关工作人员、学校教师和托扎敏、诺敏两个猎民乡镇的部分教师和猎民为调查对象。

四、调查的主要内容

本次调查的内容包括传统游戏在不同年龄段人们中的保存情况，人们对待传统游戏的态度，传统游戏在中小学、幼儿园以及社会中的开展情况，教育决策者对待传统游戏的态度和未来实施计划等。

第二节 调查结果及相关分析

一、关于被调查者的自然情况

（一）关于被调查者的身份、性别和民族构成

本次调查共抽取样本 620 份，样本男女比例分别为 48% 和

52%。其中小学生266人（鄂伦春旗实验小学104人，托扎敏小学60人，诺敏小学102人），中学生354人（鄂伦春中学252人，阿里河一中102人），成人60人。其中鄂伦春族241人，达斡尔族107人，鄂温克族98人，蒙古族24人，汉族132人，其他民族18人。

（二）被调查中小学生家庭所在地、父母职业及民族构成

在被调查者中，中小学生有36%来自城镇，36%来自乡，27%来自村（图3-3）。

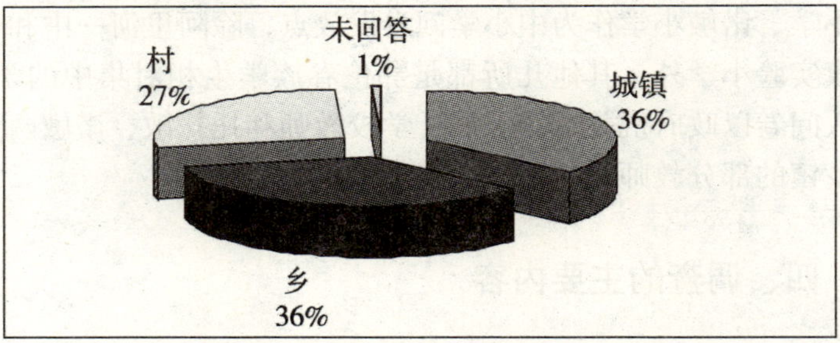

图3-3　被调查中小学生家庭所在地构成

被调查中小学生中，分别有43%和41%学生的父母职业为

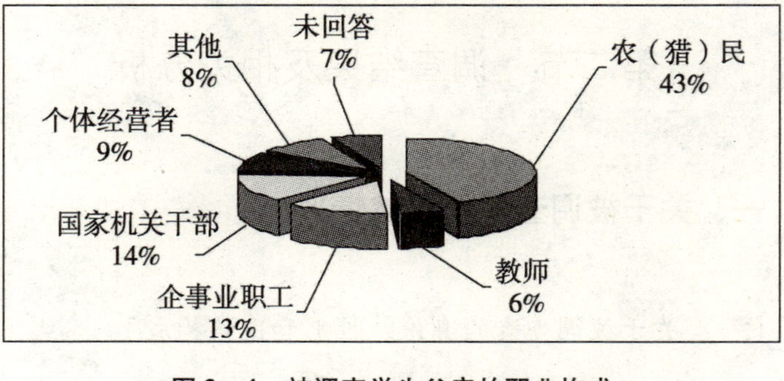

图3-4　被调查学生父亲的职业构成

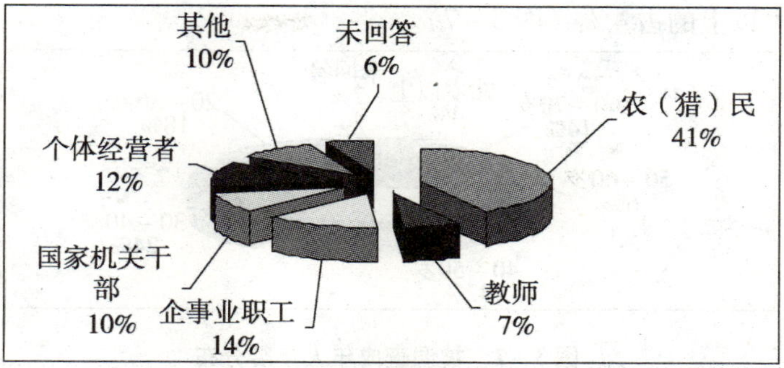

图 3-5　被调查学生的母亲职业构成

农（猎）民，14% 和 10% 为国家机关干部，13% 和 14% 为企事业职工，9% 和 12% 为个体经营者，6% 和 7% 为教师（图 3-4 和图 3-5）。

被调查中小学生中，有 48% 的学生父母双方均为少数民族，28% 的学生父母有一方是少数民族，23% 的学生父母均为汉族（图 3-6）。

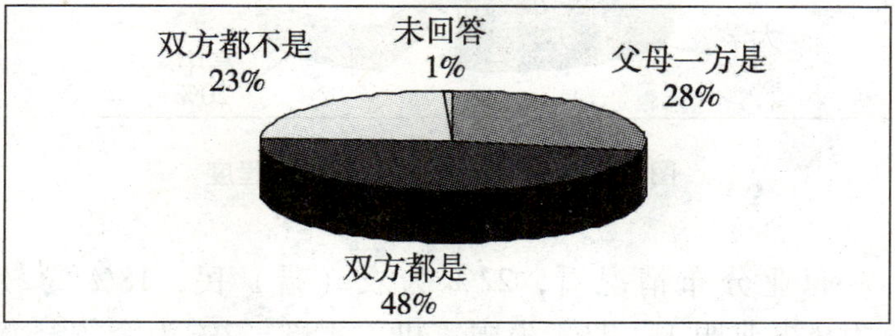

图 3-6　被调查学生父母的民族构成

（三）被调查成年人年龄、受教育程度、职业及童年居住地

被调查成人中，20-30 岁的占 18%，30-40 岁的占 24%，40-50 岁的占 32%，50-60 岁的占 6%，60-70 岁的占 14%，

70 岁以上的占 4%（图 3－7）。

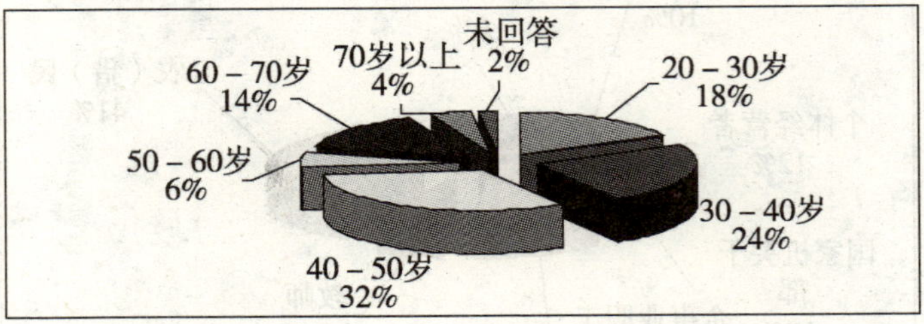

图 3－7　被调查成年人年龄分布

被调查成年人中，受教育程度比例依次为：没上过学的占 4%，小学程度的占 6%，初中程度的占 15%，高中程度的占 20%，大学程度的占 48%，大学以上的占 5%（图 3－8）。

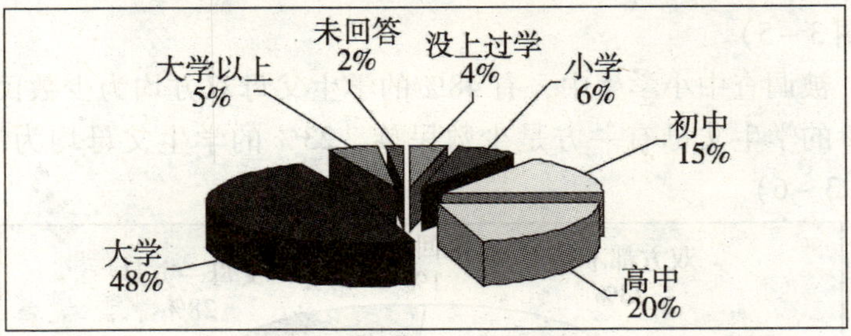

图 3－8　被调查成年人受教育程度

从职业分布情况看，22% 为农（猎）民，18% 为教师，30% 为企事业职工，23% 为国家机关干部，2% 为个体经营者，2% 来自其他行业或无职业（图 3－9）。

从居住地情况看，57% 的成年人童年居住在城镇，18% 的成年人童年居住在乡（或苏木），24% 的成年人童年居住在村（或嘎查）（图 3－10）。

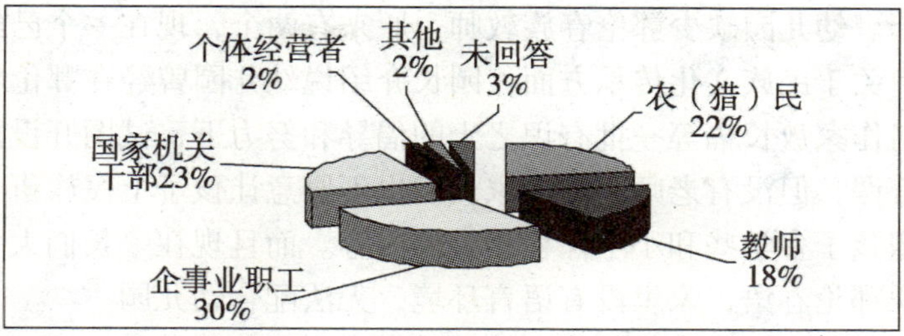

图 3-9　被调查成年人职业分布

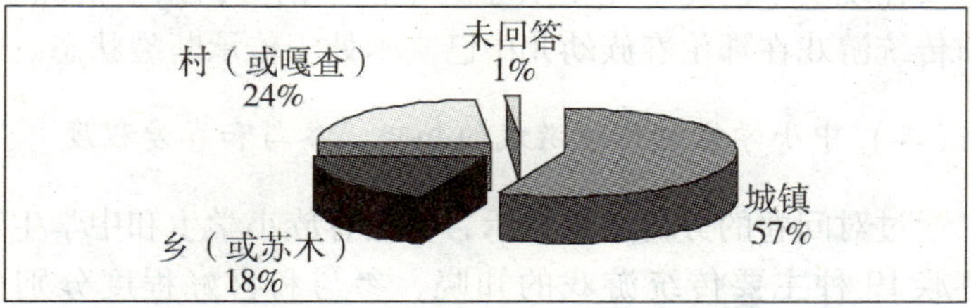

图 3-10　被调查成年人童年居住地

二、鄂伦春族传统游戏传承现状及相关分析

（一）在幼儿中的传承状况及相关分析

关于传统游戏在幼儿中的传承情况，笔者对鄂伦春自治旗教育局幼教股和旗幼儿园进行了走访。通过对幼教股辛股长和幼儿园鄂园长的访谈，笔者了解到，现在鄂伦春自治旗的幼儿游戏课程中没有设置传统游戏方面的内容，幼儿园使用的都是自治区统一的教材，只是在一些综合课、趣味运动会和幼儿文艺汇演中包含一些民族歌舞类的内容，在自治旗《鄂伦春自治旗幼儿教育五年规划》中，也尚未考虑在幼儿园中开设传统游戏课程方面的内容。目前该园有不到 200 个孩子，其中鄂伦春族孩子有 30

多个。幼儿园缺少鄂伦春族教师，原来有两个，现在一个已经退休。关于民族文化传承方面，园长介绍说幼儿园曾经在鄂伦春族著名作家敖长福等一批有识之士的倡导和努力下，试图开设民族语言课，但没有老师，许多家长们也不愿意让孩子上民族班，都希望孩子多学些和小学课程相关的内容。而且现在家长们大多不会说鄂伦春语，家里没有语言环境，无法配合幼儿园。

作为全旗唯一的鄂伦春族幼儿园，该园的情况基本可以反映全旗鄂伦春族幼儿教育中传统游戏的开展情况。由于鄂伦春族传统游戏在现实中已几乎完全从家庭生活中消失，以上情况表明，目前传统游戏在鄂伦春族幼儿中已基本处于传承断裂状态。

（二）中小学生对传统游戏的知晓、参与和喜爱程度

通过对问卷的分析结果显示，鄂伦春族小学生和中学生对鄂伦春族19种主要传统游戏的知晓、参与和喜好程度分别如下（图表3－11，3－12，3－13）：

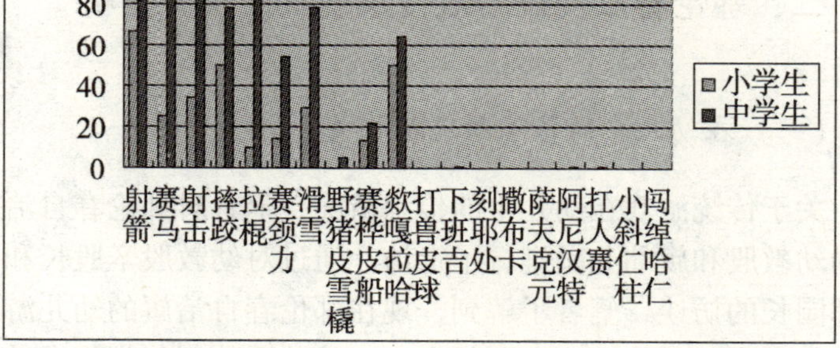

图3－11 鄂伦春族中小学生对传统游戏的知晓程度

从图表中可以看出，鄂伦春族中小学生对“拍兰地然”（射箭）、“依如地然”（赛马）、射击、“卷第仁”（摔跤）、“坦地

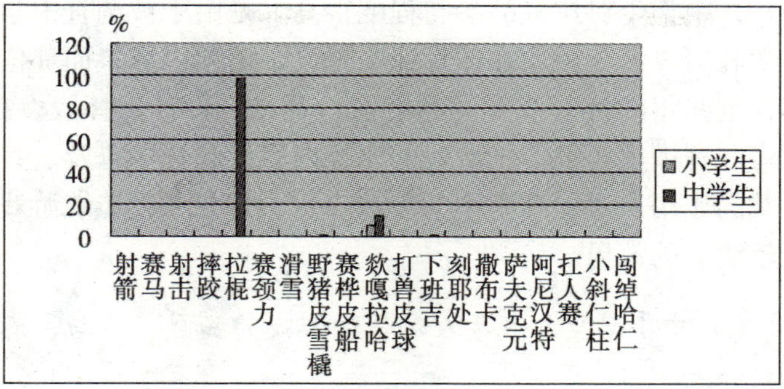

图 3－12　鄂伦春族中小学生对传统游戏的参与程度

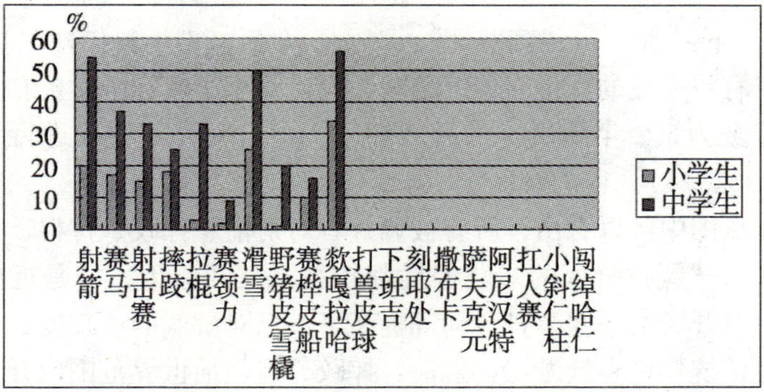

图 3－13　鄂伦春族中小学生对传统游戏的喜好程度

任”（拉棍）、赛颈力、滑雪、“特更色帕然汉”（野猪皮雪橇）、“木末沁”（赛桦皮船）、“阿尤汉”（欻“嘎拉哈”）等 10 种游戏知晓和喜爱程度较高，但参与程度普遍很低。而对打球（兽皮球）、下“班吉”（围鹿棋）、“刻耶处”（木头牌）、“撒布卡”（抛接木条）、“萨夫克元”（化妆游戏）、“阿尼汉特”（“过家家”）、“阔劳瓦沃那然”（扛人赛）、“小斜仁柱”（语言游戏）、“闯绰哈仁”（蹦蹦跳）等 9 种游戏的知晓度几乎为零。需要说明的是，中学生对拉棍的参与程度很高，是由于被调查中学鄂伦春中学和阿里河一中均在体育课中开设了该项内容；而鄂伦春自治旗在近些年的篝火节上设有射箭、赛马、设计、摔跤、拉棍、赛颈力、赛桦皮船等传统游戏的比赛内容，起到了普及、宣传传统游戏的作用，对提高中小学生知晓、参与和喜爱传统游戏起到了比较明显的效果。

（三）中小学生与成年人对传统游戏的知晓、参与、喜好程度比较

为了了解传统游戏在不同年龄段鄂伦春人群中的保存状况，下面以射箭、摔跤、拉棍、赛颈力、野猪皮雪橇、欻“嘎拉哈”、下“班吉”、“刻耶处”、“阿尼汉特”、“小斜仁柱”10个比较有代表性的鄂伦春传统游戏为例，对小学生、中学生和成年人（分为5个年龄组）的游戏知晓、参与和喜好情况进行对比(图13，14)：

从图中可以看出，所有被调查者对射箭、摔跤、拉棍、赛颈力、欻“嘎拉哈”的知晓程度都较高，究其原因，一是近些年自治旗开展的一些节日活动等提高了人们对游戏的认知度，二是一些传统鄂伦春族游戏如射箭、摔跤，与当前世界范围内开展普遍的现代体育运动相似，与近些年奥林匹克运动日益普及有着密切的关系。而欻“嘎拉哈”游戏在东北各地都比较普及，甚至在今天的乡村仍有一定的普及性。

从图中还可以看出，人们对传统游戏的参与度和喜爱程度基本一致，所以参与游戏是增进人们对游戏的了解和喜爱的必要手段，在一些民族节日和体育运动会上增加传统游戏的内容对游戏的传承具有积极的效果。

从图3－14中的野猪皮雪橇、图3－15中的“班吉”、“刻耶处”、“阿尼汉特”、“小斜仁柱”五项游戏的对比，可以看到

这几种游戏在55岁尤其是65岁以上的人群中曾经非常普及，而在今天的中小学生和中青年人中已基本失传。

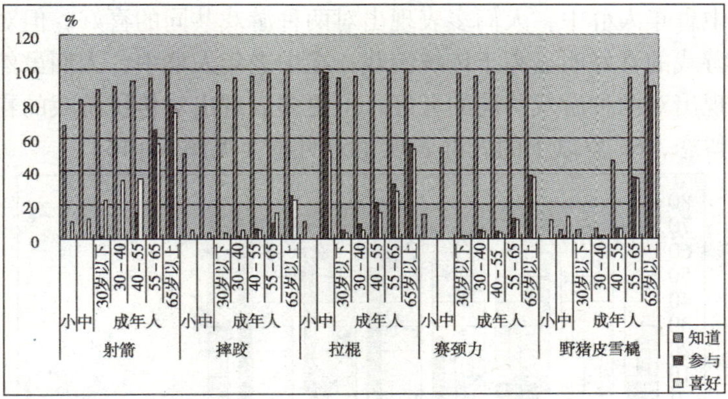

图3－14　不同年龄人群对射箭等传统游戏的知晓、参与和喜好程度

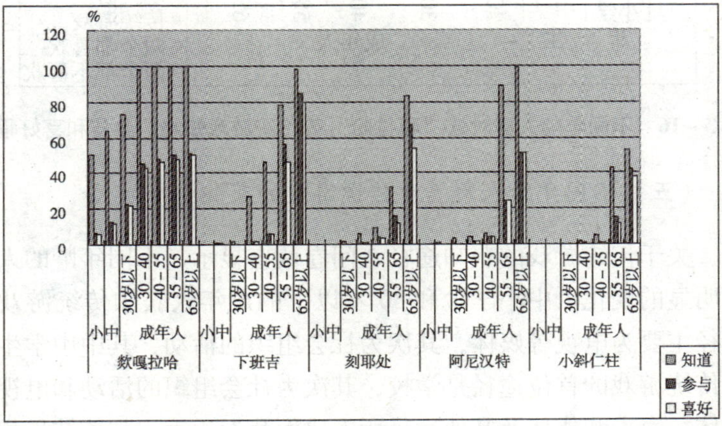

图3－15　不同年龄人群对欻“嘎拉哈”等传统游戏知晓、参与和喜好程度

（四）不同年龄人群对鄂伦春族传统游戏传承的态度

对不同年龄的鄂伦春人对传统游戏和现代游戏的喜好程度的

调查显示，随着年龄段增长，人们对现代游戏的喜好呈现又高到低的趋势，对传统游戏的喜好呈现由低到高的趋势。在中小学生和中青年人群中，人们多表现出对两种游戏共同的喜好，但对现代游戏的喜好明显高于传统游戏；在中老年人群中，人们虽然也表现出对两种游戏共同的喜好，但更多表现出对传统游戏的喜好和留恋，65 岁以上的人群表现尤为明显（见图 3 –16）。

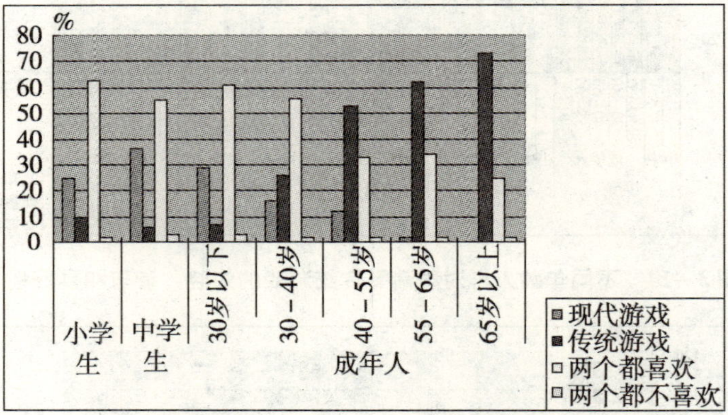

图 3 –16　不同年龄人群对欻“嘎拉哈”等传统游戏知晓、参与和喜好程度

（五）不同年龄人群关于传统游戏的获知途径

关于传统游戏的获知途径，问卷调查显示，不同年龄的人群有明显的变化。中小学生和 30 岁以下的成年人获知传统游戏的途径主要为电视等媒体，其次为社会组织的活动，其中中学生获知传统游戏的首位途径是学校，其次为社会组织的活动和电视等媒体，家人和伙伴及其他途径所占比例几近于无。与该结果相关的合理解释是，近二十年来传统游戏已基本退出人们的生活，无论是家庭内还是玩伴间都已不再玩传统游戏；而射箭、摔跤、赛马、滑雪等鄂伦春族传统游戏在现代竞技体育中均有类似的相应项目，因此人们通过电视等媒体对此并不陌生；近些年自治旗在篝火节时组织的传统体育运动会等活动成为中小学生及青年人获知传统游戏的主要途径。而中学生因为学校在体育课程中开设了拉棍项目，因此将学校列为传统游戏的主要获知途径之一。

调查结果显示，中青年及老年人获知传统游戏的主要途径是家人、伙伴及社会组织的活动。需要说明的是，“社会组织的活动”中青年及中小学生中，意味着近些年政府组织的篝火节等活动，而对中老年人群而言，意味着民间自发组织的活动。鄂伦春族定居前，原来各氏族或“乌力楞”间组织的传统游戏活动也是人们获知的主要途径之一，随着鄂伦春族定居后生活环境的巨大变迁，这些活动也随之消失，因此 40 - 55 岁的人群对传统游戏的获知途径主要是家人和伙伴，而从社会组织的活动中获知的人数比例极小。

另外值得注意的是，除近几年部分中学开展的个别传统游戏项目外，学校教育在传承传统游戏或体育方面一直未承担起应有的角色。

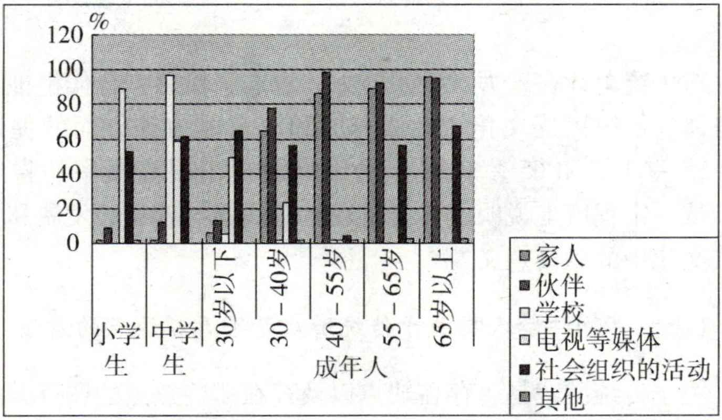

图 3 - 17　不同年龄人群获知鄂伦春族传统游戏的途径

（六）不同年龄人群关于传统游戏在自己成长中作用的看法

关于传统游戏在自己童年成长中对自己的影响，由于不同年龄人群对传统游戏的参与程度存在的差异，因而调查结果显示有较大差异（见图3－18）。

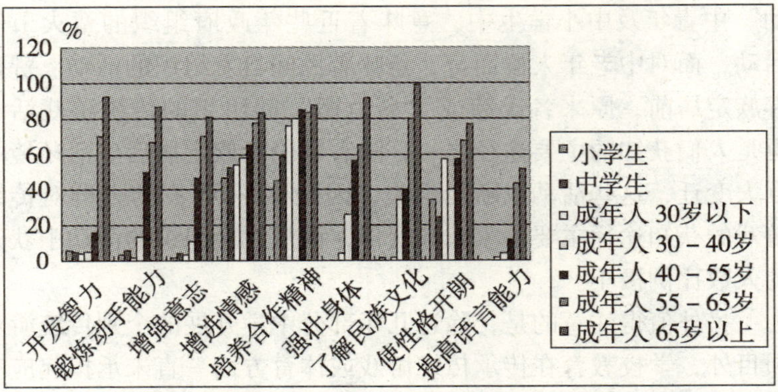

图3－18　不同年龄人群认为传统游戏对自己成长的影响

对传统游戏在智力、动手能力、意志、情感、合作精神、强壮身体、了解民族文化、性格养成和语言能力等方面的促进作用，55－65岁和65岁以上年龄组均表现出很高概率的肯定回答，从一定程度上说明了传统游戏在游戏参与者身心发展和传承民族文化中的积极意义。

（七）不同年龄人群关于传统游戏是否存在缺点的看法

关于传统游戏是否存在缺点以及存在哪些缺点的调查，结果同样显示不同年龄人群显示出明显的差异。其中中小学生认为传统游戏缺乏趣味性和时代感、不够科学和规范的比例较高，30岁以下和30－40岁两个年龄组对此也有一定的认同。而55岁以上的人多数认为传统游戏没有什么缺点（图 3－19）。

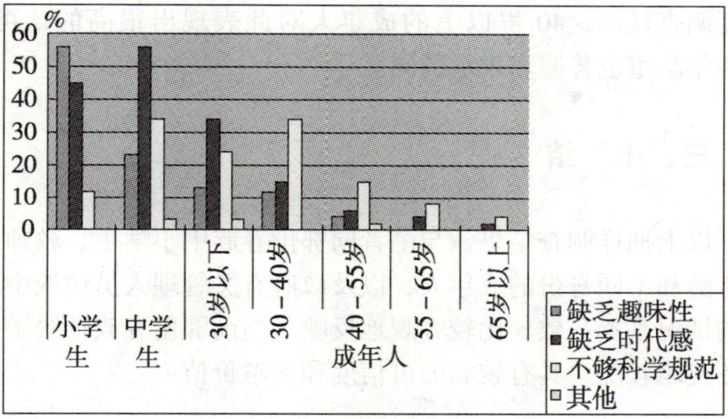

图 3－19　不同年龄人群对传统游戏缺点的看法

（八）不同年龄人群关于学校和社会开展传统游戏的态度

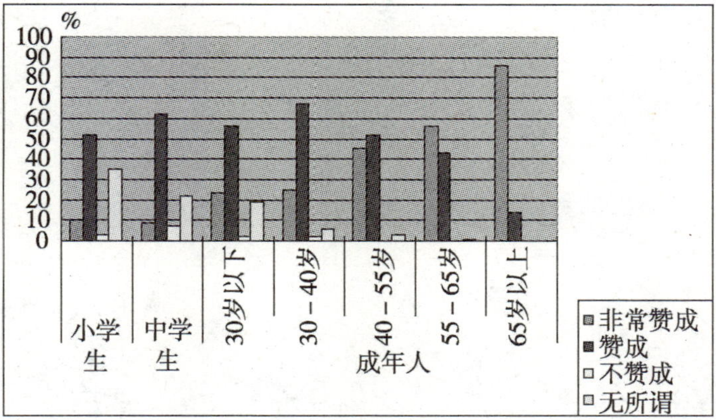

图 3－20　不同年龄人群对学校和社会开展传统游戏的态度

关于现今人们对待传承传统游戏的态度是本研究的重要目标之一。学校和社会是传统文化传承的重要途径，从上图中可以看出，对不同年龄人群关于在学校和社会中推广和开展传统游戏的态度调查显示，40 岁以上的成年人对此表现出很高的认可度，其他年龄组也普遍表表示赞同。

三、小　结

以上抽样调查结果，与笔者同鄂伦春族中小学生、教师、不同年龄和不同身份的成年人，以及政府有关管理人员访谈中所了解的情况基本一致，比较客观地反映了当前鄂伦春族传统游戏的实际传承状况，具有较高的可信度和参考价值。

第四章　鄂伦春族传统游戏的传承机制与困境分析

图 4－1

民间游戏是现实生活中长期存在的游戏。各民族的民间传统游戏都有着悠久的历史。如蒙古族的博克、黎族的竹竿舞、藏族的提格等，都有上千年的历史。为什么这些传统游戏有着如此大的传承力量？它们又是如何传承的？

在鄂伦春族古老的传说中，就有勇士与恶魔比赛射箭克敌制胜的情节。鄂伦春族传统游戏和鄂伦春族的历史一样古老，那么千百年来它是如何传承的？

近代以来，尤其是中华人民共和国建立后，鄂伦春族实现了定居，生产方式也由原来单一的狩猎向以农业为主的多种生产方式转变，鄂伦春族传统游戏所依赖的游戏场发生了全面的变迁，这是导致今天鄂伦春族传统游戏逐渐消失、出现传承危机的重要原因。从历史的角度研究鄂伦春族传统游戏的传承机制，并在此基础上分析其在当代遇到的传承危机，对探索鄂伦春族传统游戏未来的传承问题具有重要价值。

第一节 鄂伦春族传统游戏的传承机制

一、传统游戏的传承机制

每个玩过传统游戏的人大概都会说，这些游戏是从自己的上一代（祖父母、父母或者哥哥姐姐们）那里继承来的，或者是使从其它玩伴那里学来的，并在玩游戏的时候将它们教给下一代或比自己更小一些的孩子。

关于民间传统游戏的传承机制，有学者这样分析：当一个孩子开始参加游戏的时候，他就面对着许多早已存在，并且正在被其他更大一些的其他孩子玩得十分熟练的民间游戏传统。他别无选择地加入进去，重复地玩着多少年以前就开始存在的，被多少人早已玩过的游戏，从而使这种民间游戏传统得到继续。个人对于社会传统的影响是微不足道的，尤其是毫无地位的小孩子在他之前早已存在的民间游戏传统更是不可能产生什么影响。因此，民间游戏的传承力量是非常强大的[①]。

民族民间游戏属于非物质文化，与其他一些非物质文化依靠语言文字等载体来传承不同，游戏规则一般都是“不言自明”

① 陈连山．游戏．北京．中央民族大学出版社，2000. 19

的，是通过游戏者在参与游戏的过程中实现传承的。任何一个游戏者，都是在参加游戏活动的时候逐步学会如何游戏的。他通过模仿其他人的行动，通过他人的现场提醒，通过不断的失败迅速理解了游戏的规则，并掌握了在游戏中取胜的方法。游戏传承的主要载体是活生生的人，一旦游戏在某一代人中的传递中断，就必定会导致游戏传承的中断。

二、鄂伦春族传统游戏的传承机制分析

（一）鄂伦春族传统游戏的传承机制

1. 来自父兄的教授

在原始的社会经济形态下，游戏与人类对后代的培养和教育是密不可分的，许多鄂伦春族的游戏就是鄂伦春人对后代进行培养和教育的有效手段，是鄂伦春族传统游戏的重要传承方式之一。如前所述，鄂伦春人常把自己的生活与劳动经验通过游戏的方式传授给孩子们。鄂伦春族游戏中有很多是由成人根据培养下一代的需要创造并在此过程中加以传承的。如母亲们用桦树皮或兽皮剪刻鹿、狗、天鹅、大雁等图形让孩子们识别的“阿尼罕”游戏，启发儿童心智的猜谜语、数数字、“小仙人柱”游戏以及各种歌谣等，又如典型的由父兄或老人教儿童进行射箭和射击、骑马比赛等狩猎游戏，都是通过鄂伦春人对后代实施教育的过程中得以传承的。而这些狩猎游戏更是因其具有生产技能演练的功能而深受成人重视，孩子们在进行游戏比赛时经常能见到鄂伦春老人们在一旁言传身教、不时加以鼓励和指导的身影。这种具有当代亲子游戏意义的游戏方式是鄂伦春族传统游戏重要的传承途径之一。

2. 来自同龄伙伴间的学习

集体性是民族民间传统游戏的共同特征。从前面对鄂伦春族传统游戏的内容介绍中，我们可以看到，与鄂伦春族集体狩猎、共同分配的生产生活方式相适应，鄂伦春族的游戏也多为集体性游戏，同龄的孩子三五成群地聚在一起尽情嬉戏，乐而忘返。游戏对儿童的吸引力是巨大的，当一个孩子看到另一群孩子在玩自己所不熟悉的游戏（如“打鬼护子”、“抓俘虏”）时，往往会在长时间的旁观后忍不住上前询问游戏的玩法，渴望加入其中。其他的孩子会在简短的讲解后允许其以新手的特殊身份加入游戏，并在他完全掌握游戏的规则之前享受失败而不必遭受惩罚的特权。于是不久，又一个新的游戏的传承者诞生了。也常常有另一种情况，就是游戏者在玩各种难度较高的游戏（如比箭法、比枪法、赛马，或玩“班吉”、“撒布卡”）时会交流各自的经验和心得，以在游戏中取得更好的成绩，并达到游戏的更高境界。可见，伙伴之间的游戏学习和交流也是民族传统游戏的重要传承途径。

图 4－2（图片来源于网络）

3. 来自游戏者的直接参与

所有游戏的传承都是游戏者亲身参与的结果。有些游戏并没有复杂的规则，不需要特别观察和学习，只要周围有人玩，加入游戏就可以了。例如女孩子们的“阿尼汉特”（“过家家”游戏）、玩小摇车等角色游戏，男孩子们的赛跑、角力（如拉棍、摔跤）等体育游戏。

4. 劳动闲暇、节日和重大活动中的耳濡目染

在第三章论及鄂伦春族传统游戏的社会文化功能时谈到，鄂伦春族游戏是各种节日、婚丧嫁娶、祭祀、重大活动和人们闲暇娱乐时的重要内容。这些群众性的活动，除个别祭神仪式外，男女老幼都要参加。在热闹非凡的赛马、射箭和射击等游戏比赛中，人们为赛场热烈的气氛和赛手们矫健的身姿所耳濡目染，不仅熟悉了本民族的传统游戏，也激起了他们对优胜者的崇敬和对这些游戏活动的向往，培养了包括儿童在内所有鄂伦春人对传统游戏的兴趣和感情。

（二）鄂伦春族传统游戏传承的环境条件

1. 生存环境及生存方式的长期稳定性

直到建国前后，鄂伦春族还保留着传统的生产生活方式。因世居山林，鄂伦春人的狩猎文化必然有其保守的一面，其社会变迁也是极其缓慢的。从元代的“树中人”，到清初的“林木中的百姓”，没有本质的变化，只是当马匹、枪支传入后，加之周围社会环境对其影响的加大，鄂伦春族社会才发生了急剧变化。不过，这种变化尚未足以使其传统文化的传承发生断裂，传统的生产生活方式仍然得到较完整的保留，包括游戏在内的传统文化依然发挥着原有的诸多功能。

2. 满足社会娱乐的需要

在传统的鄂伦春族社会中，人们的娱乐手段是相对简单和匮

乏的，人们在闲暇和节庆时间的主要娱乐活动只有唱歌、跳舞、听故事和玩游戏。因而游戏作为最主要的娱乐手段之一，无论对于成人还是儿童，都有着重要的、不可替代的娱乐身心的功能。

3. 传统游戏具有充分的存在空间

鄂伦春族社会传统的生活方式，为传统游戏的广泛流传和开展提供了较多的时间和空间。狩猎经济的特殊性不仅决定了人们有较多的闲暇时间（鄂伦春人一年只有大约三分之一的时间用来进行狩猎生产），而且广阔的自然环境也为游戏提供了适合的空间。同时，各种节日和重大活动中游戏活动的不可或缺也为人们提供了更多的游戏机会。

4. 与社会培养后代的需求相一致

在原始社会里，人们为了维持最低的物质生活，是非常强调劳动的重要性的。在鄂伦春族社会中，称打猎技术高超的人为"莫日根"（好猎手），人们对他们非常尊重。老年人经常教育人们以他们为榜样，向他们学习。鄂伦春族传统游戏与其传统的生产方式有明显的同质性，所以儿童通过模仿或练习进行射箭、比枪法、赛马等游戏，成为社会培养下一代的重要教育手段，受到整个社会的重视，使其超越了单纯的娱乐功能，而具有了严肃的"课程"意义。

5. 与社会的价值观相一致

鄂伦春游戏中各种狩猎游戏（射箭、射击、赛马等）和能使人强健身体的各类跑、跳、拉、投等身体运动游戏，对培养鄂伦春男人高超的狩猎技能和强健的身体，"撒布卡"、欻"嘎拉哈"、"过家家"等游戏对鄂伦春女性心灵手巧、勤劳贤淑的品质的塑造都具有突出意义，这与鄂伦春族社会中人们所推崇的价值观也是相一致的。

综上所述，可以说，正是因为在传承的过程中具备了良好的传承机制和环境条件，才使得我国鄂伦春族传统游戏能够千百年来得以代代相传，绵延不断。

第二节　鄂伦春族传统游戏传承困境分析

鄂伦春族传统游戏在当今遇到的传承困境，其产生原因是多重的。在经历从原始、简单的狩猎社会向高级、复杂的现代社会过渡的过程中，鄂伦春族社会的自然环境、人口结构、经济生产方式、社会制度、价值观念、生活方式等都发生了极大的变化。游戏所依赖的生态环境——社会结构、社会生活、人们的交往模式、审美情趣乃至自然环境等都发生了根本变化。下面分别从自然生态环境、社会制度环境和文化生态环境三个方面对鄂伦春族传统游戏所面临的传承危机进行分析。

一、困境之一：自然生态环境的变迁

（一）自然生态环境的变迁及其原因

不论是17世纪中叶以前在贝加尔湖以东、黑龙江以北直到库页岛的广大地域，还是迁移到黑龙江南岸的大、小兴安岭地区后至新中国成立前的几百年间，鄂伦春族赖以生存的环境都是面积辽阔、亘古未曾开发过的原始森林，这种自然生态环境为狩猎生产提供了充足的资源和必要的条件。

然而，随着1880年清政府取消对东北的封禁，关内人口开始涌入，其后几十年间中东铁路的修建、俄国和日本的侵略以及所带来的商业性和掠夺性采伐使得大兴安岭的森林开始被大规模破坏。所幸当时鄂伦春族深居的大兴安岭腹地，因交通不便，较为封闭，基本保持了较好的原生形态。

新中国成立后，自50年代中期至90年代后期，国家对大兴安岭原始森林开始进行有计划的开发利用。但由于多种复杂原因，未能科学合理的利用森林资源，造成原生森林基本消失。如40年来鄂伦春自治旗境内的6个林业局累计销售成品木材共计7000万立方米，消耗森林蓄积约1.19亿立方米，森林覆盖率由开发之初的74.3%下降到1999年的46.8%。优势树种原生兴安落叶松基本消失，代之以阔叶次生林。①

此外，不合理的水湿地改造和利用导致的森林沼泽地大量减少、生态调节功能下降，天然林采伐和人工树种单一造成的森林自然防疫能力减退，不合理的耕地开发以及60年代初期开始的外来人口大量增加等因素也导致了对鄂伦春族世代赖以生存的大兴安岭原始森林系统的破坏。

(二) 自然生态环境变迁的后果及对游戏传承的影响

1. 自然生态环境变迁的后果

大兴安岭地区原生森林消失的直接后果，就是使依赖原始森林生存的珍贵物种大量减少以致近些年来濒临灭绝。曾经栖息于此的国家一、二类保护动物驼鹿、熊、马鹿几近绝迹，连繁殖能力极强的狍子也日渐罕见。大兴安岭丰富的植物、禽类、昆虫类等其他珍稀物种资源也遭到同样的厄运。森林生态系统破坏的另一个直接后果，就是使得作为鄂伦春族传统文化核心的狩猎生产难以为继。原来这里的“獐狍野鹿满山满岭打也打不尽”变成了现在的“獐狍野鹿满山满岭打也打不着”。

由于以上种种原因，1996年，鄂伦春自治旗政府在经过认真论证和思想动员工作的基础上实行了禁猎政策，宣布包括猎民

① 何群．环境与小民族生存——鄂伦春文化的变迁．北京：社会科学文献出版社，2006

在内的境内人口实行禁猎，政府扶持猎民发展农业，鼓励猎民发展农业，并配合多种经营。

2. 变迁对游戏传承的影响

包括游戏在内的鄂伦春族传统文化的形成是长期适应其所处的自然生态环境的结果。自然环境的变迁直接影响到许多游戏材料的来源，因为鄂伦春族传统游戏的材料很多来自猎人捕获的动物，如狍子的踝骨“嘎拉哈”、剪“阿尼罕”用的兽皮、打球用的球（以兽皮填充兽毛制成）等，当猎物逐年减少时，这些附属品也随之减少或消失了。

更为重要的是，鄂伦春族传统文化的核心是狩猎文化，鄂伦春族传统游戏的内容、形式、人们游戏的动机等都与狩猎生产密切相关。由于自然环境变迁所导致的狩猎生产的困境，必然要对包括社会生产方式、社会组织形式、人们的价值观等一系列因素在内的鄂伦春族传统文化产生全面而深远的影响，并进而反映到传统游戏的传承上，使传统游戏的物质基础和存在价值发生动摇。关于这种影响，在后面论及有关社会生产方式、社会组织形式、人们价值观变迁等内容时再加以详细阐述。

二、困境之二：制度文化环境的变迁

在漫长的历史进程中，鄂伦春族社会制度环境的变迁是极其缓慢的。清末马匹和枪支的传入及其后几十年间各种社会环境的影响，虽然使鄂伦春社会发生了较大的变化，但这种变化尚未足以使其传统文化的传承发生断裂，传统的社会制度及生产生活方式仍然得到较完整的保留，包括游戏在内的传统文化依然发挥着功能。

二十世纪中叶新中国成立以后，为了改善鄂伦春族的生活条件和民族的长远发展，在中国共产党民族政策的引导下，鄂伦春族实现了定居，鄂伦春社会的发展也被纳入国家统一的发展计划。这一历史性的巨变对鄂伦春族的社会及其文化产生了深远的影响，使其社会文化发生了全面的变迁。有学者将其称为“指导性变迁”。这种变迁不同于渐进式的自然变迁，而是使鄂伦春族社会在短短几十年间即发生了巨大的变化，是一种整体性的变迁①。鄂伦春族社会的变迁在社会制度环境方面有多种表现，下面主要从与传统游戏传承关系较为密切的社会生产方式、家庭及社会人口结构和教育制度三个方面分别加以论述。

（一）社会生产方式的变迁及其对游戏传承的影响

人类的生存体系主要取决于生态环境和谋生手段。生态人类学把人类社会中与生存活动以及经济结构有密切关系的群体特征称为核心文化。传统的狩猎生产作为鄂伦春族主要的谋生手段，是鄂伦春族主要的生产方式。如前所述，大小兴安岭林区的开发改变了当地的生态环境，使传统的狩猎业所依赖的猎物逐年减少鄂伦春人传统的狩猎生产方式遭遇前所未有的困境。党和国家为了保障鄂伦春族群众的生产生活，根据各地的实际情况，曾多次帮助鄂伦春地区调整生产方针，发展林业和农业等，也取得了较为显著的成效。

但是，由于鄂伦春人世代以狩猎为生，对狩猎生产有着极为浓厚的感情，在鄂伦春人的价值观里，狩猎是最高贵的职业，因此鄂伦春猎人对狩猎以外的生产方式包括养殖和耕种既不擅长也无兴趣，因此鄂伦春人在生产方式调整的过程中显示出种种的不适应。昔日“莫日根”们精湛的狩猎技艺显得“英雄无用武之地”。与此相关联的是，与狩猎生产密切相关民族传统游戏也失

① 唐戈．如何认识鄂伦春族定居以来的文化变迁．鄂伦春研究（总第八期），1998

去了生存的土壤。

一方面，生产方式的变迁使得鄂伦春族传统游戏的内容与生产剥离。不仅昔日射箭、射击、赛马、滑雪等与狩猎生产实用技术直接关联的游戏，包括其他与狩猎对身体素质要求密切相关的身体技能游戏如赛跑、跳高、跳远、拉棍、摔跤等也不再像以往那样具有生产技能演练等功能，

另一方面，游戏与生产的剥离使游戏的吸引力减弱。在传统的鄂伦春族文化中，老人和优秀的猎手因丰富的狩猎知识、经验和出色的猎技是备受人们尊重的。当狩猎生产日益走向衰落时，这种心理便失去了以往依托的基础，以往赛场上的神枪手、神箭手、神骑手在人们心目中的地位和风采都今非昔比，使游戏者渴望通过游戏的练习成为优秀猎手，或通过游戏活动展示自己优秀的骑射本领的内在动机大大降低。传统游戏对人们的吸引力在很大程度上被削弱了。

（二）人口结构及社会组织形式变迁及其对游戏传承的影响

以往的鄂伦春族社会是由大约十余个氏族组成的。氏族以下包括“乌力楞”和家庭。“太阳渐渐沉入重峦叠嶂之后，参天的桦树梢沐浴着落日的余晖。山坡背风处，有几座圆锥形的‘斜仁柱’一字排开，上面覆盖着的桦树皮泛着柔和的金光。……猎马打着响鼻隐现在附近的草甸子上。几个顽童仍在打闹，稚声稚气的欢笑声阵阵传出……”[①] 这段优美的文字，描述的就是那并不久远的一个鄂伦春族“乌力楞”的日常生活画面。1950 年以前，据不完全统计，在大、小兴安岭地区、沿黑龙江和嫩江几十条支流分布着约 150 个这样鄂伦春人的“乌力楞”。[②] “乌力

---

① 白兰．鄂伦春族．北京：民族出版社，1991. 13.

② 白兰．鄂伦春：山岭上的人．人与生物圈，2003（6）. 16.

楞”是鄂伦春族社会基本的组织形式，担负着生产、分配、教育、文化娱乐等几乎一切社会功能，一般由少则三四个多则十几个家庭组成，人们彼此之间保持着一种经常性的接触。

鄂伦春族定居后，来自各氏族、“乌力楞”的人口集中在多个猎民村，过去的“乌力楞”实际上已不复存在，代之以村、乡等新的政府组织形式，“乌力楞”所担负的功能也随之很快消失。更为重要的变化是，随着大、小兴安岭森林、耕地等资源开发，外来人口大规模迁入。据统计，1953 年至 1990 年 37 年间，鄂伦春自治旗境内人口由 946 人增至 293846 人，增长 311 倍，年递增 8. 4 倍；鄂伦春族人口由 797 人增至 1858 人，增长 2. 33 倍，年递增 0. 06 倍。1953 年鄂伦春族占当地人口比例的 84%，1990 年为 0. 6%。由此，鄂伦春族的社会结构由原来单一的鄂伦春族逐渐演变为以汉族为主的多民族杂居，鄂伦春族与其他民族通婚也由原来的个别现象成为普遍现象，使得家庭内部结构也不再是单一的鄂伦春族构成。

根据社会学的研究，家庭、邻里、自然同伴群体这些初级社会群体是未成年人社会化的主要途径。对鄂伦春族来说，传统文化包括游戏的传承主要是通过这些初级群体来完成的。通过以上分析我们可以看到，定居后及至后来数十年间，鄂伦春社会中这些初级社会群体发生了很大变化，而鄂伦春族传统游戏与其他民族民间游戏一样，其特点之一是多数需要儿童同伴群体的合作和配合，社会人口结构的变化、鄂伦春人在总人口中所占比重的大幅下降，使得游戏者的结构发生了很大变化，玩鄂伦春族游戏的人口比例大大下降；同时，社会组织形式的变化，也使原来依赖“乌力楞”这一组织形式进行的传统游戏活动如年节时的射箭、赛马、摔跤等，失去了依托。所以，不能不说鄂伦春族人口结构和社会组织形式的变化是导致游戏传承困境的重要原因之一。

（三）教育制度的变迁及其对游戏传承的影响

鄂伦春族社会制度环境的变迁，还表现在教育形式和内容的变化上。鄂伦春族没有文字，对后代的教育是依靠言传身教并与实践相结合来完成的。鄂伦春族儿童知识的获得主要有四方面的途径：一是父母的言传身教，二是游戏活动，三是耳濡目染，四是习惯法。其中许多游戏活动是儿童们的启蒙教育内容，这些游戏活动许多实际上就是鄂伦春儿童对生产活动的演练。孩子们在父兄的教育之下学会玩这些游戏，实际上也就逐步掌握了这些劳动技艺。

新中国成立后，全国统一的标准化学校教育体系被引入鄂伦春族地区，鄂伦春儿童全部进入学校，开始学习近代西方自然和社会科学知识为基础的现代科学文化知识。学校教育的介入对鄂伦春族社会的发展具有里程碑式的意义。它使鄂伦春人从一个没有文字、仅仅依靠口耳相传进行后代培养的民族，一跃而成为一个拥有现代知识的民族，对鄂伦春人更好地融入主流社会起到了关键的作用，有力地推动了鄂伦春人各项素质的提高和整个民族的发展。但是，长期以来我国学校教育在传承各民族优秀传统文化方面的不足也是不容忽视的。应该说，半个世纪来社会发展的实践证明，学校课程与日常生活的脱节是造成包括传统游戏在内的鄂伦春族传统文化传承断裂的一个重要原因。例如，我国中小学的体育课是以西方现代竞技体育如田径运动、足球、排球、篮球等为主要内容的，这必然对引导青少年课余时间的游戏内容产生重要影响。当然这一现象不只在鄂伦春族地区存在，在全国都是如此。值得欣喜的是，近年来学校课程的本土化和多元化的重要价值已日益为人们所认识。

在这种情况下，鄂伦春传统游戏的传承环境不仅受到以汉族游戏为主的其他民族传统游戏，同时又受到学校教育体系的影响，这种双重的文化夹击使得鄂伦春传统游戏的游戏场迅速消失，之后随着我国改革开放和经济发展带来的人们物质生活的巨大变化，鄂伦春族的传统游戏在一些更具吸引力的娱乐活动如电视、现代玩具和电子游戏的冲击下更显得不堪一击，近些年来几乎完全退出了人们的视野。

三、困境之三：精神文化环境的变迁

鄂伦春族社会的变迁不仅是生产方式的变迁，而是整个文化的变迁。文化是一个综合系统，游戏只是传统文化确切讲是精神文化的一个组成部分。精神文化的其他方面与游戏之间也有着千丝万缕的联系，是游戏所依赖的一个重要的生态环境。我们可以从以下几方面对精神文化变迁与鄂伦春族传统游戏传承困境之间的关系进行考察。

（一）社会娱乐方式

传统的鄂伦春社会，夜晚的篝火旁常常是狩猎技能和知识、民族历史和传说的传授讲堂。年轻人、孩子们围坐在一起听老年人或优秀猎手讲故事，精彩的神话传说和引人入胜的打猎故事也成为人们日常生活中重要的休闲方式。儿童们则随时在斜仁柱内或附近的空地上、山林中、溪水旁尽情嬉戏。而每逢年节、婚丧嫁娶和举行其他重要活动时，人们则通过载歌载舞，玩“班吉”、“刻耶处”等棋牌游戏和举行射箭、射击、摔跤、赛马等比赛的形式进行娱乐。这些游戏虽然简单，但对长年在山林中游猎的鄂伦春人来说，却是简单生活中充满乐趣和必不可少的娱乐方式。

随着20世纪50年代的定居，鄂伦春族传统的生产方式及在其基础上建立起来的狩猎文化发生了全面的变迁。在国家发展文化体育事业的政策以及周围大大高于鄂伦春族人口比例的汉族等其他民族文化的共同影响下，人们的娱乐方式发生着迅速的变化。但至改革开放前的二三十年间，受当时社会经济及文化环境影响，人们的娱乐方式尚未发生实质性变化，只是受到汉族等各种传统游戏的影响，东北地区流行的各种民间游戏成为人们闲暇时的主要娱乐内容，如下象棋、围棋、跳棋、军棋、玩扑克牌等。跳皮筋、跳绳、“跳房子”、弹玻璃球、扇烟盒等东北地区流行的孩子们的游戏也成为鄂伦春族地区的普遍游戏。但这一时期，一些传统的鄂伦春族游戏还得到保留，如男孩子们还在课余时间玩射箭、摔跤、拉棍，女孩子玩欻“嘎拉哈”等游戏。

改革开放后，随着社会经济的发展，科技的进步和国外文化的影响，文化娱乐的变迁表现出日益加快的态势。电视的迅速普及，及后来 VCD、DVD 的流行，人们的娱乐内容和方式极大地被丰富了，看电视在人们闲暇时间的娱乐活动中占据突出位置。而其他影音娱乐也成为人们青睐的娱乐对象。至于近年来流行的各种电子游戏和电脑游戏，则成为青少年热衷的游戏。此外，以现代西方体育竞技为主要内容的奥林匹克运动影响着全世界人们的体育游戏内容，足球、篮球等体育游戏也成为许多人追捧的对象。

社会娱乐方式日益现代化、西方化的变化趋势，使得鄂伦春族传统游戏成为鄂伦春人生活中的“明日黄花”，失去了生存的空间。

（二）语言环境

语言是民族的重要标志之一，语言不仅是文化的重要组成部分，同时也对维系民族的共同心理有重要作用。鄂伦春语的迅速流失是鄂伦春族传统文化变迁的一个突出标志。在居住环境和传统居住方式，外来人口及其使用语言的包围，儿童离家上学及学校教育使用汉语等因素的共同作用下，鄂伦春语逐渐失去了语言环境，越来越多的鄂伦春人失去了本民族的语言。现在，50 岁以下会使用鄂伦春语的人已经非常少。

失去本民族语言，一方面使得传统游戏中的语言游戏的传承无法继续，如儿童的歌谣、语言游戏如“小斜仁柱”游戏等，同时，语言消失导致民族心理和认同感的下降，也使得人们对民族传统文化产生疏离感，这也是造成鄂伦春传统游戏难以在民族情感上挽留住人们脚步的一个原因。

（三）价值观

价值观是精神文化的核心部分。作为上层建筑，它是由物质生产方式决定的。随着传统生产方式、社会分工的变化，鄂伦春族传统的价值观发生了很大变化。传统价值观受狩猎生产影响，要求人们具有优秀的狩猎技术和丰富的狩猎经验，具有良好的身体素质和果敢坚毅的精神品质等。传统的价值观表现为对经验和勇武的尊崇，这在游戏中有多种体现，如人们对射箭、骑马等与本民族生存技能密切相关的游戏情有独钟。

随着定居后鄂伦春社会各方面的变迁，特别是随着时代的发展，现代中国社会价值观的变化也深刻影响着鄂伦春人的价值观。尤其是年轻的一代，追求新奇时尚、富有变化和刺激性，注重娱乐性和物质享受成为时代的价值特征。传统游戏古朴简单的风格成为人们眼中落后于时代的东西而遭到摒弃，层出不穷、充满现代气息的新颖玩具、游戏，经过现代包装并不断被大众传媒强化的现代竞技体育游戏吸引着当代的儿童和青少年们。

第五章　历史—现实—未来：对鄂伦春族游戏传承的思考

图5－1　鄂伦春自治旗多布库尔猎民村（白洁摄）

当今在世界范围内传统文化所遇到的传承困境是一种普遍现象，这种现象的出现，既有人为的因素，也有由时代发展所带来的必然影响。世界各民族丰富多彩的传统游戏是人类非物质文化的重要组成部分，对人类的生存和发展具有多方面的意义。如何更好地保护和传承这一文化，是历史赋予我们这代人的责任。

本章将从历史、现实和未来的多维视角，对保护和传承鄂伦春族传统游戏的历史价值和现实意义，以及如何使其在变革中求发展，进行积极的思考和探索。

第一节　历史价值：鄂伦春族传统游戏与人类非物质文化的传承

一、保护和传承人类非物质文化遗产的重要意义

人类的非物质文化遗产是指各种以非物质形态存在的与群众生活密切相关、世代相承的传统文化表现形式，包括口头传统、传统表演艺术、民俗活动、礼仪与节庆、有关自然界与宇宙的民间传统知识和实践、传统手工艺技能等，以及与上述传统文化表现形式相关的文化空间。

随着经济全球化趋势和现代化进程的加快，人类的文化生态发生着巨大变化，文化遗产及其生存环境受到日益严重的威胁。包括鄂伦春族在内的各民族在历史上创造的宗教、哲学、音乐、舞蹈、美术、文学、游戏、体育、习俗、工艺等口头与非物质文化更是面临着传承的危机。自第32届联合国教科文组织通过《保护非物质文化遗产公约》，关于非物质文化遗产的保护问题已日益得到世人的关注和认同。

非物质文化遗产作为人类不可再生的文化资源，承载着人类社会的文明，是世界文化多样性的体现。我国各族人民在长期生产生活实践中创造了丰富多彩的非物质文化遗产，其中所蕴含的各民族特有的精神价值、思维方式、想象力、创造力，是各民族智慧的结晶，也是全人类文明的瑰宝。加强非物质文化遗产保护，不仅是国家和民族发展的需要，也是国际社会文明对话和人类社会可持续发展的必然要求。

当前，我国的文化生态也在发生着巨大的变化，非物质文化遗产受到越来越大的冲击。一些依靠口授和行为传承的文化遗产正在不断消失，许多传统技艺濒临消亡。在文化遗存相对丰富的少数民族聚居地区，由于人们生活环境和条件的变迁，民族或区域文化特色消失加快。加强我国非物质文化遗产的保护已经刻不容缓。

2004 年 12 月 2 日，我国向联合国教科文组织递交了由胡锦涛主席亲自签署的《保护非物质文化遗产公约》批准书。至此，非物质文化遗产的保护工作在我国正式启动。此后，我国制定出台了一系列关于保护非物质文化遗产的制度性文件。《国务院办公厅关于加强我国非物质文化遗产保护工作的意见》等文件中均强调指出，要充分认识我国非物质文化遗产保护工作的重要性和紧迫性，非物质文化遗产保护要贯彻“保护为主、抢救第一、合理利用、传承发展”的方针。

二、保存和传承鄂伦春族非物质文化遗产及其传统游戏的重要意义

笔者认为，鄂伦春族游戏包含鄂伦春族传统文化的精髓，是珍贵的非物质文化遗产。

民族传统游戏作为各民族世代相传的民间娱乐活动，是人类非物质文化遗产的重要组成部分。各民族的游戏都具有承载本民族历史文化的特点，对人的个性品质形成具有不尽相同的价值，保存它对丰富人类的游戏文化，对人的创造性和个性化培养富有价值，是人类创造性永不枯竭的源泉。

鄂伦春族是当今世界少数仅存的狩猎民族之一，是一个依靠人类社会初期传统的渔猎生产方式，顽强地从远古一直走到今天的古老民族，在对严酷自然环境的适应中形成的独特文化以及鄂

伦春人的个性品质，是历史留存给当今世界的宝贵财富。传统游戏作为其传统文化的一部分，不仅承载着丰富的鄂伦春民族的历史和文化，更重要的是它作为鄂伦春人培养后代的重要手段之一，其中蕴含着鄂伦春族传统文化的精华，蕴含着民族的精神和情感，对形成鄂伦春人独特的个性品质具有重要作用。鄂伦春族传统游戏的价值不仅体现在健体强身，维持自己民族的强壮与生存，体现在对生产和生活知识、社会制度和习俗、民族艺术的传承，以及增进娱乐和交往、民族性格的培养、增强民族凝聚力和民族认同等方面的作用，更体现出人们对人的速度、力量、耐力和身体技能的更高追求，凝聚着积极向上的民族精神。保护和传承它，既是对鄂伦春族传统文化自身的保存和继承，同时也是对鄂伦春民族优秀个性品质的保存和继承。

然而自 20 世纪 50 年代开始，外部环境的急剧变化使得鄂伦春人世代维系的狩猎生活发生了根本性的改变。现代化过程，实质上就是西方的现代工业文明模式向全世界扩散的过程。在这一过程中，各民族文化的多样性正在逐步被“效率”趋向的“标准化”所取代。[①] 鄂伦春族也不例外，随着鄂伦春族传统文化的迅速消失，鄂伦春人的独特个性品质也必将随之变化，面临着消亡的危机。如何对形成鄂伦春人的个性品质有重要价值的传统游戏这一珍贵的鄂伦春族非物质文化加以研究，并使其得到有效抢救、保存和传承，是我们这一代人的历史责任和使命。

---

① 何群．环境与小民族生存——鄂伦春文化的变迁．北京：社会科学文献出版社，2006. 312

图 5－2　鄂伦春族画家白英创作的《老猎人肖像》

第二节　现实意义：传承鄂伦春族游戏的现代教育价值

游戏的教育意义已得到大量实践和研究的证明。对于儿童尤其是幼儿来说，游戏不仅带给他们极大的快乐，更使其在自然玩耍的过程中获得身心的和谐发展。近二三十年来，随着科技的进步和社会的发展，我国各地各民族的儿童游戏都发生了很大的变迁，尤其在城镇，传统游戏已远离孩子们的生活。不可否认，以电子游戏为代表的现代儿童游戏的出现是具有进步意义的。但同时这些游戏的不足，以及对儿童身心发展的负面影响也日益暴露出来。如何为儿童提供更多更好的游戏，让儿童在良好的游戏环境中健康成长？

今天，传统游戏的教育意义正在以新的视角为人们所重视。

我国各民族有着历史悠久、丰富多彩的传统游戏，这些游戏对形成不同民族独特的个性品质，对儿童的教育价值不尽相同。鄂伦春族独特的文化和生存方式塑造了具有独特智力结构和品性的鄂伦春人，鄂伦春族传统游戏在儿童成长以及形成鄂伦春人优秀品质中的作用值得当代教育工作者认真研究。

一、当今儿童游戏的现状与不足

从20世纪80年代中后期开始，改革开放和科技进步对我国社会生活的各领域都产生了重要影响，其中也包括儿童的游戏。从踢毽子、跳绳到如今的电脑游戏、滑板车，中国儿童的游戏无论是内容和形式都发生了巨大变化，从中可以清楚地看出中国社会发展的轨迹。

关于改革开放前后我国城市儿童游戏的发展变化的一项调查显示，改革开放前，儿童的游戏材料多直接来源于自然界，或由儿童自己用自然材料制作，游戏的地点大部分在户外，儿童游戏与自然关系较密切。游戏伙伴主要为年龄相近的伙伴（包括兄弟姐妹），很少有独自一人玩或与父母玩的情况。儿童的游戏时间比较充裕。调查显示，20世纪60年代有75%的儿童，20世纪80年代初有61.8%的儿童把玩列为占课余时间最长的活动。

改革开放后，儿童的游戏转向世俗化、商品化、个体化，游戏时间减少，游戏地点由户外向室内转移。这一时期的游戏迅速商品化，表现为大量现成的、作为商品的玩具进入儿童生活，在儿童的游戏材料中，商品化玩具高达80%以上。

由于城市化进程的迅速加快，城市绿地的减少，儿童走进大自然的机会减少，他们将买来的小动物作为宠物，弥补玩伴的缺乏。

由于游戏材料和生活环境的变化，那些力量型、技能型、竞争性强、危险性大、较男性化的游戏逐步消失，而玩较温和的、技巧型的、较女性化的游戏的男孩人数迅速上升，男女儿童玩中性游戏的人数基本持平。

改革开放后，我国社会逐步进入学历化社会，学校教育迅速转向“应试教育”，作业与功课成了压倒一切、占据儿童课余生活第一位的事情，把“玩”挤到了几近于无的程度。[①] 这项调查基本反映了我国城镇儿童游戏的现状和近年来的发展变化。

近十年来，电子游戏（包括早期的游戏机游戏和近年风行的电脑游戏、网络游戏等）作为一门新兴的产业蓬勃发展。值得肯定的是，这一游戏方式使儿童的视野和思路更加宽广，还能学到更多的知识，其出现是具有进步意义的。但是，由虚拟性和个体性特征所决定，电子游戏缺少身体运动和面对面交流，缺少合作与实践，还易造成儿童不会体验和觉察他人，变得自我，不会忍耐克制，缺乏基本的道德和教养等。而且，电子游戏易使儿童产生过度游戏行为，中小学生网络成瘾现象日益突出。这些游戏的不足，以及对儿童身心发展的负面影响也日益暴露出来。

此外，当今儿童游戏的不足还体现在幼儿园课程体系的内在缺陷上。各民族的传统游戏与儿童的现实生活有着密切关系，对幼儿的成长发展有突出的价值，应成为幼儿园良好的教育资源。但目前我国的幼儿园由于种种原因，大多数缺乏地方特色，对民族传统游戏的利用相当有限。统一化的课程和教材往往使得教育内容与儿童的实际生活相脱节，难以使幼儿在游戏中感受游戏与家庭和社会生活之间的内在关联，从而失去了游戏应有的帮助儿童更好地实现社会化的功能。

当今儿童游戏及游戏功能的缺失势必对儿童的教育产生不良

① 刘焱．儿童游戏通论．北京：北京师范大学出版社，2004. 248

影响，同时也是与我国教育的多元化和创新人才培养的目标背道而驰的。

二、鄂伦春族游戏传承在当代的教育价值

（一）鄂伦春族传统游戏与当代的儿童教育

与以往我们经常听到的“孩子是民族的明天”的提法不同，有学者在研究鄂伦春族时提出：孩子是明天的民族，应把孩子的成长看作整个民族的成长。笔者对这一观点所包含的深意深表赞同。的确，在鄂伦春族的发展面临种种困境的今天，我们既不能无视今天鄂伦春族儿童培养中所存在的各种问题，也不能因为在解决这些问题中遇到了困难而放弃努力，因为孩子们在一天天成长，今天我们的教育培养出来的鄂伦春儿童构成的就是明日的鄂伦春民族。

1. 当今鄂伦春族儿童教育的困境

鄂伦春族真正现代意义上的教育是从新中国成立后开始的。定居后，随着国家对鄂伦春地区各项事业的建设，鄂伦春族的学校教育迅速普及，现代科学知识和人文知识的学习使得鄂伦春人的知识结构、思想观念发生了根本性变化，对整个外面世界的认识与以往相比都大大加深和扩展了。半个世纪以来，鄂伦春族已有大批人才受惠于现代学校教育而成为鄂伦春族社会发展的中坚力量。

但是，我们也看到，由于种种原因及社会问题也导致今天鄂伦春族的教育面临困境。一是由于对保存传统文化认识上的不足，使得鄂伦春儿童在接受学校教育的同时放弃了对传统文化的传承。如今，鄂伦春族被“汉化”的现象十分严重，从物质文

化到精神文化都是如此，在年青一代的鄂伦春人身上，你很难看到传统文化的影子，人们的语言、心理、行为，似乎都与周围的汉族无异。二是在没有继承传统文化的同时，鄂伦春儿童中的多数在学校教育中是失败的。虽然政府对鄂伦春族的教育投入不小，如在鄂伦春自治旗每个鄂伦春族学生每年由政府承担的费用为3000－4000元。但因为家庭和社会环境的影响，以及不能很好地适应学校的管理等原因，有相当的比例鄂伦春族儿童不能很好地完成中学教育。

以上困境导致的结果，使当代的许多鄂伦春人既丢了本民族的文化和传统，又不能很好地适应主流社会。丢失传统的结果，使得传统文化塑造下的鄂伦春人特有的智力结构和道德品性基本丧失，而在现代教育中的失败又使得鄂伦春人未能掌握现代的科学知识和技能。鄂伦春族的教育处于尴尬的境地。

2. 传统游戏传承对当代鄂伦春族及中国儿童教育的价值

游戏、民族民间传统游戏，包括鄂伦春族传统游戏对儿童身心发展的价值前文已经详细论述过。这种价值不仅体现在对鄂伦春儿童所进行的文化传承上，也体现在对其多种智力发展的促进和情感、意志、人格完善等多种非智力因素发展的影响上。它不仅对形成过去的鄂伦春人的智力、品性有重要贡献，而且对今天儿童的身心发展也是非常有价值的。

（1）游戏的文化传承功能对鄂伦春族儿童的发展价值

一个民族的发展不能割断历史。传统文化是一个民族赖以发展的根。一个没有自己文化的民族是不能称其为民族的，同样，失去了传统文化的鄂伦春族是否还能称其为鄂伦春族？实际上，这样的困扰不只存在于像鄂伦春这样的小民族，而是现代化进程中人类社会的普遍现象。鄂伦春族传统游戏中积淀着民族的历史和文化，其中有许多是对鄂伦春族生产、生活内容的模拟和再现，颇有本民族的传统文化特色。儿童通过游戏可以熟悉和了解本民族的历史文化，从而建立和培养对民族、对自我的认同感和自豪感，树立鄂伦春儿童对今后人生发展的自信心。

（2）游戏对儿童的智力和非智力因素发展的促进作用

根据多元智能理论，人的智力是由多种智力因素构成的，包括语言智能、数学逻辑智能、空间智能、肢体运动智能、音乐智能、人际智能、自然观察智能、内省智能等。

鄂伦春族传统游戏以身体运动游戏种类居多，这些游戏在儿童各种智能的发展方面都有积极作用，尤其对儿童的肢体运动智能、空间智能、自然观察智能的发展有突出的价值。如负重赛跑、跳高、跳远、拉棍、赛颈力、掰腕子、抬石头等游戏对儿童的速度、耐力、力量等身体机能的锻炼，射箭、射击、投石（打水漂）、“阿尤汗”（欻“嘎拉哈”）、“撒布卡”游戏对儿童手臂大、小肌肉群的锻炼和手眼协调能力、快速判断能力以及空间智能的训练，滑雪、赛马、荡秋千、游泳、爬树比赛等对身体综合协调能力的发展，“巴里哈特”（抓瞎）、“萨夫克坦”（化妆游戏）、“阿尼罕”游戏对锻炼儿童的观察能力、听觉和视觉判断能力，“班吉”、“刻耶处”对儿童的想象、逻辑推理、判断能力的形成和发展都起着积极、有效的作用。

此外，鄂伦春族游戏的环境往往都是在与其朝夕相伴的山林中，对儿童通晓周围各种有关天气、河流、植物、动物的知识和习性，提高儿童对自然的解读能力、与自然和谐相处的能力、善于学习和观察的能力等有诸多帮助。这些知识和能力不仅有助于个体多种智能的培养，在人与自然之间的关系日显重要的今天，更是全人类的宝贵知识和财富。现在的儿童游戏多在室内进行，这种缺少身体运动和远离自然的游戏对儿童身心发展是不利的，鄂伦春族游戏对儿童诸多方面的发展价值提示我们，应尽量为儿童创造条件，引导他们增加贴近自然的、生动活泼的各类身体运动游戏。

当前中国社会家庭结构、儿童玩伴缺乏、大众传媒娱乐及电脑游戏抢占儿童大量闲暇时间等因素，使得当代儿童不会理解他人，缺乏与人合作的能力，缺少基本的道德和修养等问题日益突出。当今儿童痴迷于“网游”者不在少数。这些游戏因缺少人与人之间面对面的交流、缺乏身体运动而使当今的儿童在人际沟通、身体机能、运动协调能力方面的弱化现象日益突出。鄂伦春族游戏中身体运动类型的游戏很多，这些游戏对增强儿童身体素质和机能有不同的价值。鄂伦春族游戏中体现出的与人为善、团结合作、帮助他人、勇敢、顽强等精神，也对弥补当今儿童游戏的缺陷与不足，如缺乏团结协作、缺少沟通和交往、缺少对意志品质的训练等有所帮助。

儿童时期身体机能和智力、非智力因素如能得到有效的开发和发展，将对儿童未来适应环境的能力、学习能力、独立解决问题的能力、创造性能力等的发展奠定良好的基础。鄂伦春族传统游戏中蕴含其民族文化的精髓，传承鄂伦春族文化及其文化中对人的形成有重要价值的游戏，对儿童的身体机能的发展和智力、非智力因素的开发有着积极的意义。

三、鄂伦春族游戏与当今儿童的素质教育

（一）鄂伦春族游戏与儿童素质教育

1. 当前我国实施素质教育的重要性

素质教育是以提高民族素质为宗旨的教育，它是依据《教育法》规定的国家教育方针，着眼于受教育者及社会长远发展的要求，以面向全体学生，全面提高学生的基本素质为根本宗旨，以注重培养受教育者的态度、能力，促进他们在德智体等方面生动、活泼、主动地发展为基本特征的教育。素质教育要使学

生学会做人、学会求知、学会劳动、学会生活、学会健体和学会审美，为培养他们成为有理想、有道德、有文化、有纪律的社会主义公民奠定基础。

改革人才培养模式，由“应试教育”向全面素质教育转变，是我国国民经济和社会发展对中小学教育提出的要求，是基础教育面临的一项重大而紧迫的任务。

2. 鄂伦春族游戏对当前儿童素质教育的价值

儿童时期是人的身体素质、心理素质、个性情感、道德品质发展和形成的关键时期。如前文所述，游戏不仅是幼儿的基本活动，是幼儿获得各种认识和社会化的基本途径；游戏也是青少年课外时间的重要生活内容，游戏以其自身的魅力吸引他们在游戏的过程中全身心投入，对其成长发展同样具有深远影响。鄂伦春族传统游戏的特点及其对儿童身心发展的价值与当前我国的素质教育有诸多相吻合之处，它对儿童的道德、身体素质、心理素质、审美能力的提高和培养方面的作用值得我们深入探讨。

（1）对儿童道德品质的培养

丰富多彩的寓教于乐的游戏活动是儿童和青少年品德教育的重要载体。鄂伦春人在长期与大自然和谐共处、依靠集体的力量求得自身生存发展的过程中，形成了团结、乐于助人、善良、宽容、以诚待人、敬老爱幼等优秀的道德品质。这些优秀品质的形成，不仅来自成人对儿童日常行为的规范和教导，也来自对儿童身心发展有积极影响的游戏。

鄂伦春族游戏在培养儿童道德品质中的作用，主要体现在以下几个方面：

对合作精神的培养。如鄂伦春族游戏中与“老鹰捉小鸡”相似的“打鬼护子”游戏中，“妈妈”对孩子的保护、“孩子”们之间的团结和配合；滑雪橇时前面负责“掌舵”的孩子与后面负责掌握雪橇平衡的孩子间的协作；重要节庆活动各氏族或“乌力楞”之间举行赛马和射击、射箭比赛时，人们表现出的团队精神等，这些需要彼此间互相配合、密切协作的游戏，不仅对过去的鄂伦春族儿童，对现在的孩子团结合作精神的培养也有现实意义。

对助人为乐品质的形成。当今社会人与人之间的交往减少，彼此之间感情淡漠，“事不关己，高高挂起”的现象比较普遍，社会现实让我们呼唤传统美德的回归。过去鄂伦春人的生存是依靠集体的，人们之间形成了非常紧密的互助关系，对鳏寡弱幼的照顾和彼此之间的无私帮助是鄂伦春人的传统美德。过去孩子们模拟现实生活进行的“阿尼汉特”（“过家家”）游戏，生动地再现了人们之间亲密的互助关系，使儿童在游戏中潜移默化地受到传统美德的熏陶。游戏不仅可以让儿童在游戏情境中，同时也在游戏之外彼此之间结成亲密的伙伴关系，成为这种优秀品德培养的有效途径。

此外，通过鄂伦春族传统游戏，还可以对儿童进行民族团结的教育。通过开展包括鄂伦春族游戏在内的多民族的游戏，儿童在其中感受到多元文化的氛围，增进了对各民族文化的了解，可以起到潜移默化的民族团结教育效果。

（2）鄂伦春族游戏与儿童身体素质和生存适应能力的提高

鄂伦春族居住的环境和生存方式使得鄂伦春人在身体上具有一些特殊的素质，如良好的视力、听力和敏锐的观察力；良好的耐力，能够进行长途跋涉、长时间卧倒或站立；较强的弹跳力、灵活性及身体平衡能力；较强的耐寒能力和抗饥饿能力；行动敏捷、快速以及过人的臂力等。

鄂伦春族有多达三四十种的身体运动类型的传统游戏，对人的身体素质和生存适应能力有显著影响。如滑野猪皮雪橇时，要求游戏者在高速运动中保持身体的平衡，要求儿童有良好的身体动觉智能；而包括此项游戏在内的各种冰雪游戏，都是在冬季零下三四十度的严寒中进行的，儿童在享受游戏带来的乐趣的过程中，可以使耐寒的能力得到很好的锻炼。

此外，其他各种身体运动游戏对人的身体机能的提高都有积极作用，在“游戏对儿童的智力和非智力因素发展的促进作用”部分，论及鄂伦春族游戏对肢体运动智能的作用时已详细论述，此处不再赘述。

(3) 心理素质

独特的文化和生存方式形成了鄂伦春人刚毅、果敢、乐观向上等良好的心理素质。新中国成立前有学者对鄂伦春族地区进行调查时，曾对鄂伦春人积极乐观的生活态度和良好的心理素质所叹服。他们看到，鄂伦春人总是“当需要稍得到满足”，就认为“太好啦!”人们因多日得不到猎物陷入困境时，当有客人来访，虽然面色苍白却依然心平气和地走出“斜仁柱”来迎接，完全没有被贫困生活击垮的样子。

这些描述让我联想到曾一度流行于街上的背后印着“别理我！烦着呢”字样的文化衫。当今的青少年常常因遇到一些小事和挫折就“烦着”，且往往感到承受不住心理压力和打击，而选择消沉、逃避甚至放弃生命。

这些现象背后有很多深层的社会原因，但就当前儿童的游戏来看，也是导致这一现象的原因之一。当前电脑游戏（包括网络游戏）对儿童的吸引力很大，不时有儿童因沉迷于网络游戏而逃学、厌学，甚至因过度游戏导致猝死的报道见诸报端。吸收了现代科技和知识的网络游戏，其优越性和积极意义是不容怀疑的，但其另一面——虚拟的、独自的、没有身体运动、缺乏伙伴交流和合作，却令不少儿童和青少年如同着魔一样长时间坐在空气污浊的网吧里盯着电脑屏幕静坐不动，甚至废寝忘食、沉迷其中不能自拔……可想而知，当游戏者进入这样的游戏状态，无论对其身体还是心理的健康，危害都是极大的。

而包括鄂伦春族游戏在内的各民族的民族传统游戏，却以其集体性、合作性、运动性、趣味性、多样性等特点，对儿童形成积极健康的心理素质有着良好的作用。如在滑雪时，因滑雪游戏速度很快，稍有闪失就会摔倒或从雪橇上滑落，从初学的胆怯到自如掌握滑雪技能，游戏者在他人的鼓励和帮助下，勇气和自信心得到不断增强；各种比赛，正规的或者不正规的，从随时随地进行的掰腕子、拉棍、跳高、跳远、游泳，到团体性的比赛如赛马等，都对游戏者的坚持性、意志力、自信心等心理素质有积极的锻炼作用。

（4）鄂伦春游戏与儿童审美能力的培养

素质教育要求中小学、幼儿园要充分挖掘社会艺术教育资源，因地制宜地开展经常性的、丰富多彩的课内外艺术活动。

长期的应试教育，使得许多学校严重压缩了音乐、美术等课程的内容，或把其变成简单的“唱歌”“画画”课，大大限制了儿童艺术审美能力的发展。鄂伦春族能歌善舞，笔者在鄂伦春族中学调查时，老师们对鄂伦春族学生的评价之一就是“身体素质好、在音乐舞蹈方面有天赋”。鄂伦春游戏中包含有许多音乐、舞蹈、绘画、雕刻的内容。人们在节庆时跳的“黑熊搏斗舞”“树鸡舞”既是歌舞，又是游戏；鄂伦春族女人都是天生的绘画和雕刻家，她们不用打草稿就能在片刻工夫剪或刻出惟妙惟肖的剪皮或桦树皮玩具“阿尼罕”。儿童们模仿树鸡的样子进行比赛赛跑的“蹦蹦跳”游戏，也是载歌载舞的游戏。鄂伦春族儿童就是从小在这种带有原始朴素色彩的艺术氛围中成长并受到艺术熏陶的，相信这些游戏对现代儿童的艺术教育和审美能力的培养仍具有积极意义。

（5）鄂伦春族游戏与儿童创造力的培养

创造力是人的各种能力中较高的一种能力，它需要集知识、观察力、想象力、判断力、动手能力等多种能力于一身。鄂伦春族游戏中，许多游戏都有人们创造力的体现。因为人们游戏时往往没有现成的玩具，游戏者就发挥想象力自己制作玩具。如人们在山林中玩“班吉”游戏时，其中的棋子——“鹿”和“狗”，就是随意用树枝削成一面可以“坐”在棋盘上的追捕鹿的“狗”，再拾2块石子当作下山的“鹿”，而后便开始津津有味地进行“围剿”与“反围剿”。这其中如果没有人的创造力是无法想象的。

现代的许多游戏，其中的缺陷之一，便是使儿童失去了发挥主动性和创造性的机会。电脑游戏看似在由游戏者操纵，但实际上是被游戏的设计者所控制的，游戏者只能按照事先设计好的规则一步步“闯关”，是完全被动的。而很多现代玩具，如芭比娃娃、各种制作精美形态逼真的车模、动物玩具等，都是被成人设计、加工好后直接送到儿童手中的。它们的制作过程与儿童完全无关。相比之下，鄂伦春族儿童从小就自己动手做小弓箭、做弹弓，拿柳枝当马骑，不能不说，这些对培养他们的创造力是有积极意义的。

以上分析表明，鄂伦春族传统游戏在现代儿童的身体机能、智力和非智力因素的发展，直至素质教育中的积极作用是值得肯定的。而多元智能理论也表明，过去的应试教育仅仅凭逻辑数学智能和语言智能，判定人的智力高低，以决定谁该接受高等教育，谁该从事简单劳动，人才评价、职称晋升以文凭为唯一标准，是社会人力资源的最大的浪费。对于应试教育中的不成功者，应该发挥其数理逻辑、语言以外的智能优势，以求全面发展。对于应试教育中的成功者，一样需要加强数理逻辑、语言智能以外的音乐、身体运动、空间、人际、自我认识、自然观察智能的培育，满足时代对综合素质的要求，度过更加美好的人生。

因此，可以肯定地说，在当代开发鄂伦春族传统游戏对儿童身心发展的有效功能，是符合当今对儿童的培养需要和素质教育的要求的。

第三节　未来思考：鄂伦春族传统游戏的现代变革

鄂伦春族传统游戏包含着鄂伦春族文化的精髓，保存和传承它，对于保护鄂伦春族非物质文化遗产和发挥它在当代对于儿童身心发展和素质教育的价值均有重要意义。然而，因种种原因，这些游戏目前已基本退出了人们的现实生活。如何使其在将来能得到人们的喜爱，较好地保存并传承下去？笔者认为，认识游戏自身的不足，对其进行必要的现代变革是其传承和发展的必由之路。

一、鄂伦春族传统游戏的局限与不足

（一）缺乏时代性特征

作为延续千百年的传统文化，鄂伦春族游戏曾在传统的社会文化环境中扮演着重要的角色，很好地为鄂伦春人服务。但是在现代化的进程令社会文化急剧变迁的今天，游戏赖以生存的环境发生了很大变化，致使其无法适应时代的发展。

随着现代化的进程，人们的生活变得日益丰富多彩，各种形式的娱乐令人眼花缭乱。其中制作精美的现代玩具、电脑游戏（包括网络游戏）和现代体育活动，构成了现代人娱乐生活的基

本内容。可以看到，这些游戏的突出特征是其与现代科技紧密结合的时代性，其中包含的现代科技因素，加之商业因素的介入，使得这些游戏在丰富性、激烈性和刺激程度上大大加强。而与之相比，包括鄂伦春族游戏在内的传统游戏却与当代快节奏的生活不够协调，对游戏者的吸引力大大降低了。因此，时代的变迁要求游戏也要相应地调整，以适应人们已经变化了的游戏“口味”。

（二）游戏内容、材料和规则过于简单、缺乏规范性

渔猎经济是人类最早的生存手段，原始经济的特征决定了其游戏的材料和内容必然带有自然性和原始性的特征。从游戏材料看，鄂伦春族游戏的材料全部来自其生活的自然环境——原始森林中的动物和植物，这些材料在过去具有就地取材、随手可得、无须保存的优点，但随着人们生活环境和内容的变化，与现代制作精美的玩具相比，鄂伦春族游戏的材料的确过于粗糙和简陋，收藏价值很小。

从内容和规则上看，大多鄂伦春族游戏或来自对狩猎生产的直接模仿，如跳高、跳远、投石、射箭、滑雪、“打猎”、“过家家”游戏等；或来自对动物的直接模仿，游戏内容、游戏方式和游戏规则都比较自然原始，与现代游戏相比，鄂伦春族传统游戏的规则过于简单和不规范，游戏自身还存在很多不完善性，观赏性不强，不适合在较大范围内推广。

（三）流传范围小，受众小

游戏的流传性和受众的多寡是影响游戏传播的一个重要因素。鄂伦春族人口少，以往又深居山林，少与外界接触，鄂伦春游戏基本上只在鄂伦春族各部落之间流传，范围小，受众少，游戏的生存环境具有封闭性的特点，不能有效地向外传播。而当社会的

人口结构发生变化时，必然受到流传广、受众多的游戏的冲击。

（四）品种少，不够丰富

鄂伦春族文化属于狩猎——采集型文化，身体技能型游戏是其主要的游戏类型。从鄂伦春族游戏的类型来看，可以比较充分地证明这一点。鄂伦春族游戏可以主要概括为三类，即身体技能型（身体运动）游戏、角色游戏和智力游戏，其中身体技能型游戏的比例占到一半以上，主要形式表现为投、射、拉、划等训练手臂力量和技巧，以及奔跑、跳跃、游泳等训练下肢力量和技巧的项目。而其他类型的游戏如策略类和博弈类游戏很少或没有。鄂伦春族游戏的这一特点也是其不适应时代发展的一个因素。

二、鄂伦春族传统游戏的现代变革和传承途径

中华人民共和国建立后，鄂伦春族成立了自治旗，猎民全部下山定居，鄂伦春族的传统生产和生活方式发生了很大的变化。那么，当今天社会的发展和时代的变迁使得传统游戏所依存的环境和服务的人群发生剧烈变化时，怎样使这些快速流失的文化遗产得以保留和传承？

笔者认为，鄂伦春族传统游戏是否能得到较好的传承和发展，与以下几个条件密切相关：

（一）娱乐性强，对当今的儿童具有足够的吸引力

无论什么年代，游戏要被人们广泛接受和喜爱都必须具有很强的娱乐性，娱乐性是游戏的生命。鄂伦春族游戏中大部分都具有较强的娱乐性，如果配以行之有效的办法是完全可以得到人们的接受和欢迎的。

图 5-3（图片来源于网络）

（二）对儿童的身心发展具有明显促进作用，使其得到家长、教师和社会的认可

如前文所分析，鄂伦春族游戏中大部分都具有较强的儿童发展价值。各种身体技能型儿童游戏、智力游戏、角色游戏都对儿童的身心发展有益，只要政府、教育部门足够重视，采取适当措施加以宣传和推广，是能够得到家长、教师和社会的认可的。

（三）对传统游戏进行搜集、整理和必要改造，并使其具备时代特征

许多鄂伦春族游戏如射箭（射击）、赛马、摔跤、滑雪（雪橇）、赛跑、跳高、跳远等，在现代体育中都有类似项目，如果加以相应的民族文化“包装”，如在举行赛跑、跳高、跳远比赛时模仿鄂伦春族传统游戏的规则和游戏材料，如负重赛跑、撑竿跳跃沟壑等，可以使其既具有现代体育游戏的特征，同时又保留

自己的民族特色。

（四）将优秀的传统游戏引入幼儿园和中小学课程

将传统游戏引入幼儿园和中小学课程应有以下几个步骤：

1. 对传统游戏进行搜集和整理，并请相关的专家学者对其进入幼儿园和中小学课程的可行性进行分析。

2. 对传统游戏进行分析和研究，按照不同年龄段、对儿童身心发展的不同价值对游戏进行筛选。

3. 编写课程，增强传统游戏教学的可操作性。

4. 师资培训。通过各种形式请鄂伦春族老人及专家对教师进行培训，并建议将传统游戏作为重要内容进入教师课程体系。

5. 从教育目标出发，将传统游戏与幼儿园和中小学其他相关联的活动结合起来。

6. 在实践中尝试对游戏的内容和形式进行创新。

这里应该强调的是，在传承基础上的创新对传统游戏的推广十分必要。例如多年来我们开设鄂伦春语言课程的效果一直不够理想，如果能在幼儿阶段通过语言游戏或含有语言的动作游戏对民族语言进行传承，让幼儿在愉快的游戏情境中学习和掌握民族语言应该会起到更好的效果。

（五）要有社会大环境的推动，并采取与之相配套的社会文化措施

社会大环境的推动对传统游戏的传承是必不可少的。在对传承鄂伦春族传统文化的行动中，政府应担当主要角色，并采取与之相配套的措施，推动全社会共同参与。如举办传统体育运动会、各种传统游戏比赛（可综合进行也可分类单独进行）、开展特色旅游、以民族历史和文化为题材（如各种传说、故事、历史事件、文学创作等）开发影视作品、在幼儿园设置民族语言

课程（可采取歌谣、表演等形式传授语言，如用鄂伦春语学唱“鹿的传说”等）及民族历史课程（可采取讲故事的方式）等。

此外，要加强对其他民族相关经验的研究和借鉴，例如生活在北极地区的因纽特人对传统游戏采取了通过学校教育、体育赛事、社区活动等具体途径进行挽救，收到很好的效果，可供我们学习和参考。

目前人们对待游戏以及如何保护和传承传统文化的态度和观点还有待改变，这不仅需要找到适当的途径向人们普及有关知识，而且还应认识到普及知识也需要时间。因此在目前全世界都存在“理论上重游戏，实践上轻游戏”的“游戏困境”下，民族传统游戏引进幼儿园游戏课程等游戏的保护和传承行动必定还会遇到更多困难，对此我们应有清醒的认识。

近几十年来，面对包括传统游戏在内的传统文化的全面变迁和传承危机，政府机构、学校和一些有识之士也采取了一系列措施来保护和传承民族文化，如确定每年的6月18日为鄂伦春民族传统节日“篝火节”，期间要举办隆重的民族传统体育（游戏）运动会；一些中小学还在体育课上开设了拉棍等传统体育游戏。这些行动无疑对保护和传承民族传统游戏起到了积极的作用，但是，随着一个个鄂伦春老人的离去，这个没有文字的民族的传统文化也在加速消失着，怎样使这些珍贵的历史遗产将来不只是留在博物馆和人们的记忆里，而是成为活着的文化，需要我们大家的共同努力。

（本文所附图片除署名外，部分来自网络，其余均引用自《鄂伦春游猎生活》（于学斌著）及《最后的捕猎者》（宋兆麟著），在此对作者一并表示感谢！）

参考文献

专　著

［1］王军，董艳主编．民族文化传承与教育．北京：中央民族大学出版社．2007.

［2］哈经雄、滕星主编．民族教育学通论．北京：教育科学出版社，2000.

［3］王军．文化传承与教育选择．北京：民族出版社，2002.

［4］林崇德．发展心理学．北京：人民教育出版社，1995.

［5］刘焱．儿童游戏通论．北京：北京师范大学出版社，2004.

［6］刘焱．幼儿教育概论．北京：中国劳动社会保障出版社，1999.

［7］陈帼眉．学前心理学．北京：人民教育出版社，1989.

［8］朱智贤．儿童心理学．北京：人民教育出版社，1980.

［9］黄人颂．学前教育学．北京：人民教育出版社，1989.

［10］鲁洁，吴康宁．教育社会学．北京：人民教育出版社，1994.

［11］（日）浅川四郎，永田珍馨著，赵复兴译．兴安岭之王使马鄂伦春族．海拉尔：内蒙古文化出版社，1999.

［12］（俄）史禄国．北方通古斯的社会组织．呼和浩特：内蒙古人民出版社，1984.

［13］（苏）伏·阿·图戈卢科夫．西伯利亚埃文基人（白杉译）．海拉尔：呼伦贝尔盟文联，2000.

［14］《鄂伦春族简史》编写组．鄂伦春族简史．呼和浩特：内蒙古人民出版社，1983.

［15］安柯钦夫等．中国北方少数民族文化．北京：中央民族大学出版社，1999.

［16］苏德毕力格．蒙古族传统儿童游戏．北京：联合国教科文组织儿童基金会中国儿童发展中心．1988.

［17］巴图宝音．鄂伦春民间故事集．北京：中国民间文学出版社，1984.

［18］白兰．鄂伦春族．北京：民族出版社，1991.

［19］陈华．传统体育与人类的适应性——因纽特等民族的体育人类学研究．北京：华龄出版社，2005.

［20］陈连山．游戏．北京：中央民族大学出版社，2000.

［21］丁海东．学前游戏论．济南：山东人民出版社，2001.

［22］杜国良．莫日根趣文轶事．海拉尔：内蒙古文化出版社，2005.

［23］鄂·苏日台．鄂伦春狩猎民俗与艺术．海拉尔：内蒙古文化出版社，1999.

［24］关小云．鄂伦春族风俗概览．哈尔滨：黑龙江民族研究所，1993.

［25］关红英．浅谈鄂伦春民族的传统体育活动．鄂伦春研究．2004（1）．

［26］郭建斌，韩有峰．鄂伦春族——黑龙江黑河市新生村调查．昆明：云南大学出版社，2004.

［27］郭泮溪．中国民间游戏与竞技．上海：上海三联书

店，1996.

［28］韩有峰，都永浩，刘金明．鄂伦春族历史、文化与发展．哈尔滨：哈尔滨出版社，2003.

［29］韩有峰．鄂伦春族风俗志．北京：中央民族大学出版社，1991.

［30］何青花．金色的森林．北京：民族出版社，2002.

［31］何群．环境与小民族生存——鄂伦春文化的变迁．北京：社会科学文献出版社，2006.

［32］何群等．狩猎民族与发展——鄂伦春族社会调查研究．呼和浩特：内蒙古人民出版社，2002.

［33］孟淑珍．鄂伦春民间文学．哈尔滨：黑龙江省民族研究所，1993.

［34］内蒙古人民出版社．鄂伦春民间故事集．呼和浩特：内蒙古人民出版社，1981.

［35］秋浦．鄂伦春人．北京：民族出版社，1956.

［36］秋浦．鄂伦春社会的发展．上海：上海人民出版社，1978.

［37］沈斌华，高建纲．鄂伦春族人口概况．呼和浩特：内蒙古大学出版社，1989.

［38］宋兆麟．最后的捕猎者．济南：山东画报出版社，2001.

［39］苏勇，孟和，刘焕阁．呼伦贝尔盟民族志．呼和浩特：内蒙古人民出版社，1997.

［40］隋书金．鄂伦春族民间故事．哈尔滨：黑龙江人民出版社，1980.

［41］王丽坤，张嘉宾，孟淑珍．鄂伦春传统民歌．哈尔滨：黑龙江省民族研究所，1988.

［42］徐昌翰，隋书金，庞书田．鄂伦春族文学．哈尔滨：

北方文艺出版社，1993.

［43］徐万邦，祁庆富．中国少数民族文化通论．北京：中央民族大学出版社，1996.

［44］于学斌．鄂伦春游猎生活．哈尔滨：黑龙江美术出版社，2003.

［45］张凤铸，蔡伯文．鄂伦春民间文学选．呼和浩特：内蒙古人民出版社，1980.

［46］赵复兴．鄂伦春族研究．呼和浩特：内蒙古人民出版社，1987.

［47］赵复兴．鄂伦春族游猎文化．呼和浩特：内蒙古人民出版社，1991.

［48］郑东日．东北通古斯诸民族起源及社会状况．延边：延边大学出版社，1991.

［49］芦平生，杨兰生．民族传统体育研究．兰州：甘肃教育出版社，2002.

［50］李露露．图说中国传统玩具与游戏．西安：世界图书出版西安公司，2005.

［51］赵静冬．云南省特有民族传统体育文化．昆明：云南民族出版社，2003.

［52］韦晓康．壮民族传统体育文化研究．北京：中央民族大学出版社，2004.

［53］姚重军．少数民族传统体育文化研究．北京：民族出版社，2004.

［54］钟敬文．民俗学概论．上海：上海文艺出版社，2002.

论 文

［1］王军．文化传承的教育人类学研究．民族教育研

究 . 2006. 3.

［2］董艳 . 民族文化传承对智力发展的影响 . 民族教育研究，2006. 6.

［3］冯季林 . 儿童游戏评价的后现代审视 . 教育导刊 . 2005，12 月号下半月 .

［4］张珊明 . 国外有关儿童游戏的文化研究概述 . 比较教育研究 . 2005.11.

［5］丁海东 . 论儿童的游戏精神 . 山东师范大学学报：人文社会科学版 . 2006 年第 51 卷第 1 期（总第 204 期）.

［6］杨月敏 . 试论体育游戏对学前儿童健康人格的影响 . 浙江体育科学 . 2005 年 8 月第 27 卷第 4 期 .

［7］杨丽珠，邹晓燕，伯根 D（Doris Bergen）. 学前儿童在游戏中社交和认知类型发展的研究——中美跨文化比较 . 心理学报 . 第 27 卷第一期 .

［8］杜凤华，葛丽媛 . 以游戏为主线培养幼儿创造力基础 . 教育参考 . 2005 年 4 月 .

［9］曾爱华 . 游戏对幼儿心理发展的价值刍议 . 四川教育学院学报 . 2002 年 10 月第 18 卷第 10 期 .

［10］郭力平，许冰灵，李琳 . 游戏对于促进儿童心理发展的作用 . 心理科学 . 2001 年第 24 卷第 6 期 .

［11］曹中平，蒋欢 . 游戏功能的再认识——来自脑科学研究的启示 . 调查与研究 . 2005 年第 7－8 期 .

［12］王颖 . 幼儿游戏中的认知成分分析 . 幼教天地 . 2006 年 4 月号中旬刊 .

［13］黄绍文，卿丽蓉 . 中国传统儿童游戏观探析 . 教育导刊 . 2006 年 9 月号下半月 .

［14］张新立 . 论教育人类学视野中儿童游戏斗鸡的内在价值 . 内蒙古师范大学学报：哲学社会科学版 . 2005 年第 4 期 .

［15］陈立华．东北少数民族传统体育文化的传承与发展．大连民族学院学报．第五卷第二期（2003 年 4 月）．

［16］栾桂芝．对中国少数民族传统体育文化的再认识．中南民族大学学报：人文社会科学版．第二十三卷第二期．2003，3.

［17］何林．广西少数民族传统体育文化研究．广西民族学院学报：自然科学版．2003 年 8 月．第九卷第三期．

［18］王南童．浅析少数民族传统体育文化的传承．贵州民族学院学报：哲学社会科学版．2003. 5.

［19］冯平，姚重军．西北少数民族传统体育文化的现代化思考．甘肃科技．第 19 卷第二期 2003 年 2 月．

［20］徐万邦．少数民族传统体育的特点和功能．宁夏社会科学．2003 第五期（总第 120 期）．

［21］庞俊娣．云南边疆少数民族地区传统体育文化研究．学术探索．2003 年第八期．2003 年 8 月．

［22］朱琳．少数民族传统体育的文化价值．贵州民族学院学报：哲学社会科学版．2002 年第一期（总第 71 期）．

［23］王晓芬．“捉迷藏”哪里去了——从社会学视角看民间儿童游戏的衰落．教育导刊．2006 年九月号下半月．

［24］施小菊，徐志诚．论我国民间游戏与民间竞技的社会价值．体育文化导刊．2003. 5.

［25］陈云霞．民间游戏在幼儿教育中的作用．

［26］李玉峰．民间幼儿体育游戏：特性，价值及入园策略．2005 年第六期．

［27］周竞红．赫哲族儿童传统游戏的文化功能．民俗研究．1994 年第二期（总第 30 期）．

［28］张冀震．西藏儿童游戏“提格”及其文化内涵．西北民族学院学报：哲学社会科学版．2000 年第 3 期．

［29］龙佩林．经济全球化与民族传统体育的文化选择．体育文化导刊．2002. 5.

［30］陈婕．民族传统体育文化的传承方式和途径．体育文化导刊．2002. 5.

［31］田祖国，白晋湘，钟海平．民族传统体育文化现代变迁与发展研究．体育文化导刊（2003. 4）．

［32］于学斌．北方渔猎民族的滑雪狩猎文化．黑龙江民族丛刊．2005 年第 5 期（总第 88 期）．

［33］白兰．从鄂伦春民族的发展看我国民族政策调整的取向．2002 年 11 月内蒙古社会科学（汉文版）．第 23 卷第 6 期．

［34］王俊敏．从游居到定居、再到城镇化——鄂伦春族发展问题的生态经济人类学研究．黑龙江民族丛刊．2002 年第 4 期（总第 71 期）．

［35］唐戈，陈伯霖．达斡尔、鄂温克、鄂伦春族文化保护漫谈．

［36］唐戈．东北地区渔猎文化略论．黑龙江民族丛刊．2003（6）（总第 77 期）．

［37］唐戈．鄂伦春族为什么出现文化解体现象．鄂伦春研究．2000（2）．

［38］唐戈．如何从文化变迁的角度把握鄂伦春族的现状．鄂伦春研究．1999（1）．

［39］唐戈．如何认识鄂伦春族定居以来的文化变迁．鄂伦春研究（总第八期）．1998.

［40］唐戈．鄂伦春族定居以来文化变迁的阶段性划分．北方民族．1998（3）．

［41］李宝林、黄健．兴安岭下育新苗——对鄂伦春自治旗地方教育的调查及建议．鄂伦春研究．1999（1）．59－64.

［42］白兰．鄂伦春——山岭上的人．Spotlight（2003 年 8

月）.

［43］涂利利．鄂伦春自治旗鄂伦春族猎民经济发展状况调查报告．内蒙古统战理论研究．2005 年第 4 期．

［44］唐戈．鄂伦春族的“部落”组织——兼谈满族八旗制度对鄂伦春族社会的影响．满语研究．2002 年 2 期（总第35 期）．

［45］王俊敏．鄂伦春族生产关系的变迁及其效应——鄂伦春发展问题的生态经济人类学研究之二．内蒙古大学学报：人文社会科学版．2002 年 5 月第 34 卷第 3 期．

［46］李文武．鄂伦春族实用弓出“土”．黑龙江史志．2005. 8.

［47］尤明慧，刘亚玲．鄂伦春族文化人格镜鉴．重庆科技学院学报：社会科学版．2005 年第 3 期．

［48］麻国庆．开发、国家政策与狩猎采集民社会的生态与生计——以中国东北大小兴安岭地区的鄂伦春族为例．学海．2007 年 1 月．

［49］刘晓春，关德明．开发鄂伦春族民俗文化旅游的特殊意义．民间文化．2001 年第 2 期．

［50］王铁志．人口较少民族研究的意义．黑龙江民族丛刊．2005 年第 5 期（总第 88 期）．

［51］于学斌．文化人类学视野中的鄂伦春族居住文化．2006 年 5 月内蒙古社会科学（汉文版）．第 27 卷第 3 期．

［52］唐戈．乌力楞的意义和本质．满语研究．2004 年 1 期（总第 38 期）．

［53］关凯．现代化与少数民族的文化变迁．中南民族大学学报：人文社会科学版．2002 年 11 月．第 22 卷第 6 期．

［54］王俊敏．重说狩猎——鄂伦春族发展问题的生态—经济人类学研究．广播电视大学学报：哲学社会科学版．2003 年第 1 期（总第 124 期）．

[55] 陈菲菲．孩子沉溺电子游戏的心理原因．家教指南．48—49.

[56] 罗增让．计算机游戏对青少年友谊和自尊的影响．中国学校卫生．2005 年 6 月第 26 卷第 6 期．

[57] 国外幼儿教育一瞥．基础教育月刊 2004 年第 10 期．

[58] 念疆．香港与内地少年儿童游戏之比较．河南教育（2000 年第 5 期·总第 262 期）．

[59] 刘丽英．国外追逐游戏研究概述．调查与研究．2005 年第 9 期．

[60] 朱丹．美国游戏取向课程模式的特点及其演变．国外幼教．2005 年第 12 期．

[61] 李俊杰．苏格兰幼儿园教育的特点及其启示．国外幼教．2005 年第 7－8 期．

[62] 刘焱，王丽，沈薇．建国以后儿童游戏发展变化的特点、趋势及原因分析．学前教育研究．1999 年第 4 期（总第 76 期）．

附录1　调查问卷

鄂伦春族传统游戏传承与发展研究
调查问卷（中小学部分）

同学你好：

我是一名来自中央民族大学的鄂伦春族博士研究生，正在从事国家十五重点课题“中国少数民族非物质文化遗产的保护和传承”的研究，来这里的目的是想知道你对民族传统游戏的了解情况和看法，希望你能如实地选择答案（每个题目有一个或一个以上答案），并把你的答案填写在每个题目后面的（　）内。谢谢你的配合！

第一部分　关于你的自然情况

01. 你是：（　　　　　　）

1. 小学生　　　　　2. 中学生

02. 你的性别（　　　　　　）

1. 男　　　　　　　2. 女

03. 你的民族（　　　　　　）

1. 鄂伦春族　　2. 达斡尔族　　3. 鄂温克族

4. 蒙古族　　　5. 汉族　　　　6. 其他民族，是

04. 你的家在________________市（旗）

属于：(　　　　　　)

1. 城市　2. 城镇　3. 乡（或苏木）　4. 村（或嘎查）

05. 你父亲的职业：(　　　　　　)

1. 农（牧、猎）民　2. 教师　3. 企事业职工

4. 国家机关干部　5. 个体经营者

6. 其他，是________

06. 你母亲的职业：(　　　　　　)

1. 农（牧、猎）民　2. 教师　3. 企事业职工

4. 国家机关干部

5. 个体经营者　6. 其他，是____________

07. 你的父母中，有谁是少数民族：(　　　　　　)

1. 父亲　2. 母亲　3. 两个都是　4. 两个都不是

第二部分　正式问卷

08. 你玩过下列哪些鄂伦春族传统游戏？（请在所选游戏后划√）

01	依如第然（赛马）	10	扛人比赛	19	嘎乎吉卡特（荡秋千）
02	帕兰第然（射箭）	11	跳高	20	木末沁（划桦皮船）
03	卷第任（摔跤）	12	跳远	21	萨夫可元（化装游戏）
04	野猪皮雪橇	13	阿尼汉特（过家家）	22	巴里哈特（抓瞎）
05	冰爬犁	14	阿尤汗（欻嘎拉哈）	23	小斜仁柱
06	赛颈力	15	干嘎力任（打球）	24	章根班弟（棋）
07	坦第任（拉棍）	16	撒布卡（抛接木条）	25	刻耶处（木头牌）

续表

08	掰腕子	17	闯绰哈仁（蹦蹦跳）	26	班吉（围棋）
09	拉钩（拉手指）比赛	18	土萨路哈吞（跑的游戏）		

（＊注："阿尼汉特"是用桦树皮等刻成小人、狍子等玩具，模仿成人打猎等生活情节的游戏）

09. 你**看过或听说**过下列哪些鄂伦春族传统游戏？

01	依如第然（赛马）	10	扛人比赛	19	嘎乎吉卡特（荡秋千）
02	帕兰第然（射箭）	11	跳高	20	木末沁（划桦皮船）
03	卷第任（摔跤）	12	跳远	21	萨夫可元（化装游戏）
04	野猪皮雪橇	13	阿尼汉特（过家家）	22	巴里哈特（抓瞎）
05	冰爬犁	14	阿尤汗（欻嘎拉哈）	23	小斜仁柱
06	赛颈力	15	干嘎力任（打球）	24	章根班弟（棋）
07	坦第任（拉棍）	16	撒布卡（抛接木条）	25	刻耶处（木头牌）
08	掰腕子	17	闯绰哈仁（蹦蹦跳）	26	班吉（围棋）
09	拉钩（拉手指）比赛	18	土萨路哈吞（跑的游戏）		

（＊注："阿尼汉特"是用桦树皮等刻成小人、狍子等玩具，模仿成人打猎等生活情节的游戏）

10. 传统民族游戏和现代游戏你更喜欢哪一个？（　　　）

1. 现代的　2. 传统的　3. 两个都喜欢　4. 两个都不喜欢

11. 你认为玩传统民族游戏对你的影响是**（可以多选）**

（　　　）

1. 开发智力　2. 锻炼动手能力　3. 增强意志

4. 增进情感　5. 培养合作精神　6. 强壮身体

7. 了解民族文化　　8. 性格更加活泼开朗

9. 提高语言表达能力　10. 其他方面影响

12. 你是从哪里知道或学会这些传统民族游戏的？**（可以多选）**（　　　　　）

1. 家人　　2. 朋友　　3. 学校

4. 电视等各种媒体　　5. 其他途径，是

13. 你是否希望学校开展传统民族体育（游戏）？（　　）

1. 希望　2. 不希望　3. 无所谓

14. 你认为传统体育或游戏有哪些弱点？**（可以多选）**（　）

1. 缺乏时代感　　　　2. 缺乏趣味性

3. 不够科学和规范　　4. 还有其他弱点，即

鄂伦春族传统游戏传承与发展研究
调查问卷（成人部分）

您好：

我是一名来自中央民族大学的鄂伦春族博士研究生，正在从事国家十五重点课题“中国少数民族非物质文化遗产的保护和传承”的研究，来这里的目的是想知道您对民族传统游戏的了解情况和看法，希望您能如实地选择答案（每个题目有一个或一个以上答案），并将答案的序号填写在每个题目后面的（ ）内。谢谢您的配合！

第一部分　关于你的自然情况

01. 您的性别（　　　　　）

1. 男　　2. 女

02. 您的年龄：

1. 30 岁以下　　2. 30—40 岁　　3. 40—55 岁

4. 55—65 岁　　5. 65 岁以上

03. 您的民族（　　　　　）

1. 鄂伦春族　2. 达斡尔族　3. 鄂温克族

4. 蒙古族　　5. 汉族　　6. 其他民族，是

04. 您小时候家在________市（旗），属于：（　　　　）

1. 城市　2. 小城镇　3. 乡（或苏木）　4. 村（或嘎查）

05. 您的受教育程度：（　　　　　）

1. 没上过学　　2. 小学　　3. 初中

4. 高中　　　　5. 大学　　6. 大学以上

06. 您的职业是：(　　　　　　)
1. 农民　　2. 猎民　　　　3. 牧民
4. 教师　　5. 企事业职工　　6. 国家机关干部
7. 个体经营者　　8. 其他，是________

第二部分　正式问卷

07. 你**玩过**下列哪些鄂伦春族传统游戏？（请在所选游戏后划√）

01	依如第然（赛马）	10	扛人比赛	19	嘎乎吉卡特（荡秋千）
02	帕兰第然（射箭）	11	跳高	20	木末沁（划桦皮船）
03	卷第任（摔跤）	12	跳远	21	萨夫可元（化装游戏）
04	野猪皮雪橇	13	阿尼汉特（过家家）	22	巴里哈特（抓瞎）
05	冰爬犁	14	阿尤汗（欻嘎拉哈）	23	小斜仁柱
06	赛颈力	15	干嘎力任（打球）	24	章根班弟（棋）
07	坦第任（拉棍）	16	撒布卡（抛接木条）	25	刻耶处（木头牌）
08	掰腕子	17	闯绰哈仁（蹦蹦跳）	26	班吉（围棋）
09	拉钩（拉手指）比赛	18	土萨路哈吞（跑的游戏）		

（＊注：“阿尼汉特”是用桦树皮等刻成小人、狍子等玩具，模仿成人打猎等生活情节的游戏）

08. 你对下列哪些鄂伦春族传统游戏**感兴趣**？

01	依如第然（赛马）	10	扛人比赛	19	嘎乎吉卡特（荡秋千）
02	帕兰第然（射箭）	11	跳高	20	木末沁（划桦皮船）

续表

03	卷第任（摔跤）	12	跳远	21	萨夫可元（化装游戏）
04	野猪皮雪橇	13	阿尼汉特（过家家）	22	巴里哈特（抓瞎）
05	冰爬犁	14	阿尤汗（欻嘎拉哈）	23	小斜仁柱
06	赛颈力	15	干嘎力任（打球）	24	章根班弟（棋）
07	坦第任（拉棍）	16	撒布卡（抛接木条）	25	刻耶处（木头牌）
08	掰腕子	17	闯绰哈仁（蹦蹦跳）	26	班吉（围棋）
09	拉钩（拉手指）比赛	18	土萨路哈吞（跑的游戏）		

（＊注："阿尼汉特"是用桦树皮等刻成小人、狍子等玩具，模仿成人打猎等生活情节的游戏）

09. 传统体育（或游戏）和现代的体育（或游戏）您更喜欢哪一个？（　　　　）

1. 现代游戏　2. 传统游戏

3. 两个都喜欢　4. 两个都不喜欢

10. 您觉得传统民族体育（或游戏）对您童年时代的影响是**（可以多选）**：（　　　　）

1. 开发智力　2. 锻炼动手能力　3. 增强意志

4. 增进情感　5. 培养合作精神　6. 强壮身体

7. 了解民族文化　8. 性格更加活泼开朗

9. 提高语言表达能力　10. 其他方面影响

11. 您是从哪里学会或知道这些传统民族游戏的？**（可以多选）**（　　　　）

1. 父母和长辈那里　2. 比自己年长的孩子那里

3. 和自己同龄的小伙伴那里　4. 书籍电视等各种媒体

5 其他，是________________

12. 举办家庭或社区传统体育和游戏活动，您的态度是（　　　　　）

1. 非常赞成　　2. 赞成　　3. 无所谓　　4. 不赞成

13. 您是否希望幼儿园和中小学开展传统游戏（或体育）？（　　　　　）

1. 希望　　2. 不希望　　3. 无所谓

14. 您认为传统游戏（或体育）有哪些弱点？（可以多选）（　　　　　）

1. 缺乏时代感　　　　2. 缺乏趣味性

3. 不够科学和规范　　4. 还有其他弱点，即＿＿＿＿＿＿

附录2　人物访谈

访谈一

额尔登挂，女，78岁，鄂伦春族，国家级非物质文化遗产传承人。

访谈时间：2010年8月11日

白：大娘，还想听您多讲讲咱们鄂伦春族过去的事情。

额：好啊。我跟你说哈，鄂伦春人都有自己的氏族，都不一样，咱们诺敏河人和甘奎人不一样，和呼玛河人也不一样。实际上你们是诺敏河人，别忘了自己的祖宗。

白：诺敏河？是诺敏镇那边吗，小二沟（诺敏镇在当地俗称小二沟，笔者注）那边？

额：对，就是小二沟那边。我给你画哈，这是诺敏河，诺敏河里头还有个毕拉河，毕拉河的支流叫讷门河，这就是我的家。

白：嗯。毕拉河是诺敏河的一个大支流，然后毕拉河的支流是讷门河。

额：还有扎文河。

白：扎文河，也是毕拉河的支流？

额：是讷门河的支流。

白：哦，就是再往下走。

额：我们的祖宗，在讷门河，完了就是扎文河。我不知道现在的地图，过去我们在托河。和现在的托河不一样，现在这个地方是托河（用手指）。毕拉河、扎文河、讷门河、安牛苏……那块儿现在如果叫旅游区，叫什么来着？对，达尔滨罗，也不知道具体是哪，大概就在那些地方。这一片河流不少。

白：诺敏河在最南边？

额：诺敏河是这样的（指图），这是诺敏河哈，诺敏河挺长啊，这是嫩江，这是嫩江支流，这就是毕拉河，托河是这头。这是原来的托河，不是现在的托河。

白：为什么还有以前的托河和现在的托河呢？

额：可能是习惯的关系，现在的托河那时候叫西日特气，是托河的小河流，托河离它有六十来里地，这是托河口。托辛你认得吧？他们是真正托河口的人。托河的这头正好通到我们那头，安牛素、扎文河、毕拉河都在这儿。那块儿是我们的地盘。

白：要是说方向的话，这边儿？

额：方向是小二沟往上走。

白：往上是往北吗？不对，往西？

额：往西，现在西日特气正好在这个地方，正好在诺敏河的一个小支流。然后是托河口也在这块，从这头走有达尔滨罗，安牛苏，毕拉河，扎文河，都在这头。这儿还有一个大山叫马鞍山，马鞍山有湖，也可能达尔滨罗就是这。安牛苏有我们老何家的敖包，是我们的老地方，小二沟的老爷林是你们老白家的地方。

白：鄂伦春人那时候也有敖包吗？

额：都有。再往上走，叫龙头，龙头那儿的山头还有一个敖包，那是我妈妈他们部落住的地方，一个部落里又分氏族是吧，过去一个氏族有一个敖包。

白：那时的敖包和蒙古族的敖包一样吗？

额：一样，都是用石头垒的。

白：也那样飘着彩带？

额：嗯，都有，现在还有没有不知道，我多少年没去了。

额：有一条小河流，叫海拉河，日本人进来以后，那儿有很多开发的，他们就过这边来跟我们合住，在讷门河、扎文河附近，他们的敖包就盖到这块儿来了。

白：大娘，你是哪年出生的？

额：我是1932年生的。按照我的生日说，今年79了。我正月十五生日。我再告诉你一些事哈。我的祖宗是在扎文河，我姓何，鄂伦春语叫“柯尔特依尔千”，我的氏族叫“那丹千”，是姓何的一个分支，讷门河也有我们的分支，我们五代人住在一块，讷门河那边的比我们要远一代，他们是六代。在鄂伦春五代分家，七代分家，九代那就是另外一个了，就不算老何家了，过去都这么分。现在我在托河的亲戚，他不认我们亲戚了。我们过去的敖包，民族学院那本书里记载的烧敖包什么的，那些老人都是我爷爷辈儿的，实际我亲爷爷呢，早就死了，哪年死的我也不知道，记忆里没见过。我就见过我奶奶，这个我记得。我爸爸是哥四个，我们爷爷是萨满，跳大神的，我们这几代人都很穷。我爸爸、我爷爷他们都是扎文河的。老白家和老何家的两个氏族，他们是从什么地方过来的呢？我跟你说哈，黑龙江有条支流叫锡林河，我们是锡林河一带的老白家和老何家，鄂伦春人在黑龙江中下游一直到图们江，锡林河在上头，鄂伦春人过去在那块儿。过去的人不是总说黑龙江将军、黑龙江将军的吗，大概是在黑龙江中下游地区那个地方，满清时期有个将军。我们锡林河呢就挨着布里亚特共和国。关于鄂伦春的历史吧，都是老人往下传，所以我记得很清楚。我们在那块的时候用的不是马，是驯鹿。

白：那大概是多少年前啊？

额：大概是康熙年间，只能回忆到康熙年间，三、四百年以前吧。鄂伦春人在那头，那会儿苏联人不是在欧洲他们要扩张地盘吗，那时候咱们中国有大兴安岭、小兴安岭、外小兴安岭，也就是黑龙江的那头，库页岛那一带。下边是库页岛上面是锡林河，库页岛是图们江那边的。鄂伦春人那时主要在那个地区，我听他们讲啊，鄂伦春人就往北极那边去探险。

白：现在的因纽特人好像有这种说法哈。就是大家以前叫的爱斯基摩人，现在改叫因纽特人，他们好多风俗习惯和鄂伦春很像啊。

额：唱歌里面你没发现吗？就是那个“呢耶……呢耶……”（唱）。我看过他们那个，芬兰人，把那个“四不像”赶到一个地方，晚上又领回来。他们的歌里面，我听过，也有鄂伦春人的歌里面的歌词，但是它们的长相不一样，像外国人。描写那时情景的鄂伦春人的唱歌集，我一直保留着。多少年了。

白：大娘现在您是咱们鄂伦春的文化传承人是吧，国家级的吗？

额：是国家的还是内蒙的，我也不知道，可能是内蒙一级的吧。内蒙报登过，有德德玛，第二个就是我。实际上鄂伦春的任何一种东西我都会做，像这个绣的花，还有皮子衣服和（桦）树皮的东西我都会。

白：（指着桌上的绣品）这个是拿笔先画的吗？

额：是，拿笔先画，我现在眼睛和手都不太好使了。那咱们再接着说哈，在黑龙江北的时候，那些歌一直到现在，歌是怎么唱的呢，四不像的鞍子叫“厄不”，和马鞍子不一样，马的鞍子是把肚子上的带子系上以后马就不晃了，四不像的是怎么都晃，一直到现在我都会唱这个（唱歌）。四不像的鞍子怎么整也是晃荡的，整不好的话会跑到它的肚子上。小伙子打猎，这是一个舞蹈曲，回忆过去的，这个歌曲除了我以外鄂伦春旗现在基本没有人会唱了。在黑龙江北的时候，就是这个曲子。因为鄂伦春人打猎是用雕，在大兴安岭，所以现在野外还能看到雕。我们那儿的鄂伦春人用雕，一直以来都这样。大兴安岭是我们的猎场，冬天打雕过去，大晚上才可以回来。鄂伦春人的爬犁特别快，是用“四不像”拉爬犁。我在托河工作的时候，他们坐爬犁，但是爬犁用三到五天，还得重新换。过去的鄂伦春生活用得着这个，身子是木头，用白桦树，我见过他们做爬犁，用白桦木，一颗钉子都不用。

白：现在还有人会做吗？

额：没有。现在他们都没见过。除了爬犁以外，还有“其诺”，就是那个滑雪板。也是自己做，长短按照自己的个头，掌握平衡，不平衡就能看出来，那才是智慧。它的路在哪儿？没有路，路在它脚下。我们把它叫“雪上飞”。我爸爸就是做那个的，我们家穷，自己在山上可以做，没有刀没有斧子也没关系。

白：大娘，你在电视里看冬季奥运会了吗，和那个滑雪板一样吗？

额：对对，一样。

白：也是那么像飞一样地滑啊？

额：那个奥运会有雪道啊，可这个是没道啊。蒋大为唱的，路在哪？路在脚下。这个词用在滑雪板很恰当，虽然从来没人得过金牌。鄂伦春人滑雪比动物还快。冬天干完活又把四不像领回来。四不像的奶好，营养价值也高。苏联人在欧洲扩张的时候，锡伯人过来，外国人叫作密林里的民族，锡就是密林的意思。当时有个故事，人们都这么传说那段历史。锡伯人过来的就过来了，没过来的在黑龙江边和外国人打仗。从外蒙过来的，呼伦贝尔过来的也有，再后来就来到阿里河。他们人口多。当时蒙古人在那儿，蒙古人也不好惹呀！一下子过来这么多人，结果他们就得经常搬家。当时人都这么说，蒙古人厉害呀，拿的刀都是那样的，弯弯的……

白：就是书上说的蒙古弯刀？

额：对，蒙古弯刀。他们马跑得也快。就这样，锡伯人过来了。到现在有一些鄂伦春人可能就是锡伯人。后来这个民族往南走了，成立了个国家，叫北魏，剩下的人还在那儿，那时候的鄂伦春人在北边特别不安全，鄂伦春人从来都是打猎的民族，苏联人欺负她，布里亚特人也欺负她，所以鄂伦春人和布里亚特人打了起来。苏联人进来之后，康熙就说了，你们搬到大兴安岭吧，搬进来吧，那里不安全。那时候鄂伦春人打仗厉害，就比如雅克萨战役。就这样鄂伦春人搬到这儿，从锡林河，先到的黑龙江边，领着孩子、"四不像"，完了又过到额尔古纳河那儿，现在养"四不像"那个地方，在那儿待了一段时间，我刚才说的那些地方，扎文河啊什么的，诺敏河最下边就是小二沟，再往下没走。小二沟那就是老白家，再往下就是鄂温克人，再往下就是达斡尔。整个诺敏河都是老白家，老白家人口多，那儿的支流就是老何家，也有一部分老白家。为什么两个氏族一块走，就是解决儿女的婚姻问题，谁也离不开谁，过来的时候就是这么定居的。所以在故事里两个氏族谁也没离开谁，这就是家谱。过去空特勒（鄂伦春族女作家，笔者注）她们有家谱，现在没有了，后来不要了，因为家谱没法记，那时候死亡率太高，书里的空白特别多，这样不吉利。

白：是哈，那时候死亡率太高了。

额：完了后来我们就搬到这来了。在额尔古纳的时候我们还用着"吐布"（"四不像"），那种动物和马不一样，是挺娇贵的一种东西，除了苔藓以外，还要啃一种类似蘑菇的东西，如果吃不到就不能怀胎，或者怀了胎也得流产，还会得各种病，得了病又互相传染，后来也就什么都没了。没有了"四不像"，鄂伦春人就成了"雅发汉"鄂伦春，只能靠两条腿走路，自己背东西。后来康熙知道鄂伦春人的"四不像"拿不到这边来，拿过来活不成，就让满清政府给了鄂伦春人马匹，就这样，鄂伦春人也开始养马了。老白家人口多，就定居诺敏河，我们不算多，就在毕拉河。牙克石、海拉尔、鄂伦春的姑娘和鄂温克结婚的多，还有其他人，乌努尔还有一个氏族，还有一户人家，是鄂温克。听他们的语言才发现是一个祖宗。五个民族是一个祖宗，后来分开了。大山把人们分开，一条河上游、下游也把人们分开，欧蒙变成了鄂温克。搬到这儿以后有马了，但是他们各有各的领地，我们不是在扎文河，毕拉河一带吗？小二沟是后来过来的，鄂伦春话是富饶的意思，富饶的甸子，那儿有放马的地方，汉人给它起了个名字叫老爷林，那儿的人，是在日本垮台以后过来的。

白：后来老白家去哪儿了？

额：就是自己找，看哪儿比较合适，后来就到了查巴奇那块儿。你们的爷爷辈开始就搬走了，一部分落到博克图，阿荣旗有一部分，都走光了，我们那个扎文河、讷门河、毕拉河这一部分人留下来了。日本进来以后，海拉尔河那儿有一些人搬过来了。小时候，听我爸爸说，在鄂温克旗有三十来户鄂伦春人，还有蒙古人，他们在那儿打猎，也养羊，因为那儿草场好嘛。我们和布里亚特人打过仗，他们袭击了我们，杀了我们的人。他们是怎么过来的呢？十月革命。从黑龙江那边，有三十多户。布里亚特杀人之后，托河人就去海拉尔告状，但被告诉说那些布里亚特人是归哈尔滨管的，让他们回去。其实他们被骗了。

白：哦，这件事我看书里也有过记载。

额：这都是那时候的事儿。

白：嗯。说到咱们的文化，现在的民歌的唱法，和以前不大一样了是吧？

额：嗯，不大一样。

白：还有那些舞蹈，也应该录下来，那种原汁原味的。

额：现在有些人留了一部分。有些人会唱一点。我跟他们说，你们有时间就学吧，我会的都教给你们。

白：现在中学开手工课，没有请您吗？

额：没有。鄂伦春人从八岁开始拿针绣花，十二岁就学成了，什么都会绣。一个姑娘，一是会唱，一是会跳，再就是会绣东西，不然就没人娶啦。我们小时候都没人教，自己做。男孩要从小训练自己的眼睛，训练瞄准。

白：唱歌跳舞也是专门教吗？

额：专门教，有老人教。如果从小不教，就学不好了。鄂伦春人一年四季搬家，都忙碌，在篝火节的时候就可以乐呵乐呵了，唱歌的唱歌，跳舞的跳舞，老太太也唱。

白：那时候人是不是也挺幸福的？

额：可不是，那时候感到很幸福，有粮食、小麦，也有马。吃的、喝的、穿的，都不感到困难。什么时候感到困难呢？冬天快到春天的时候，没有吃的，还会有天花、伤寒病流行。

白：那时候有很多长寿的人吗？

额：有很多九十多岁的。那时候没有现在这些病，也没有小偷小摸。野外有屋子，里面放着大茶壶一类的，什么都有。路人可以自己进来吃，走时把门关好就行。过去在黑龙江北的时候，那规矩可大了，家庭里所有人都不能违背规矩。对姑娘和小伙子有不同的惩罚，不肖子孙可以逐出家门。在家里，舅舅可以出面惩罚，再一个是姑姑有权。家里面没出嫁的姑娘很幸福，哥哥不许打妹妹。

白：你们那时候结婚是什么样子？

额：一般见一次面，虽然不是百分之百的包办，一般也都由父母出面处理。不愿意的话也可以脱离，但需要一个仪式，婚礼上要抢酒杯，意思是姑娘有情人，当给爷爷斟酒的时候情人就把酒杯抢走，新郎必须把酒杯抢回来才能娶到姑娘。

白：如果没有情人还要抢酒杯吗？

额：那就不抢了。

白：那时候新郎和新娘穿特别的衣服吗？

额：特别的倒没有。就是新的，不知道是皮的还是布的，都没见过，有戴面具的。

白：现在有什么特别的吗？

额：也没有，都是现代的，也没鄂伦春自己的了。以前鄂伦春姑娘必须找自己民族的，别的姑娘可以过来，但我们不能往外走，也有走的，一般就是家里困难养不起的。

白：那就是别的民族嫁过来？

额：那也很少，鄂伦春人的房子别的民族不会盖。

白：哦。那定居的时候是什么情况？

额：那个时候我不在，上学去了，所以印象不深了。我再跟你讲一个过去的情况啊，那时候孩子的教育吧，托河那时候是用五匹马雇一个老师，可以负责从小学一直教到大学。三匹马可以上到初中。老师教的是满文。所以我爷爷那一代，三国演义都会讲，把满文翻译成鄂伦春语，这就是我们的说唱。很多鄂伦春人学了满文。

白：大娘，在你看来，咱们鄂伦春的文化对自己的发展有啥用处呢？

额：用处啊，那就多了。比如狍皮就是鄂伦春人谋生的东西。为什么呢？鄂伦春人为啥没冻死？牛皮厚、结实，但透风，狍子皮它就不透风，暖和。因为有了狍子，鄂伦春人才能存活，它的全身都能用，除了皮子，它的肉是热性的，所以鄂伦春人一直在深山老林里打猎，也活得好好的。这就是鄂伦春人的选择。

白：现在文化、语言消失的特别快。

额：是啊，什么时候老人消失了，文化也就消失了。

白：那您觉得有什么办法没有？

额：鄂伦春的文化可以出书的有很多，以前我还写过。我就是希望啊，作者也好，公司也好，投资我不知道有没有，我想活着的时候要给这个民族留点什么，在鄂伦春语言消失之前，创造一种文字，用这个取代鄂伦春的语言。我在北京的时候就在干这个，一边售书，一边思考怎么创造字母。我在王府井书店看到胡增益的书，就去找他，我教他语言，他教我字母。内蒙还有一个教授，我给他写了封信，他回应很热烈，这样又认识了一个朋友。我写的书给了乌兰布托，这是一个遗憾。还有一个遗憾，我的故事，讷门河、毕拉河的故事都留在这儿，写成书之后，也发表不了，语言没成功，故事也没成功。我的故事里都是鄂伦春族的东西。托河的鄂伦春的文化还是在老人的记忆里，年轻人都不知道。

第二次访谈

访谈时间：2010 年 8 月 13 日

白：一个姓氏的话，就像我姑姑这边的白和我姑父那边的白是什么关系？以前不同流域姓白的可以结婚吗？

额：不可以结婚，一个姓不能结婚。以前是不能结婚的，主要是后来解放了，现在就不管这些了。现在亲戚和亲戚很疏远，好像不认识似的，年轻人亲戚关系很疏远，老人和老人之间也没有什么来往。现在民族这么杂，都跟其他民族来往，我之前跟人建议过能不能弄一个家谱起来，鄂伦春人口本来就不多，应该弄。原来鄂伦春族曾经有家谱。你们作为一个鄂伦春族应该知道自己的来源，不然其他民族该笑话你们了：有知识的鄂伦春族人你为什么不知道自己的东西呢？为什么不写你祖宗辈的东西？我文化不够，才小学四年级，但是我知道这些东西，别人要写我会一个不保留地告诉他，作为一个老人我负责告诉他们这些东西，但是现在你爱好这个我爱好那个，就没人理这个东西了。有家谱，让孩子们知道我们不能互相结婚，知道是哪个氏族的，外国人好多都这样，那中国人鄂伦春族人为什么做不到这样呢，为什么不保护自己的祖宗呢？

白：是啊，这些我们都该做。

额：但是我们自己鄂伦春族不能批判自己的祖宗，没有祖宗能有咱们今天吗？

白：咱们的文化把这个民族养活到今天，为鄂伦春族做出了贡献。

额：这话是真的，鄂伦春族的历史非常了不得！我在写“摩地更”，提醒人们在写书的时候知道什么是“摩地更”，没有“摩地更”就没有鄂伦春族，所以“摩地更”创造了鄂伦春族的历史，汉族也崇拜他们的祖宗，老子就是汉人的祖宗，他们没有忘记啊，咱们为什么要忘记我们的祖宗呢？印度人的佛教中国人把它引进来，现在还有吧，我们的祖宗和汉族的祖宗是一样的重要。

白：您的这些话有道理，以前真没这么思考过。

额：你也应该这么思考，站在一个民族的角度上说，既不是你的错也不是我的错，我们的历史就是这样。

白：人都是一样的，全世界的人都需要有信仰。

额：中国五十六个民族各有各的信仰，我们的不是迷信，为什么我们少数民族的东西就不行呢，如来佛祖不也不存在吗，国家不也没有消灭它啊，我们鄂伦春族的怎么就不行呢？别看我们鄂伦春族就那么几千人，我们也要保护我们的祖宗，你们保护你们的祖宗行我们保护我们的祖宗就不行啊？第二个问题我又提出来了，猎人，为了环保国家不让我们打猎，可以，鄂伦春族能接受。但是有个要求，我们骑马奔跑，有人问我看见骑马奔跑什么感觉，我问你们汉族人看见牛耕地什么感觉，你说我什么感觉，我看见我的猎人的时候我是不是对他有感觉，因为我们祖宗就是这么过来的，我们不愿意失去我们过去的生活，为了环保我们可以不打猎，但是你今天让我们拿锄头种地我们会吗？我参加工作五十来年了，现在我都对种菜这个东西不感兴趣，现在我都不喜欢吃菜。

白：不过按现代科学的说法我们人体需要多种维生素。

额：还别说那个，鄂伦春族是吃白菜吃维生素长大的吗？鄂伦春族没吃那些活得不也挺好吗，从小我就不是吃菜长大的，不喜欢，我有我的生活方式。后来参见工作我也没吃过一棵白菜，身体不照样棒棒的吗？

白：要是现在分析，我想当年鄂伦春人不缺那些营养可能是因为山里的东西可能维生素更高。

额：我也研究科学，那些东西肉里全有，维生素的成分、牛奶的成分肉里全有，人需要什么东西，动物身上有什么东西，过去的人活到一百来岁，还不是一颗白菜也没有吃过。

白：这些理论主要是西方国家研究出来的，从中医的角度来看也不是太讲究这个。

额：以前汉族人除了吃猪肉其他动物肉的吃不上，咱们的营养成分都在各种动物肉里。

白：您说的也有道理。大娘您希望我们这些年轻人能做点什么？

额：就是多了解了解自己的民族吧，写点东西啥的。我现在老想留下点东西。四、五十岁的时候我也不想啥，一心想把孩子抚养长大。随着年龄增大我就在想，满族人在中国统治了几百年，现在啥也没留下，鄂伦春族几千人啥也算不上。就我们这个年龄段的人还知道点自己的历史，再过十年、二十年可能都被同化了。我们的儿子都跟其他民族结婚了，一个是血液不纯，一个是自己的历史什么也不知道。现在主要的是把鄂伦春族的文化都连起来，我一辈子也是在这么做，最近我在想把鄂伦春族的故事尽量写下来。

白：是真实发生的故事还是传说的故事？

额：传说中的故事，也有真实的，但是比较少。我说把这个鄂伦春族的故事给留一下，我想把一些关键的东西留个博物馆，同时还可以给他们讲课，我现在正在做，他们要我就给他们，告诉他们为什么是这样。

白：那这个书要什么样的标准呢？

额：写的人文化高就行了，我脑子里都有，奋斗一个月两个月就能写完，关于传说啊，还有母系社会是怎么回事。

白：要是讲的话要讲多长时间？

额：得看看我身体怎么样，得一两个月。

白：纯讲就得讲一两个月是吗？

额：嗯，按照故事排序，没有写作能力或者没这兴趣也不行，而且好多鄂伦春话汉语还翻不了。汉族也按照它的方式讲故事，汉族人的生活方式更复杂，人口也多。鄂伦春人也有自己的故事，什么人、什么氏族都该把它把它写清楚。我只知道我氏族里的事，比如石头锅是怎么产生的啦之类的。一个民族一个习惯，就像汉族人和我们不一样，比如鄂伦春族结婚的时候，新娘来的时候放在马鞍子上抬进来，这就是我们的习俗。

额：去年冬天拍电视，他们给我打电话来，后来天太冷我没去成。内蒙文化处和中央文化部也来过人。我也不需要什么东西，我们需要的是文化传承，只要把我的东西录下来把它发挥了我就满意了。那次我唱了一天，还跳舞蹈，他们走的时候还告诉我他们的名字，回北京后也给我来电话了。现在只要是说文化传承我就高兴。我还有三个徒弟，白炎、曲云、白娟，我们都是热衷民族文化传承的。共产党的政策还是好的，但是执行政策的可能就不一样。

白：大娘，原来咱们的文化是什么样的，你能再给我讲讲吗？过去都是从书里查的，都是靠历史资料。

额：那些也基本准确。

白：但是各个流域的文化也不大一样是吧？另外我现在在研究一个民族的文化对人的形成有什么影响，比如鄂伦春人和达斡尔人、蒙古人有区别，和汉人更有区别，是文化塑造了咱们这个民族，那么它是怎么塑造了这个民族的？我做的博士论文就是从游戏的角度去分析，因为小时候玩的游戏是对孩子有影响的，比如什么游戏可以让你变得更勇敢，什么游戏可以让你变得更灵巧。

额：你是想知道过去鄂伦春人从小是怎么培养孩子的是吧？

白：对，但是得掰开来分析。比如你是玩什么游戏长大的，家长是怎么教育你的，平时怎么教导，或是怎么跟大人参加什么活动，这个过程都是潜移默化的，慢慢地就形成了鄂伦春族而不是其他民族的一些特征。但是现在这个文化慢慢地消失了，到底这个过程是怎么变化的，经历的人的感受是什么，什么原因导致它开始消失。最后的结论就是一个民族的文化如果没了，民族和人的这些特征也就会慢慢消失，因为如果一个人在这个文化下长大，你学的任何东西都在影响你，如果一个民族自己的文化都没了，事实上这个民族也就消亡了。

额：有几个人写过鄂伦春的东西，看那些书大概知道鄂伦春族是怎么回事，这些书基本我都看过。好多鄂伦春族的眼睛比望远镜看得还清楚。汉族人不太知道鄂伦春族的情况，有些书就贬低了鄂伦春人。好多作家写的时候分不清。女真的皇帝是鄂伦春人。鄂伦春人是古老的中国人，到底谁是谁的分支不清楚。我给你讲一段母系社会的事哈，母系社会是我妈妈给我讲的。鄂伦春人在母系社会时，比方说这个山这头是男的，那头是女的，这头有男的守卫，那头有女的守卫。男女见面的话约好一个地方见面，见完了又回自己的地方。如果怀孕了，孩子养到三岁，是女孩还留在女方，是男孩子就送到男方，这个社会家庭就这么组成的。别的我不知道，以后没人讲我也没问过。因为有母系社会的故事，所以我说鄂伦春族是古老的民族。不过呢，谁是谁的分支，为什么几个氏族在一起，就不知道了。也许是为了儿女的婚姻问题吧。鄂伦春人五代分家。

白：我家和我姑父家都姓白但是好像没有亲戚关系，有可能就是五代之后分的家？

额：那倒不是，分家的话姓就变了。另外分家还有七代以后分家的，最远是九代的。分家要开会。

白：分家就要换姓吗？

额：嗯，分家就要换姓，否则解决不了婚姻问题，分家主要是解决婚姻问题，五代以内不能结婚，七代勉强可以，九代一般就可以结婚。搬到大兴安岭以后原来的规矩全部被打破，到这以后什么氏族都有，所以祖宗都找不到，我能找到祖宗，我就是在这个氏族里面长大的。作为一个鄂伦春族的作者，就应该一就是一，二就是二，把真的东西写出来。我们的习俗叫树葬，我们有个祖宗坟，因为是狩猎生活，他不是在一个村庄里，猎人死了怎么办？在树上做一个棚，不是挂在树上，等三年以后肉没了，冬天的时候把骨头拉到祖宗那里，树葬就是这么形成的。鄂伦春人第一个老婆可以进丈夫的祖宗坟，第二个、第三个老婆不能进，姑娘进不去祖宗坟，因为姑娘要嫁丈夫，受伤的不能进，得病的可以进，觉得受伤的不吉利。祖宗有棺材的话儿女也有棺材，祖宗没有儿女也没有，不能超过祖宗。有条件可以拿到祖宗那里，没有条件就悬挂到树上，但是棺材不能悬挂。还有高山顶上不能埋人。

白：哦，是这样。大娘，您觉得如果想把咱们的文化往下传，比如把各种传说啊儿歌啊用鄂伦春语教给孩子们，把一些文化融入幼儿园，给孩子们创造一个语言的环境，您觉得能行吗？

额：现在很难做，老师不是汉人就是达斡尔人，年轻人又不会语言。我想过创造文字，之前我跟文化局提过能不能给我一个小屋，我来教鄂伦春族的东西，但是没人支持。

白：这些都是很有意义的事。

额：鄂伦春人有萨满语，萨满语平常不说。舞蹈也有舞蹈的话，平常不用，鄂伦春舞有它的特点，平常不用舞蹈语言。男女各有自己的词（唱）。跟着老人和年轻人唱，小孩儿也就开始唱了，这种歌是对一个人人生的教育。包括宇宙的故事，人的生活，日子应该怎么过，你应该知道什么。鄂伦春人平时的生活，还有谜语，这些都是平常培养的。我们小时候就这么玩，互相猜。鄂伦春人一辈子不寂寞，唱歌啊，跳舞啊，猜谜语啊。

白：大娘刚才那个叫什么？也算儿歌吧？

额：对。不过七十多年了，中间一段我也忘了。

白：哦。

额：咱们的语言每个氏族也不太一样，女的嫁出去以后，回娘家不能说男方的话，只能说娘家的话，你们语言都是祖宗留下来的，刚结婚三天的不能回娘家，对女的要求很严格，客人来了女人在屋子里不能大声说话，小孩儿都出去。大声说话不礼貌，大声说话有表示对客人不满的意思，汉族过去也是，但是现在的汉族不一样了，过去大户汉族也会受鄂伦春族的影响，但是鄂伦春族大户小户都一样严格要求。

白：过去的人都是很有规矩的哈。

额：过去打完黑熊以后附近的都过来大家一起吃。鄂伦春人有好东西都是大家一起吃。黑熊的汤不吃。

白：熊肉是不是不太好吃呀？

额：有土腥味，我不太喜欢吃。冬天熊瞎子的油和肉一起吃，整个冬天都不感冒。

白：那一个黑熊能出多少油啊？

额：很多，肥的时候。瘦的时候不要。过去什么事都有它的规矩。猎人到家就开始喊，家里人一听就知道他打到黑熊了。然后就开始做饭，把大锅弄上，如果打到黑熊了，就算人没来都要给他留一份。黑熊的脑袋不能吃，光吃它的肉。不能说“杀”黑熊，只能说“弄”它。黑熊的肠子是最好吃的，现在的科学可能没发现它的用处。

白：还真是不少说道呢。

额：咱们鄂伦春人吧，以前不管哪个朝代都没轻视过我们。现在我们没有枪了，以前不但男的会用枪，女的也用枪，那个河流、这个河流，这个山、那个山的怎么走都知道。所以鄂伦春族当了兵的话啥都知道，不但知道国内的情况，还知道国外的情况，那时候女人就是养活孩子，外边不去，男人哪都能走。鄂伦春人口为什么少，鄂伦春族参加各种朝代的战争啊剿匪啊，所以男人死亡率很高，出去的人回来的很少，出去得了瘟病回来传染，也死了不少。康熙年代去一部分到新疆没回来，他们叫锡伯鄂伦春。新疆那边有个河，那里就是鄂伦春族。鄂伦春族的马还吃肉，不怕冷，打仗很厉害。鄂伦春人养的狗只吃自己的东西，别人的东西不吃。马和狗死了都有它的葬礼。咱们鄂伦春人不吃狗肉不吃马肉，因为他们和鄂伦春族人的历史联系到了一起。

白：是啊，马和狗对鄂伦春人太重要了。

额：对。狗也一天劳动，猎人的狗非常厉害。另外鄂伦春人的东西不长虫子，用的是烟熏的办法。

白：哦，咱们鄂伦春人也用烟熏的办法保存东西啊！大娘累了吧，您晚上一般能睡几个小时？

额：没事，我一般晚上十点睡，早上五点起，比一般人睡得好。

白：所以您身体好。大娘您说咱们鄂伦春族是不是挺会教育后代的，挺有智慧的？

额：那肯定是。男孩怎么样教育啦，女孩怎么样教育啦，都有说道。我虽然是女孩，但十二岁开始我就跟着猎人走。

白：那时候您跟着去打猎能做什么呢？

额：到了一个地方，猎人打猎要几匹马，不但骑马还要牵着一匹马，我也骑马和牵马。传统的用马鬃来做，有的用胶粘，都成了商品，鄂伦春族人的房子围子就是手工做的，它的加工方法一个是鱼皮子，鱼皮和其他东西混着用来煮，用火烧，烧五、六天，房子上边用芦苇，男女都去割芦苇，芦苇也放在锅里煮，用来缝这些东西的线是马鬃，还有麻线，春天的时候长出来，然后猎人把它烧了，二十天或者一个月以后就干了，回来后就揉它，跟马鬃一块搓。这是古老的做法。那个线弄好以后可以绣花，后来麻线代替了它，麻线舞蹈曲里面都有。鄂伦春人做桦皮，水桶为什么不漏？缝的时候用火烤，将来桶的其他地方烂了，缝的地方都不烂。鄂伦春族除了桦皮碗还有木头碗，用桦木做木头碗，用桦皮做大箱子，红柳也用来一起做。河水里面的红柳最好。山柳可以做绳子，非常结实，猎人用的东西都是这些自然的东西。还挤马奶和牛奶，马奶和牛奶的挤法不一样。牛奶比马奶多得多。

白：马奶直接喝吗？

额：马奶是甜的，马奶劲大，吃完了消化不了，所以人一般不喝马奶，主要用来做酸奶和酸奶干。马奶用来做东西的时候屋里头不能放东西，否则会串味。放在桦皮桶里，味道非常好。发酵的时候一点水也不能有。所有老太太都做。新鲜的马奶味道大不能直接喝，尤其是小孩。桦皮桶你放什么东西它都不变质，桦皮桶还可以用来做咸菜。

白：那个时候盐已经不缺了是吗？

额：嗯，不缺了。刚才说的这些都是咱们的桦皮文化。过去家里的摆设几乎都是桦皮做的，过去当官的帽子壳也是桦皮做的。

白：哦，是吗！萨满那个帽子也是桦树皮做的？完了外面再蒙上其他的是吗？

额：不用蒙。桦皮除了用来搭撮罗子，家里一切用具都是用桦皮。女人的针线盒也是桦皮做的。做桦皮有它的技术。还有桦皮锅，桦皮锅可以用来煮肉煮粮食。另外咱们还有石头锅。我给你讲一个真实的故事：一个小子上他对象那儿去，路比较远，后面发现野火烧起来，烧得很厉害，结果马一下跳水里了，马最怕火，见火就跑。结果人也掉进水里了。好在马和人都会游泳，后来都上来了。上岸后这小子发现东西都冲走了，不过剩下粮食袋子没被冲走。可是粮食怎么煮呢？他就想办法，后来发现个带坑的石头，就往石头里放粮食，然后就用火烧那个石头，这样就把粮食煮熟了！这就是鄂伦春人为什么有石头锅的故事。人脑袋是活的，饿不死！这是我们氏族里面的故事。

白：这办法真聪明。

额：再说说桦树皮哈。桦皮还能做成玩具，那时候没什么纸都是用桦皮，我们的玩具就是这些木头和桦皮做的，父母做，大孩子也做，慢慢看着自己就会了。那时候这样的玩具每个小孩都有。我这个年龄的人玩过，现在四五十岁的人都没玩过。桦皮文化定居以后就消失了，现在的也有，但是现在的主要是商品了，定居以后的桦皮有些被保留在博物馆。定居以后还有用桦皮做围墙的。

白：做围墙的桦皮和做衣服的有什么区别吗？

额：没太大区别，围墙的是一张一张做的。

白：原来那个撮罗子里边是不是光线挺暗的？

额：不暗。撮罗子上边有个天窗。盖撮罗子的桦树皮是煮过的桦皮，跟布一样软。“文化革命”以后这些东西就没了。

白：这么说您小的时候这些都还挺完整地保留着。那您说咱们这些传统是怎么慢慢消失的呢，这个过程是怎么样的？什么原因让它消失的呢？

额：五七年（指定居后，笔者注）以后就慢慢消失了。

白：但是好像七十年代和八十年代初还有一些来着。大娘，您小时候还玩啥？

额：十岁之前一直玩这个，十岁以后就不玩了，就该干活了，还得学跳舞，学唱歌，学故事，篝火晚会还得出节目。那个时候人人都得跳，八岁以后就开始学，老太太们教。那时候啥都是老太太来教，有资格的老太太才来讲，为的是传播祖宗的文化。

白：那时候一般都在什么时间讲？

额：阴历七月份，把外边收拾得干干净净，坐在外边听老太太讲，唱歌跳舞，学舞蹈语言，平时不用舞蹈语，我们小的时候哪个部位哪个调怎么跳都教。

白：所以大家都会。

额：对。鄂伦春人一年两次大搬家，夏天的时候就搬家，搬到山林里。林子里有马喝的水，还有人吃的水。房子的门不能对着佛爷开，女人不能去佛爷那个地方，那个地方只能男人去，女人只能在前面活动。女人总是在干活。鄂伦春的马会自动回来，能找到自己的家。

白：那时打猎的时候一般几点起床呢？

额：男人打猎一般天亮前起，出太阳之前回来，猎人知道哪里能打得到哪里打不到，因为出去晚了蚊子咬得厉害，所以就早早出去然后回来再睡一觉。过去的生活就是这样。要么在屋子里睡觉，要么在外面的帐篷里睡觉，猎人有用白布做的帐篷，家里的帐篷和打猎的帐篷形状和大小都不一样。有的人以为过去条件不好，生活啥也不讲究，其实也不是。现在的人不懂这些。比如马的鞍子和马龙头都是带花的，用马鬃来编，我自己我也会编，一个礼拜我就能编完。姑娘一到八岁以后就要学这些东西，过去的人都有公共的思想，因为是一个氏族，你的事也是我的事。

白：我记得在书里边把女人生孩子描述得特别可怜？

额：是啊。可怜也没办法，屋子里不能生孩子，否则玷污了。女人的月经算污，生孩子一个月在外边的另外一个房子住，一个月后回来，生孩子穿的什么衣服回来都不要了，穿新衣服回来。生孩子了大家都高兴，大家都争着给她送东西，大家都关心她。

白：大娘，如果有选择的话你愿意回到过去的那种生活吗？

额：我愿意回去，我喜欢那种生活，那纯粹就是绿色的生活。那种生活我绝对喜欢，合我的口味。人和人之间非常和谐，没有干仗的，没有被欺负的。鄂伦春族话里没有骂人的话。女人干什么被限制干什么不被限制从小时候就被教，可以做什么不可以做什么她都知道。那时候的人不喝大酒。大家互相关心，就算是孤儿也不怕，大家都不把他当外人，都会来管他。孤儿和其他孩子一样都是平等的，不允许欺负。我自己就是孤儿，大家都给我送好吃的，我从小就是在这个氏族的大家庭里长大的，在哪家我能干的事我都干，我不白吃白穿，所以大家都喜欢我，大家对我都挺好。我八岁就没有父母了。

白：大娘您性格这么好也跟小时候的经历有关系吧，你要是小时候被别人瞧不起你的性格就不会这么好。

额：你说的对，就是这样。我也勤快，比方说平时做的东西谁做得好看我就跟谁学。

白：那时候大家都很勤快是吧？

额：大家都很勤快。我也经常跟着人去打猎，我利索，胆子大。大伙都很照顾我，我跟他们去打猎时就负责看马。

白：那时候是不是基本人人都会唱歌？

额：都会唱，你只要会说鄂伦春话就会唱歌，那时候挺有意思的。

白：大娘，您说现在的年轻人和过去的鄂伦春人和老一辈比缺少些什么？和文化没传下来有关系吗？

额：有吧！过去的鄂伦春人有规矩，什么该干什么不该干，都分得清楚。那时候的人勤劳，一年四季都有事干。过去男人负责打猎，其他的活都是女人干。有的男人甚至还有两个老婆的，不过两个老婆的也不打仗。

白：大娘，咱们鄂伦春族教育孩子这块还有什么您能讲的吗？

额：教育孩子这块除了针线活、射箭以外就是跳舞，人家还教技巧，一些游戏的技巧，动作要灵巧。我记得有个游戏叫"跑的游戏"。

白：这个游戏还挺激烈的吧？

额：当然了，尤其是男孩。

白：男孩女孩一起吗？

额：有时候是一起，有时候就男的跟男的，女的跟女的，还有汉族的老鹰捉小鸡游戏。玩以外就是教跳舞，开篝火晚会，在河边开篝火晚会，到处都是火，完了以后就是在冰上滑冰，用猪皮子滑。

白：那时候冬天在外边也不怕冷吗？

额：不怕。孩子的脸就像太阳一样红红的，他们营养好。完了以后就是老太太教孩子跳舞，谁唱得好跳得好老太太就表扬她，除了这个还有"八个将军抓奴隶"。

白：多大孩子玩？

额：大人都可以玩，相当于现在的丢手绢，在屋里一起玩。游戏的时候传到谁谁就表演节目。

白：大娘您觉得以前的鄂伦春人聪明不？

额：聪明。还有体力劳动的人身体好。我从小体力劳动，目前为止我脑袋还不晕，生气的时候脑袋也会糊涂。我脑袋反应快，讲故事我听一遍就会，一般猎人都比较内向，我性格活泼。

我想老天爷给两个眼睛就好好保护它利用它，啥都能干，人的寿命是有限的，好好地利用它，做一些有益的事，给自己生活创造条件，给自己的民族留点什么东西，这是四五十岁以后我一直在考虑的事情。作为一个老人有职责做些什么来保护自己的文化。

白：您想怎么做呢?

额：鄂伦春族现在人少，但是我们跟其他民族一样，我们有自己的生活方式，有自己的歌曲，有自己的舞蹈，还有服装。这些都是祖宗传下来的，不能失去。实在没有能力传承的只能感到遗憾。我现在心里遗憾的都是关于民族的，不是我个人的。我觉得应该给民族留点东西，否则到时候鄂伦春族什么也没有了。有的年轻人想学我就教他。人活着不能混日子，得做些有意义的事，你说是吧。

白：您说的对。

额：每个氏族应该留下每个氏族的东西。人家日本人说了：现在我收集你的东西，五十年以后我来给你看。那时候发现自己的东西自己没了，你自己没留外国人帮你留着呢！你说这事能像话吗！

白：哎，是啊！想着心里都不是滋味。大娘，您的歌和舞蹈现在有人录完了吗？我感觉现在的歌很难唱出你们那时的味道来了。

额：是这个问题。我教给他们以后他们自己改编，但是确实没有那个味道了。不过这也正常，时代都变了嘛。我是希望让现在的小孩都学一下，那是咱们祖宗留下来的东西，不是我自己的东西。可是现在的人都不在乎这些了。文化队录的东西也全是我的。

白：谢谢大娘，给我讲了这么多。这些东西都很宝贵，是应该给子孙后代留下来。

访谈二

何英莲，女，64岁，鄂伦春族，内蒙古自治区民族工艺美术大师。

访谈时间：2010年8月9日上午

白：何姨，您说15岁前你都在山上生活，那时候的生活是什么样的，您给我讲讲？比如那时候的环境什么样，大家怎么过日子，发生过一些什么事之类的。

何：那时候吧，一般都是没有房子的，冬天住木刻楞，夏天住撮罗子。

白：哦，小时候你们就是那样哈？那时候你们家住在哪？

何：从我父亲那辈儿开始吧。我是四五年十二月份生的，那时他们是在银阿，就是鹅卵石的意思。我爸爸他们在那边打猎。

白：女孩儿跟着去吗？

何：都去。一家一家的，所有的小孩儿，两三岁就后边儿绑着去。一家一家搬迁，住一个地方时间长了以后，马尿啊粪呀都有味，空气不好了就搬走。一个是因为空气不好，另一个是因为猎物不多，三四天就搬了。

白：一般像爷爷这样的，搭一个“撮罗子”多长时间能搭好？

何：一个“撮罗子”，两个人的话，得有个俩钟头。那树吧不能乱砍，完了枝丫还得打回去（留着用）。一个“撮罗子”得四十多根木头吧，我们家人多呀。四个人搭，一个多钟头，男的女的都上，取材也近。

白：那是不是树都是很粗的？

何：粗的细的都有，粗的多。细的什么地方使的多呢？山沟里面，小旮旯的地方细的多，地潮湿。越往山顶上树越高、越粗。树密的话，都直溜地往上窜，阳光从上俯射，它就往上蹿，没有机会往别的地方憋。越是稀稀疏疏柴火少的，长得都弯弯曲曲的，材质就不好。低的地方木头好，材质好。一般情况下，夏天都是大木头底下整撮罗子，它有遮阴的地方。再一个是木头粗的话，马啥的拴着，太阳晒不到，不遭罪呀。还得有矿泉水，没水不行。泉水是从地上钻出来的，一般都选这样的地方住。白天搭完撮罗子，晚上出去打猎，太阳有点偏西出去，按现在算大概四点多，八九点钟回来。早晨早早走的话，两三点就走了，七八点钟回来。男的白天就休息了，女的就在家里晒干儿，肉干肉条，晒那个兽皮。再就是弄柴火，给马熏烟。这些柴火都得备上，晚上做饭或者是晚上烧的（柴火）都得备出来。这都是女的活。男的就以打猎为主，拿到家就不管了，都是女人的事儿。一看不行了，这个肉条晒干了，就开始搬迁。肉干肉条晒多了吧，这个猎物打得多了，就这边儿晒肉条。奥伦你听说过吗？就是鄂伦春人的仓库，肉干、肉条怕潮湿，长虫，就放奥伦顶上，它用烟熏的，一般的虫不招它。苍蝇、蚊子、虫子啥的不是不卫生嘛，就熏了它，晚上了就把火撤下来，然后用火炭烤。烤两天以后，基本上就烤干了。

白：拿什么烟熏呢？用哪种木头？

何：木头倒是不挑，我们这边一般都是松木，要那种不蹦火星的木头。一蹦的话那不就跑火了么。就是直溜的那种木头不蹦。你打不着猎的时候咋整呢，到秋天、春天，化冻了以后就没有肉吃了，又没有粮食，就开始挖野菜、野菜根。现在那个是药材，过去用的玩意儿，是一种中药。名字不知道，就是他们说的那个，叫“沃克特”，用手一拍说“黄瓜香黄瓜香”的，就是那个的根。

白：啊啊，小时候我们也这样玩过呢，我多少有点印象，放在手心里一拍就有一种清香的味儿。

何：是那个。还有一个是野百合根。野百合本来就清肺的，可好了，还甜。还有“以西”、“阿克塔”、“木特”……，有五样野菜的根都能吃，要不然饿得不行呀！根就像人参一样，把皮扒了以后，生嚼着吃。野百合可以碴粥喝，生吃也行，但是舍不得。

白：那这些东西都把根挖了，不影响它以后长吗？

何：肯定是影响，但是鄂伦春人少，上哪儿去野菜都有。五月末我们就开始采柳蒿芽，晒上，储存着一年的。柳蒿芽，番芹菜……这是菜的事。

白：为什么到开春的时候没有猎物呢？

何：不是没有猎物，母的不敢打，让她繁殖。那个时候正是下崽的时候，就找那个公的，找不着就得饿着呗。鱼有的是，但是不喜欢吃，饿得不行也得吃。抓一个大鱼吧你还抓不了，一百多斤呢一条鱼，那个鱼叫“哲里”。

白：原来不老是说乌苏里江那边他们做那个鱼皮衣的鱼，不就特别大吗，不知道是不是一种？

何：不是，咱是冷水鱼，那家伙一个人两个人的都抬不动呀。我父亲在河浅的地方抓，在那它游不过去，硬抓是抓不着的。抓着后熏了烤了吃。这鱼大，一顿吃不了啊，一个大鱼脑袋就一大锅，一家人都吃不了这一顿，要不煮就坏了臭了，就只能晒干。

白：不撒盐腌吗？

何：那时候腌都舍不得，没有盐，一般得不着啊。一年当中他也就能来两次，就是那个安达（即商人，一般为嫩江一带的达斡尔族。笔者注）。来的时候带咸盐、火柴、线、米面、“里及”，也就这几样。

白：“里及”是啥？

何；“里及”也是面，我们用那玩意儿做腊肉粥。也是一种面，一般都是达斡尔那边种，别的地方还没听说。现在看不到了，灰色的。

白：哦。那时候的安达，我看到书里写的是不是有不少骗人的呀？

何：本来就是骗，那时候也不懂什么是骗。哦对，还有子弹啥的，他拿来的。就那么几发子弹，得要多少东西啊？拿来的东西得换四、五马车回去。完了拿嫩江那边卖去。解放的时候他们不都被划成地主、富农了嘛，那些人。不过没有吃的了就想安达，没有子弹了也想。他们从莫旗那些地方来，都是达斡尔族，那时候他们就做买卖，猎物、兽皮啥的，拿去和他换东西。什么鹿茸、鹿鞭，还有兽皮，什么猞猁皮呀狐狸皮呀，多名贵的东西！那时候药材也有的是，没人挖它，也不懂。我父亲那时候，人有病、马有病，就整草药。

白：爷爷那时候就是猎人？

何：当时那时候他是领头的。来战争啦，过日子啦，反正就跟镇长似的，啥都管。

白：也是大家选出来的？

何：嗯，那时候也选，不服的话也不听你的。你就看我的名字吧，他给我们起的全是汉族名字。那时候一般鄂伦春人汉话翻译都看不懂。

白：爷爷原来上过学吗？他的汉语是从哪学的？

何：也没有。不过反正社会形势他掌握得挺好。他的汉语是咋的呢，那时候他老自己出去换东西，别的鄂伦春人不敢出去。他骑着马从我们那儿出去，一个多月到嫩江，到了之后，就拿自己的东西换。达斡尔人能换东西，我也能换呀！他就知道安达骗他，就自己去整去。熊胆啥的，他就拿这些东西去换，或者牵个马换钱去。换成钱再把一年的子弹带回来。我都十五岁了没见过钱是啥样的，不认识钱。

白：一般多长时间去一次？去一次够多长时间用的？

何：一般一年去一次，有时候够一年用，有时候也不够。我们家人口多。

白：哦。几口人在那时候算是人口多呢？

何：那时候六、七口就算多的呗。别的猎人家也就三、四口那样。是咋的呢，死的人太多，也没有医院，突然就死了，像我们家有病呢，我爸有时候请跳大神的。我亲身体验，给我跳了两次。那时候有五六岁，有点记事了。一跳起来就害怕呀。我小时候脸也爱肿，嘴也肿。谁知道呢，完了嘴唇发麻。也不知道咋回事。后来我八岁那年，我爸经常去换东西，家里啥也没有了，牵一匹马换，完了领着我看病。那时候针灸把我吓得都不行了，啥也不知道，把我扎上我就哭。吓得够呛，咋回来的都不知道。回来时冻得不行，冷啊。就是大咕噜车，越走越冷，就冻醒了，还饿。我爸就拿酒葫芦来一口，往我那嗓子里。后来我说这玩意比吃饱饭还暖和。没承想我就整一口，哎哟还喝多了！这下啥时候到的家也不知道。就一口就灌醉了！那时候小，白酒六十多度。那次没把我冻死就不错了！后来就回到我家的木刻楞房。我三十多岁时去过还在呢，再也没去。完了这不回来了吗，回来以后，哎呀，左邻右舍、亲戚啥的都需要子弹呀。那时候需要呀，安达来以后，他才卖给你几个呀。我爸就说我家有孩子，不能都给你们，一家给你们五发子弹就得了。那子弹是咋用呢，不像现在，那猎物搁那儿，（用手比画着）狍子搁这儿，这儿是木头，就这么举着。这么偏，就上这边打，这么偏了，就上这边打。选这个木头，你说为啥选？

白：为了瞄准？

何：那狍子搁这儿呢，他打了以后呢，子弹头不就窜到那木头上了么，就这么打了。打完了之后子弹头还得取回来。

白：哦！是为了省子弹啊！这办法真聪明。那时候子弹真是太珍贵了哈。完了再重新填火药？

何：可不是。之后再做。在我家就是我二姐做，给我爸当助手，我爸打猎用的马鞍子、马笼头、“蹄结勒”呀，都是我姐姐做。

白：“蹄结勒”是啥？

何：就是在马的前面，马不是四条腿吗，前面绑二个，后面绑一个，绳子搓的。不让它跑。那些东西都是我姐做，可巧了。到夏天的时候，又熟皮，又背柴火，又做其哈密（狍皮衣服）、阔活络（手套）、替克以（手闷子），这些玩意儿都是我姐帮着我妈做，我妈累得都驼背了。孩子多呀，做的东西也多。

白：何姨你还记得第一次跳大神，第一次给你治病的情景吗？还能记得多少？

何：一开始是一拨人，跳大神也要助手。那次就是发烧、哆嗦，按现在说可能就是感冒发烧，完了坐了一圈儿人，谁也不能吱声，亲戚、邻居都来，但是小孩儿、来例假的、怀孕的都不让进屋，那叫“额勒丘”，就是“埋汰的人”，就不能接近。完了就开始跳，跳的时候一开始就唱，然后助手就唱“哎……嗨……”。

白：唱的什么别人能听懂吗？

何：能听懂呀。然后跳大神就问这个家长的，家长不说，那个助手给说，就问怎么的了。

白：这助手是什么人？

何：这助手一般就是二神了。问怎么回事，你们还有啥说的吗，怎么个病？说完了就跳啊蹦啊的，几圈，蹦跶完就告诉你，你这孩子是怎么、怎么个病，完了就唱。跳完了以后，那助手要一疏忽了，那跳大神的就死人似的摔下去呀。

白：直挺挺的是吧。

何：完了助手还得搀着他，别人也得帮忙。跳一次之后，好多天都缓不过劲儿来。

白：确实有用吗？

何：确实有用。你看他有一次是对我们家一个亲戚跳，他那肚子特别大，得什么病不知道。跳了之后，他就说你肚子里有东西，长东西了，完了就开始跳神。那时候跳的节奏特别好看。现在就是舞台演出了，和他那个不一样。

白：现在跳的和以前的一样吗？

何：意思是原来的意思，调也是原来的那个调，不是太夸张，基本符合事实。那个大神跳完了他就拿一个符这么放，他说你把那个病人给躺着，或者坐着，然后就跪在那上面，贴在肚子上就吸。完了就吐在那个符上，那个血丝有我手这么长。意思是把病吸出来了。完了就把那东西摆在那让大家看。我也在琢磨呀，那玩意儿也不是假的呀，做每个事儿都是真的呀。我也是就信萨满教，不像他们耶稣教呀、伊斯兰教呀，人家不让看病也不让吃药，人家跳大神真的给你治病。我现在寻思的吧，可能是像瘤子什么的，大概是吸出来了。那是亲眼看见。后来那亲戚病就好了，肚子就瘪了。

白：那真是挺神的！关键是病确实给治好了？现在有些东西科学也解释不清楚。

何：真是解释不清楚。那个跳大神的后来火车轧死了。他喝酒了，然后躺铁道上睡觉去，结果火车来了。内蒙那什么报纸，后来都登出来了，刚解放的时候。

白：她叫什么名字？

何：敏朱勒。那跳大神的吧，要是怀孕了，就让她流产。你流产了，那大神就告诉她，你看那些血丝啥的都下来了吧，你看那些东西多埋汰？

白：您说谁让谁流产哪？

何：那个跳大神的老太太，她年轻时候怀孕了，哎呀就流产掉了，怀孕了就让她流产，怀孕了就让她流产……

白：啥意思呢，萨满不能要孩子？

何：嗯。生不了，你想要也生不了，不让你生。别的萨满也都那样。

白：哦，意思是自己就流产了。那萨满自己没孩子？

何：自己都没有，就男的跳大神的有，女的没有。她以前有个孩子，没跳大神的时候有的，跳大神以后，她孩子突然就死了。就不让她有后代。

白：不是跳的时候流产的？

何：不是，好好的就让你流产。

白：那女的一般不敢当萨满了吧？

何：不是敢不敢当，你要是摊上了不当不行，它折磨你，让你有病啊！这一下病好几年呀！你不跳大神，你的病就好不了。你不当不行。别的跳大神的就供着神，跳完唱完，神也供完了，慢慢就好了，完了他也开始当神了，跳大神，还给他托梦。

白：一般萨满年龄不受影响？

何：不受，必须心肠好的人，有素质的。心眼不好，歪门邪道，一辈子当不上跳大神的。那时候都挺羡慕跳大神的。几个部落都请他去。

白：还挺受人尊敬的哈。那时候是每个部落都有吗？

何：不是，就他们朝阳村那一个地区里头，三个跳大神的，两个男的一个女的。

白：哦，这都是很偶然的是吧。

何：嗯对。心眼不好，你再当上跳大神的，神不给你帮忙，不让你治好病，就没人请他。那时候萨满那个符，文化大革命藏山崖里了，不知道哪个山崖里，现在要找着那可是老古董。

白：后来没去找吗？

何：找，没找着啊，骑马去的。里面是塑料布包的，包完以后桦皮子捆的，坏不了。

白：何姨，你在哪生的？

何：我在阿里河，我们家先在库布春，那时候还没有我，后来我们家就来到阿里河，搬到这儿以后小日本就进来了。进来以后，土匪也都有了。

白：你说土匪在这一带靠什么生活呀？按说这也没什么可抢的呀。

何：他们也打猎，也抢东西。我听我爸讲，那时候鄂伦春人多，阿荣旗的鄂伦春也来了。

白：咱鄂伦春人什么时候过阿荣旗那边的呀？

何：我听我爸讲，这帮鄂伦春吧，都在山上待着，完了就是皇上下令了，他们都得下山。先下山的是达斡尔族，后下去的是鄂温克族，阿荣旗是第三批下去的了，完了整到阿荣旗鄂伦春乡了。这边的鄂伦春呢就不下去，就是现在的鄂伦春。以前的鄂伦春呢都同化了，过日子呀风俗习惯都变了。这不是传说，是真的。

白：那皇帝指的是清朝的皇帝了？

何：随他是哪儿的皇帝，我还没细打听，我就躺那听他们讲故事。这鄂伦春就这么一批一批的这么分的。真正的鄂伦春在大兴安岭留下了。留下了以后，我们这个部落就是从库布春、银阿，最远的到图里河、海拉尔，骑马打猎。完了后来来到阿里河这一溜儿的时候，小日本也来了，土匪也出现了。完了刚才说的那谁的妈妈是土匪头子，这不当土匪她也不行了，说起来这老太太也是脑瓜好使，你别的土匪这么欺诈、剥削我们，我们也成立土匪，这样我们这比他们还厉害。骑马骑得好，枪也射得好，这老太太双手使枪。说是有一次她正好在火堆煮肉吃，肉正好熟了，刚要捞，咵咵咵那个骑兵来了，另一拨土匪来了。来了之后，她就夹着马鞍子，手枪一背往上一跨。有个笼头就行，别的来不及了，夹着就上马。你说咋整，马鞍子好几层呢，要扣马鞍子，马肚子那儿还得有腰带，就整那个。这老太太多厉害，比男的都厉害。现在来说武警部队都干不了这事儿。整完之后，蹬到马鞍上，后边儿没有靠的东西，她就直直地在马背上躺着，两个手射，就把土匪打光了。她也跑了老远。

白：为什么是女的呢，她家这边没别的人？她那时候多大岁数？

何：别的人没她功夫好，说起来挺厉害。那女的也就二十多岁吧，比那部队训练的都厉害。后来成家以后，生孩子，生了一个儿子，再就没有了。儿子也成家了，成家了以后孩子不是瞎的就是瘸的，这不是报应吗？她妈杀人杀太多了。你说这玩意儿，报应不是摊到你儿女上，也是摊到孙子辈上。这个迷信话真说对了。这是第一个土匪。第二个土匪，是黑河那边的土匪，这是听我爸讲的。这土匪还不算土匪，她就是枪法好，但是不准打猎。她就靠边立一个撮罗子，专门是打靶，练手枪和大枪。完了她打靶拿活人打靶，人家路过，她就打，真打死人。她妈妈也在那儿。她也是女的。后来多少年以后，女的就不让摸枪了嘛。女的要是打枪比男的都厉害，完了她妈就不让她弄了。你这丫头干这个，别老这么拿活人打，那树有的是，往哪儿打还不行啊，非要打死活人。

白：像这样随便打人的话，那时候鄂伦春内部没有办法制止她吗？

何：管不了，枪法太准了，别人谁也赶不上。好几次要把她弄走都失败了。晚上睡觉人家都抱着枪睡，有猎狗啊，狗一汪汪叫不就知道来人了吗，弄不了。后来是多少年以后，这帮猎民想了个招，你不可能永远不睡觉吧？大家就抱团，下半夜，摸到她撮罗子边上，把那“撮罗子”里的娘三个乱枪打死。这黑龙江那边才安心过日子了。

白：这个大概是民国时候？

何：可能是。后来吧，沙俄就进来了。进来以后小日本也不让呀。沙俄就是让苏联红军打败那个，跑到咱这儿来了，那时候日本人他辨别不了方向啊，太阳升起来东西南北他这个知道，那森林里密密麻麻，太阳射不进去，树底下都是黑的呀，所以他把那些鄂伦春人重视起来了，训练，也给吃的，咱换他大米呀。训练呢，就挑几个聪明的鄂伦春人教他们，完了待遇还好，上顿下顿都有大米饭，有罐头。有几个半拉嗑叽学会了就能当翻译，完了就当向导。

白：您说鄂伦春那时没有那个概念哈，不觉得日本人是侵略来了吗？

何：他不欺负你呀日本人，给你穿的吃的东西。他要是激怒鄂伦人，没人告诉他们路，那进了林子就找不回来了。所以就哄着鄂伦春人，当活地图。现在那时候他们的仓库可能还有，在大兴安岭里头，咱都不知道。

白：仓库装啥呀？

何：装弹药呀，山顶上那个土城堡，那就是他们的库。像有的地方土层薄的，树长得扭扭歪歪的，那下面就是仓库。

白：那林业局这么多年砍伐的时候也没发现吗？

何：那山洞封闭得严严实实，像山似的累着石头，发现不了。海拉尔那个仓库不都找着了嘛，咱这儿找不着。完了小日本和沙俄他们就干起来了，后来苏联红军上来了，红军打沙俄，连打日本人，那日本人不就都跑了嘛。这儿扔了多少他们的孩子，那个"尔登"，后来不就回国了嘛！找着他妈了。这都是战争的时候，日本人扔的。"尔登"他爸是日本部队的大夫，倒也不是坏人。后来他们从这跑，有个五六百里地，多远啊！那时候没马路，完了他们车又不够用，又带媳妇又带孩子，不是拖累部队嘛，他们小日本从那个讷尔克气就开始杀他们的媳妇、孩子。

白：谁杀？苏联红军吗？

何：不是，就自己从内部杀，车装不下，跑还跑不动，后面苏联人还追，就杀了不少，也枪毙，车没地方，人太多了。把妇女都杀了，小孩扔了。“尔登”就被扔到那个马路前，给好人家，他妈妈回来了两三次，回头看他儿子，就舍不得。哎呀可多了，被苏联红军撵的时候。从阿里河就开始，那小山坡那样的地方，整的那个碑，就是死了以后装十字架的那个，就那样的碑都有，后来就没了。

白：那是苏联红军的吗？

何：不是，那是沙俄的坟墓，那时候还有相片。红军打过来以后，45 年日本就投降了嘛。从那个满洲里往这边，每个车站都有，现在还有什么地方，都是苏联人，现在咱中国不是还有苏联人吗，那都是沙俄那帮人留下来的。

白：那时候咱这儿和沙俄挺敌对的？

何：倒是没听老人们叨咕害鄂伦春人。

白：那以前清朝那时候，中国和沙俄打仗，说鄂伦春族骑兵特别厉害，那是清朝的事儿？

何：沙俄呀苏联红军呀，他就没有鄂伦春人灵巧，骑马射击都是，有个小缝都能瞄准。原先鄂伦春人，那人可多了，那个什么年代的时候都打到外国去了，蒙古人先打，鄂伦春人也上去了。后来生存下来的赫哲族，大伙就怀疑他们是不是原来的鄂伦春人，说话也像。也是盖“撮罗子”，不知道是不是鄂伦春人留在那块的。

白：那些打出去的再也没回来？

何：回不来了呀，那么远，回来了半道不弄死你。

白：那俄国那边的鄂伦春啥的，就是那时候出去的吧？

何：我爸说的是沙俄以前，也是在苏联那边界打猎，被赶过去有四百多人，就是入到他们境内，可以在那个地方打猎，但是就成了那个地方的人了。去了那些人也不回来了，说那里有一万多人，比咱这儿多。咱这儿也就六百人。

白：那边好像是鄂伦春和鄂温克不分？

何：他报的是鄂温克，不报鄂伦春人。说话呀、生活习惯呀一样一样的，他就不承认。他们前几年来过，他们说不了自己话了，简单的会几句，都是苏联话。生活习惯和鄂伦春人都一样，他们还保存着，他们有鹿场，还住撮罗子。都是博士硕士来的，还都挺厉害的。一个小姑娘是牧场养鹿的。

白：那他们从小也是在那个生活环境里，是后来上学，上了硕士博士了吧？

何：是，都学那苏联语，他们的生活穿戴都不咋地。

白：你们小时候冬天就清一色的都是狍子皮？

何：狍皮，因为没有现在裤衩啥的。那衣服是一套，光不溜秋的，一套就完事儿了。

白：您说那个不漏风吗？

何：漏啥风呀，那个毛那么长包着。

白：那个毛朝里吗？

何：毛朝里，朝外是夏天穿的。夏天为啥朝外呢，那衣服可以当雨衣。冬天用冬天的皮子，夏天用夏天的两用，又当衣服又当雨衣。秋天的稍微厚一点，一直穿到十月份。

白：一年四季都是皮子？

何：都是皮子，穿的铺的都是。

白：那您从什么时候开始穿布衣服的？

何：我穿布的时候，是五五年了吧。六一年的时候，有人来考察鄂伦春和鄂温克的形成，他们考察的结果是，鄂温克是在黑龙江流域生活，后来被打败了，打败以后，一部分鄂温克人到了大兴安岭的顶部，也就是阿荣旗那边的鄂伦春人，以农业为主。还有一部分鄂温克人，就到了大兴安岭东部，就是海拉尔那边，以牧业为主。还有人跑到大兴安岭最顶部，以畜牧为主。鄂温克人以畜牧为主嘛，就这么形成了。其实鄂伦春人就是鄂温克人，就是鄂温克。一个是从语言上，二个是从习俗上，他用桦皮船呀，用桦皮“撮罗子”呀，还有从语言上，从生活习惯上，都基本和鄂温克人相近。语言都百分之八十都相似。

白：你说刚解放的时候民族识别，这两个民族不愿意作为一个民族哈？

何：本来他们俩是一个民族，其实鄂温克和鄂伦春以前都是一个。

白：以前鄂伦春抱团吗？

何：不抱团咋能打到外国去了呐！鄂伦春人抱团，很厉害的。现在不抱团了，后来给拆开了。

白：为什么呢？

何：一开始鄂伦春人咋的呢，小学还没毕业呢，有点文化了，认识几个字了就当领导干部，就这么提拔。以前哪有认识汉字的，拿报纸都倒过来看呢！都是旧社会名望比较高的，当上旗长了，当上科长了，当上干部了。就是这么来的。

白：何姨您觉得咱现在的文化，照这样下去，怎么样传承好？从语言到各种手工艺，从衣食住行到咱的信仰，很多的东西。原来鄂伦春人的性格、态度，很多东西肯定都在变化，像你们老一辈怎么想这事儿，你们是在传统文化下长大的，对民族的感情肯定最深。到今天你们是都经历了，也比较有现代人的观念，比老一辈更懂现代社会，可能知道怎么接轨比较好。

何：对，现在说我们的文化、语言、游猎生活风俗习惯，现在要捡起来，好像政府也没这个条件。政府没有钱，没人组织。以前那时候，我大哥当旗长的时候，说搭“撮罗子”说组织就组织，自己付钱。现在年轻人和我们那时候想法、做法都不一样，风俗习惯就是不一样了。我们这一代到夏天一家一家都在野外，住在野外吃在野外，生活就在野外，没有奢侈品。现在到了夏天，年轻人到野外住，到夏天扒桦皮的季节，立秋了扒不了了，这时候我们要去，他去不了，蚊子叮呀什么的，就怕这些，还有怕虫子，就组织不起来。我们这年龄的去吧，还没有工具，没有车接送就不行。所以说这些玩意儿好像逐步地在流失，语言方面也是在流失。现在捡的话，年轻人要学呢也不愿意学。前几天不是组织我们鄂伦春族写民族语言的书吗，完了整不了，主要就是没有钱，差就差在钱上。再一个主体民族的旗长重视，以后谁当旗长，是不是主体民族，也不一定像他那么重视的。现在捡的话是不是有点太晚了。岁数大的一年一年都没有了，现在活着的，会的也没几个了。到了小辈儿那，语言、民俗习惯都不行。

白：现在有课本了，是不是还有光盘呀？

何：没有，我还提意见了呢。那内蒙和中央什么单位联合来的，他们来了以后我就说，你们要挽救文化的话你们要舍得出钱，舍不得的话六十多岁的人就都死了，就来不及了。

白：其实少数民族语言可以把它做成光盘，比如你想自学，可以通过光盘自学。

何：弄光盘口音要正，用拼音和汉字也就有个大概的。音调这玩意挺重要的。

白：所以要找老人，一起找出最准确的发音，然后给他录下来。

何：有一个人，一个中央的，不知道哪个部的给我录了，录的单词，录完了就走了。他回去其实就可以出了。

白：那语音标准呢？

何：鄂伦春语还得分哪个部落的比较标准，咱旗长定的时候，定的是甘奎部落的比较标准。像托河、小二沟的都不行，小二沟为什么不行呢，说的像达斡尔话，说的不标准。到了托河呢，也掺了一部分达斡尔语。六个部落嘛，小二沟一个，古里一个，朝阳一个，甘奎一个。古里是黑河的，他的语言调儿有点差。一唠嗑有的听不懂。关于语言这方面我都着急啊，我说整个光碟，好多年了都没有做。

白：关键是有人能学。

何：是。鄂伦春做的服装啥的，不怕埋汰的话都能学会，那玩意儿很简单，从脑袋到脚都能做。男的要细心的也能做。就是现在一个是皮不好收，有的人也嫌埋汰。我们去年收，一张就五十块钱。这要是搁以前皮子都用不了，哪儿都扔。

白：那一件长袍要多少皮子？

何：八张。你还得手工活呀，一个衣服下来好几天呢。这些玩意呢也就是旗政府组织，不组织的话就消失了。语言也是。

白：咱这里现在会这些的还有多少人？

何：十三个吧。

白：大家擅长的不一样吧？

何：有绣花的，做皮衣服的，桦皮篓，小书包，手套那些。

白：这十三个人应该能把咱鄂伦春的手工艺都拿下来吧？

何：都能拿下来。

白：何姨，像您这样的工艺大师，你们带徒弟吗？

何：现在年轻人有几个学的。

白：还给你们别的待遇吗？

何：也没有。其他民族的媳妇，有汉族的，达斡尔族的都能拿起来。就是熟皮子，做皮衣服不行。汉族那个媳妇皮衣服也行，帽子啥的都行。做得还行，告诉了都会。他男的老喝酒，喝酒喝得肝都喝坏了。他们挺困难，做了个萨满服出不了手，媳妇儿没工作，手工东西吧又出不了手，生活挺困难。

第二次访谈

访谈时间：2010 年 8 月 9 日下午

白：何姨，依您看现在咱们鄂伦春文化传承这事，目前有什么好的办法吗？

何：每个部落吧，都应该有那么一个活动室，组织起来，妇女们、小姑娘啥的互相学互相做，这不就快了嘛。都让他们喝酒干啥呀？一天没啥事儿就是找酒喝，有人组织这个，最起码还流失不了，它不跟语言似的，活儿一学就会，几个月就拿下来了。心灵手巧的半个来月就拿下来。语言这方面，现在岁数大一点的见面以后就用民族语言唠一唠。等到那三十多的都不行了，都说不了了。尤其像我姑娘她们几个，你说话她懂，也不说，她不学呀。其实这小孩一两岁的，你说什么话，从小教就好教，说得可标准了！可学了不用呀！没办法，他搁我跟前儿的机会少啊。其实说得可好听了，我说这孩子学得保证快，挺标准的。

白：我博士论文是从游戏的角度研究的咱们民族文化，研究以前的各种各样的游戏呀、儿歌呀，您说在咱们幼儿园里面教的话行不行？

何：关键是幼儿园其他孩子多，鄂伦春族没几个，人家别的民族的家长有的不愿意。

白：教鄂伦春族的东西不愿意是吧？

何：是呀。小学教还好，等到中学教就不行了，不听你那些个了。

白：你说要是在旗里面开个鄂伦春族幼儿园，孩子太少了是吧？

何：可能也行。

白：嗯，在这样的幼儿园里教鄂伦春语，通过做游戏呀，讲故事呀，从小熏陶他。

何：可是没有这样的阿姨，没有会说的，找不着呀！除了找年纪大的，年轻的根本找不着，没有。

白：假如政府出钱，鼓励年轻人学，学会的可以让你正式当幼儿园老师，然后请您这样的给他们教，应该也行吧？

何：对应该行。不过没有这么组织，也没这么想。

白：如果能这样的话，应该有可能的哈。

何：从小教的话，学得就快呗。不过有几个条件好的，就不往幼儿园送啦。有的人也唠过这个，也没做起来，得有人做。

白：因为我觉得还是从小有语言环境，长大后再找那个感觉是很难找到的，很多人没有这个民族感情，长大再让他学就很难了。

何：嗯，现在别说别的民族对鄂伦春族没感情，自己本身就不以身作则呀。你说自己都拿不起来你自己的民族传统和民族语言，那不行。所以我姐活着的时候我们总着急呀，哪个也没办到。去年我就说，你录吧，你不录的话这帮老太太不知啥时候就走了。你看着还没整完，重新弥补的时候你为啥就不录呢？本身音调都有了，完了就没给录，人这就没了。

白：录这个需要多少时间，大概？

何：这个词典吧，有的翻译错了，完了错的都拿下去，对的你得录吧，这个整两个月就完了。那个内蒙的就说白瞎了，说老太太录得多好，好像知道我姐要不行了似的。

白：那只有大姐能录吗？

何：她接过来的活儿吧，我想帮忙吧，还插不上，用她没用我呀。结果小徐让我整这个吧，后来这个也没给我录呀。就是北京那个录了，这个还有第二册呢。

白：这些都没公开发行哈？还做得挺正规的。

何：公开的话谁要啊？完了印得还少。这本给我还是老师的课本。

白：现在小学用的就是这个课本吧？

何：嗯嗯。所以说岁数大的，七八十岁的，这些玩意儿还得翻译。现在能翻译的就是我，还有朝阳的几个老太太，就算有文化的。阿里河的能翻这玩意儿的就我自己。现在眼睛也不好，糜烂性胃炎，心脏病，脑梗……这些玩意儿，我说以后什么传统都不行了，没人整了，肯定得流失，最起码整个光碟，人没有了还能放光碟听听，你就录呗！

白：到现在还没出过是吧？

何：没听说。

白：那大姨做的就是那个词典？声音什么全没有？

何：没有，我就说你们白鼓捣两年，完了一个劲儿惋惜，白瞎了！你为啥那时候不整呢？我原来跟宏雷说，你给她录录吧。这好，说等弄完了再录，弄完了一瞪眼没了！

白：何姨，您觉得真正对民族文化消失着急的人多吗？

何：没听说，岁数大的也没听说有几个。

白：那稍微年轻一点的呢？

何：中年人更不重视这玩意。现在的风俗习惯都没有，婚丧嫁娶呀都是汉人的习惯。以前是人没有了，就搞树葬，树上面弄个榻，完了往顶上一放，穿戴还是那些东西，完了桦树皮一扣，这就封闭上了，就弄那儿了。那时候烧纸都买不着，点一点儿松香，弄几块肉这么招呼招呼就完事儿了，连酒都没有。就是这么简单个习惯。现在跟汉人学可复杂了，哪那么多说道呀！还有亲戚，三、四天见面一次还请安，现在一年见面，也不带给你请安的。那习惯慢慢地不就流失了嘛！就岁数大的还互相请安。哎，互相请安的人也一年比一年少了！再有十年流失得就差不多了，十年就够呛了。所以说现在呀，像你们有这个条件，能捡多少就捡啊！

白：何姨，如果先不说年轻人愿意不愿意，咱先从小孩儿教起，哪些东西值得教？

何：就语言教一教就行。最起码让他学会最简单的，理解了，能学会。小孩儿托儿所教才能真学会。为什么有时候家长不愿意呢？我自己的体会，七几年有的孩子，那孩子小时候都会说鄂伦春话，送到托儿所以后，就变成说汉话了，小学更得说。你再教他鄂伦春话，怕学习跟不上，我说不学就不学吧，就这么地了。要不我那孩子全会。

白：何姨您有几个孩子？

何：四个，大的在图书馆，二的在文化局管文化市场，老三没工作，老四在公交车。

白：您觉得咱鄂伦春人培养成什么样子是比较理想的？就是等他长大成人了，应该有什么样的本事？

何：走向社会了，有什么特长学什么呗。你什么爱好没有，学什么也困难。像我外孙爱好唱歌跳舞，我们一直不让他学，你说一个男孩蹦蹦跶跶学这个干啥？怕他学坏，不行。他要是拿起来那个，怕他学习跟不上，这个就不行了。光蹦蹦跶跶，三十岁顶多了，以后你怎么办呀？所以不让学。学习不好不行，这年代没文化哪儿能行？我们旧社会学不了，没条件。我自己十几岁上学了，汉话也听不懂，你能学会吗？最起码跟着老师一年两年的，文化才能上来，太费劲。

白：其实小时候吧，两个语言同时会，并不耽误。

何：那可不是嘛，小学的时候又学会汉话、汉字了，又学会达斡尔话了，但是你拿起来了也不太深呀。现在用是够了。你那个猎民，鄂伦春话说得不好，汉话也说得不好，自己话还不顺溜，就这么掺和着说，可有意思了。我就跟他们跟前笑，我说你们这是干啥呢！要说鄂伦春话都说，别把自己语言扔掉了。还不行，想不起来，这不丢人吗！定居以后就不行了，没定居以前鄂伦春语言是百分之百能保留的，别的民族进不来你这个空间呀。这一定居，汉人、达斡尔人都上来了，孩子就学别人的语言、习惯，自己的习惯还瞧不起了，不要了。未来更是这样。所以这个课本，小学的时候能学会几个，到了中学以后慢慢不又流失了。以前小二沟的时候，上班的都是汉族，鄂伦春话说得比鄂伦春人还好，逼着他学会的呀。有一个汉族和一个蒙古人，说鄂伦春语可好了。定居以后语言和民族习惯流失了。

白：何姨你觉得定居好不好？

何：那时候定居以后，给我们房子，我们都不搁屋里住，院儿里面搭一个“撮罗子”在那儿住。总觉得闷，好像上不来气似的。现在住那么多年了，还是现在好，不遭罪，最起码下雨淋不着。过去下雨房子也漏，柴火也都湿的，那不遭罪吗！那时候长寿的人还是有，都活一百多岁！四几年得了天花，得了以后，等到一个礼拜以后全家都传染。一开始不懂呀，不知道病厉害呀，就寻思是平常病嘛，整个部落就在一起，这家人全死了，就知道了，别人家没得这病的，就赶紧搬走，已经感染上了的一家一家的走，不能一起，打那开始就分开了，你往东他往北，不在一起了，都不在一起了。就怕传染那个病。以往是冬天在一起，一起过年，一到夏天大家都又走了。

白：哦，原来还有这个原因啊。那过年是怎么过呀？

何：我们过年是这样，一个部落的，过年以前打猎去，等到十二月份以后开始打猎，十一、十二月打野猪，那时候长得最肥，比较厚，打那么多你也吃不了，整个仓库就放在树上储存。也有去打猎去了，鹿啊狍子啊，春节以前这就都打回来了。有能耐的，去大杨树什么地方采购过年东西去，没能耐的也就是吃肉。完了回来三十那天就开始篝火，点那个柞树，它的灰是白的，等火灭了第二天出来了各种动物的脚印呀，都是马蹄子似的，这就说明我们今天的马保证下崽。还有那个火塘，摆一圈圈的然后拿那个盆一扣，第二天拿起来，哪个火塘黑了，哪个月就是雨季，就是下雨。就那么预测来着。好比你说六月份，夏天不就六、七、八、九这几个月吗，这其中哪个黑，哪个就是雨季。还真准！可有意思了，年年这么整。初一看谁“撮罗子”先冒烟，这就是过日子人，媳妇儿好呗。大伙争先恐后的给老人拜年，一般都是先给我爸爸拜年的多，哎呀那个“撮罗子”里头跪着磕头，磕不下，外面都是人。我们那个部落那时候三、四十户，家里都有五六口、六七口人的。那天我爸从外面买的手绢，一家小孩发一个，大人不给。发手绢、小袜子，就这么分。要不磕头的太多了，岁数大的来了，请到屋里头，几杯酒，他喝一口他喝一口。

白：三十晚上怎么过呀？

何：三十晚上是篝火，跳舞唱歌，那天晚上可以喝酒了，平时不让喝。年轻人，都是量着喝多少多少。大过年的，你喝一点吧。这样，我爸有一次年轻的时候喝多了，让我爷爷用鞭子抽一顿，让他跪下，跪了一天，完了以后就不喝酒了。说不喝就不喝了。那时候规矩挺大。要是晚辈，你动这个行，动那个不行，要是家里来客人了，我爸、我妈就在那儿坐着，那岁数大以后，我妈才有权利坐在那儿，孩子也大了，来了以后搁一起。等他们三个人一起喝酒的时候，那个时候小孩儿们来人以后一点动静听不着，大喘气都听不着，不听话不行。一来人小孩就都走了，一群人就唠嗑，喝酒，等他们吃差不多了，我们也玩差不多了，就回来。

白：何姨，“木刻楞”是不是不直接通外面？不觉得空气不好？

何：那玩意儿啊，冬天不像夏天，夏天就不住“木刻楞”了。后来有一次搬迁，哎呀大人小孩儿，马顶上驮东西，整完了以后，岁数大的牵着那个马，像我妈牵着小孩那个马，十岁以上的自己都有马，就不牵了，一起走。你说那时候要是有摄像机多漂亮，一边唱歌一边喊着走，那才热闹呢，嗷嗷的！走了几十里地，选个好地方就住。他们都知道上哪儿上哪儿住，你要是没赶上，就说在什么什么地方，我们等着你，准能找到。那时候原始森林多密呀。

白：那怎么形容下一个地方呀？

何：名字都有啊，什么河流，就说我们在那儿等着，你在后面慢慢走吧不着急。走到那儿以后，人多还是不行，呆个两三天就分片了，得打猎去呀。在一起猎物不够打，打一个狍子也不够分，谁打猎了都得先给别的老年人分去，自己留个排骨，腿得剩下，腿都给人家，都是给长辈的。什么最好吃，就是狍子脑袋最好吃，狍子肝、腰子、大腿、胸脯肉，好的部位都给长辈了，其他东西就是小孩儿们吃，也吃不上啥玩意儿，就搁点柳蒿芽喝汤，没有粮食呀。

白：那时候是不是老挨饿呀？

何：咋不饿呐。我没说挖草根吗，草根挖不到，就吃那个木耳，吃那玩意儿，我们个儿小呀，就用那个杆子捅。那个猴头好找，白花花的，我们一般挨饿以后就采那个白桦蘑，哪个树上都长，找那个。冬天也能找到那个，那时候人少呀，骑个马就采去了，老大一堆就炖着吃，然后储存的肉干、肉条，就放里头炖着吃。那时候可苦了！要不现在的人吃不了苦。

白：你们那时候也觉得苦哈？

何：苦。习惯了，没办法。冬天没有井，水都冻冰了，整那个雪。要是碰到冰的话，砍那个冰，然后一篓一篓背回来，就这样。女的太苦，比男的还苦，那么冷的天。那时候也是没办法，也没谁说冷，都穿那狍皮衣服，懒的人还是夏天那个衣服，光棍啥的没人给他做，那就冷。这个生活也就是那样。秋天了怎么办呢，等到九月份采水果，就一篓一篓树上挂起来，到了冬天就捡那玩意儿吃。都放干了，醋梨子啥的，晒，就搁那个柳蒿长高了以后，十月份那不挺高的吗？就把那玩意儿一圈圈跟门帘似的串上，完了搭个架子，搁那架子顶上，就把醋梨子倒在哪个架子上，下面要生火也要熏。你不熏那不苍蝇啥的就埋汰了嘛，一是苍蝇祸害不了，二是非常好吃。有那个柳蒿芽熏出来的味，特别特别清香，可好吃了。现在没有整那玩意儿的了。

白：其实现在整也能卖钱哈？

何：现在都有水果了，不太吃那些东西了。

白：但是现在也开始回归了，城市里不是把它叫蓝莓吗？

何：为啥猎民这种旅游生活不得病呢？吃的都是天然的，完了还长寿。

白：而且狍子肉啥的都是瘦肉。

何：啥时候能吃到肥肉呢，就是十月份到一月份，这几个月吃野猪肉，就是肥肉，吃那个。夏天干脆没有肥肉。鄂伦春人都瘦，没有很胖的。冬天打那个熊瞎子，洞里头，一般不好逮，逮了以后肥呀。那时候就没有缸啊水桶啊，没有咋整呀，打个犴，把它吹风吹起来，跟吹气球似的，完了就往里面灌油。完了还有犴皮做的皮口袋，用那玩意儿做，挺能想办法的。还有胃，都弄成这个样子，就往里面塞油。夏天就做柳蒿芽啥的。我父亲冬天还喝熊瞎油呢，就这么喝，我说咋能喝进去的。打猎这些东西，刚才说的是熊瞎子。再给你讲鹿，鹿茸、鹿胎都是妇女用来做药草。熬那个鹿胎要三、四天呢，一般不爱烂。就像粽子似的，一块一块晾干了，然后加中药。

白：加中药一般要加啥呢？

何：这个我现在还不能说。这些老人死了谁也不知道，就我知道。

白：哈，秘密工艺是不？

何：那可不，我跟谁也没唠过。

白：问题是有人按照这方子做吗？

何：我看他们还是没按照我们那个整。我自己家整的那个现在都放了二、三十年了。

白：那现在养殖的呢？

何：哪有几个舍得杀它呀？现在以鹿茸为主，鹿胎舍不得整。

白：您说我们这些文化消失，好像也不是从定居开始消失的?

何：从六〇年开始就不行了。

白：可我昨天采访敖荣凤，她说她在那儿长到十三岁，我算了一下七十年代到差不多八十年代初，那时候都还保留着一些鄂伦春文化。

何：都保留，五八年我还跟我父亲上山打猎呢，全保留着。

白：那后来呢?

何：风俗习惯没了，最彻底的就是“文化大革命”以后。那时就不让了，他们给我们开会，不许说民族语言，不行互相拜年串门，磕头都不行。再说语言就是开黑会，打那开始鄂伦春就都说汉话了，文化大革命。

白：那您觉得跟学校教育的关系大不大?

何：学校教育大不大，现在怎么的也达不到我们的要求。汉族太多了，生下来就说汉话，根本捡不起来。你看鄂伦春族生的孩子不教育，怎么整也不可能，捡不回来啦。只能是留个纪念啥的，出个书啦。

白：其实如果政府财政不那么紧张，国家真下力气抓，尽量不让民族文化消失的话，还是有很多人关注的。

何：外国都重视呀。你看那美国人要出书，他搁这儿三年了。他来我家我姐还没死。他回去以后，还上别的国家，完了就出版，全世界都卖。

白：关键是这个文化有它的价值。

何：美国人说啦，你们的鄂伦春话有的像英语。真有点像英文呀。其实你到文化局要本书呗！就是音标写的鄂伦春语言，用国际音标标的鄂伦春语，这个可准了。

白：嗯，好，我也想去找一本。何姨这个书是不是小学生人手一册？

何：是呀。

白：何姨你觉得现在文化怎么传承好，按说你的孩子应该还是对本民族比较有感情吧？我想听听你的想法。

何：可有感情了，他们的感情和我们的感情是一样的。整啥玩意儿整啥活动，可统一了，完了还孝顺，以前的风俗习惯基本没扔，一到过年就给我们磕头，都是按照以前的规矩。孙子辈也跟着大人呀，不孝顺的就是其他民族多。鄂伦春族从几代祖宗那边就开始，没有说是虐待老人、媳妇、孩子的，可能因为环境在那儿，不孝顺的话大家笑话你呢：谁家谁家教育无方，孩子没礼貌。被人笑话。一个部落里头说你不孝顺，就排挤你，另眼看待你，所以说可能就是这么下来的传统，可孝顺了。我们部落有一个老太太，活到一百〇五岁，原来头发就短，没人给她剪头，就这么短（用手比画）。老太太没有牙了，儿子就给她煮熟弄碎了一口一口地给她喂，就出名了。谁家都没储存多少肉，但都给他家送。我哥哥九岁那年打着个狍子，把我爸爸高兴得不行，说我儿子能打猎了，哎呀高兴，没有邻居，每棵树上分一点点，白桦树上一点，柞树上，就这么一点一点地贴上。打那儿以后我们生活条件比以前好点，不挨饿了。好像打猎的时候没领我们，寻思有吃的了，就把我们扔到那儿了。有一年发大水，这水动静，睡觉也能听着。那时候也不害怕，我妈半夜就把我们弄起来，说赶快走，发水了！我们这才醒了，一人一匹马，我们跑的时候脚都湿到这儿了。半夜就跑到东边那个山上了，就半夜跑出来的。当时啥也没拿就跑出来了。那时候水不算太大。我爸十六岁遇到一个大洪峰呀，发大水发到什么地步了，跟山一边儿平，整个都是水了，就躲到一个洞里，里面有一个犴，就打了那个犴，就靠着它在里面生存了十多天啊，要不然就饿死了。东西都冲跑了，吃的穿的都没有了，就是枪是随身携带。他说那个一百年一次。我爸十几岁的时候赶上一次。他就说我六十多岁了，那个百年一次的，还有个四十年你们就能赶上。和他遭罪那个年代比，不知道这些孩子能遇上啥年代。

白：爷爷哪年去世的呀？

何：三几年。我再说说我上学时候。那时候家里住这地方，我们上小二沟上学去，我姐和我哥先上学，提前去了两三年，现在说也就三年级吧。后来十岁以上小孩儿都上学，七、八岁不行啊，从这儿到小二沟骑马也得走二十来里呢。我都十多岁了，那时候这儿全是森林，就是羊肠道，车都没有。我爸把我们送到大杨树，小二沟的老师在大杨树接我们，半道还要好多天。冬天不让回来，不放假，好像是给我们大通铺，就跟那里，一个挨一个睡，跟部队似的发服装，家里的衣服都脱了，就穿学校的校服，都是统一的，跟部队没啥区别，牙刷、牙膏都发，还发那个喝水的杯子，小铁缸，帽子什么的都给。冬天过年的时候不回家，孩子们都想家，老师就包饺子。岁数大点的都有十八岁的学生，我们小一点的也是小学，大的就欺负小的，就更想家了。哭啊！哎呀想家想得不行，可想了，回来以后，我就不去，说那边人不好，净欺负人，我爸就给我做工作。完了我哥哥、姐姐硬把我拉着去，去了以后我还是不习惯那个地方，啥玩意儿，那么多人在一起吃饭、睡觉，还要受气，老师讲课也听不懂，就傻子似的一坐，光听他嘞嘞也不知道是啥。哎呀，那帮小孩儿长虱子啊，人家大人能料理自己，小孩不行。我姐有时候给我洗。完了就有病了，有病了以后脸也肿，嘴也肿，就给我打针，打了一针就好了，再也没有病了。夏天想家，别的小孩看我挺像男孩似的，就鼓动我说走吧，咱们这嘎达听不懂他们说啥，大姐、大哥们还欺负咱们，一天挨打跟犯人似的。那就走吧！稀里糊涂就跑出来了。上食堂一家抓了两个馒头就走了。一家背一书包，跑了。跑到什么农场的跟前，天要黑了，完了这个大点儿的十五六了，整柴火，我稀里糊涂的，累得不行了，啥时候睡的也不知道。那时候狼也叫啊，那时候狼可多了！我也不知道害怕，就睡，又渴又饿，等到半夜了，大一点的同学就听到马的叫唤，马蹄子声，就扒拉我们说“起来起来，赶紧跑啊！”我也不跑就没起，就这么睡过去了，老师把我逮住了。老师骑马撵上来了，就开始抓别的学生。我还在那儿睡觉呢。我们好像跑出来六个。完了一帮又整到学校，也没批评。不过我姐就不行了，抓回来又打、又骂我。好说歹说的，几月份了那时候是，这就开始把我们送到大杨树，家长就到大杨树瞅去。他们都定好了，几号几号接学生。

白：那你们学点东西没有？

何：头一年干脆啥也没学，听不懂。

白：不是说那时候老师是用汉语和鄂伦春话……

何：不会，那时候都是汉话，后来没办法，旗里面说不行啊，孩子们一个一个都跑了，人家托河的跑了人家近啊，我们阿里河的跑了远啊，那半道不出事吗！托河的跑出去老多了，人家都是大学生，都跑回去了，再也不来了，成家的就成家了。完了政府就想办法，找的达斡尔老师教我们，我达斡尔话学得挺快的。还有几个鄂温克老师，何秀芝不就是鄂温克老师吗。学会达斡尔话，算数、汉语都学会了点儿，那时候三年级才学一年级的课程，得先学语言，学会了再学课本。我是这么学的，别人怎么学的不知道。老师说“一”，就指着黑板，你就跟他学。学到三年级，我脑袋才清醒过来，好像顺溜点了，也就不想跑了。学校伙食也行，人家托河的学生，又送这个又送那个吃的东西，手扒肉什么的，我们馋得不行，后来我们搬到小二沟来，就没那个念想了。跑也不跑了，三年级以后就正常上学了，放假也是秋冬放假，跟现在一样，就正规了。完了我们大一点的学生就栽树，我有快五十年没去小二沟了，我们种的树现在应该可粗可高了！我后来还挺惦记。三年级的时候我们搬到大杨树，那时候什么语言都行了。每年放假之后，也跟旧社会一样，上山打猎去，一家一家都走了。搁那个房子里待着的人没有，一到夏天全出去了。这不就是觉得有点知识了，挺有本事的感觉，外语也懂了，生活习惯也不一样了。那时候我们学俄语、朝鲜语、日语，都会。都跟他们老人学的。后来也不教了，自己教自己的了。那时候过日子就有规律了，还是用自己原来用的东西，褥子什么的还是那些东西。等搬到阿里河以后，这些东西逐渐就流失了。冬天是棉袄、棉裤了，夏天是单衣、单裤，生活习惯也流失了。吃的也不是顿顿都是肉了，也吃大米饭呀之类的。小时候读书感觉特别累，心情特别压抑。

白：那您读完书之后呢？

何：搬到大杨树了。后来我们家就搬到那边去了，读书就更正规了，达斡尔老师、鄂温克老师、汉族老师都有了。鄂伦春老师也有，文化也不高，当体育老师。一到他的课我们可高兴了，就领到小山包玩儿去，有时候我们去大河洗澡去，可有意思了。

白：那时候体育课也没把和鄂伦春有关的加进去哈？

何：没有，也还是满山跑，采这采那，还是有点民族特色呗。等到三年级以后，有一个汉族老师，现在我们还联系呢，他媳妇儿还是我的同班同学。我们断了联系有三十年，看到了怪不好意思的，老师后来娶了学生。等到五年级还是六年级，我大哥调到这儿来了，六〇年我搬到阿里河来了，因为总舍不得我姐，我二姐对我特别好，这有个鄂伦春小学，这就回来了。各部落的都上这儿来上学，也是吃食堂，也是统一发服装。等到我小学毕业以后，小学就不发服装了，到中学以后也不发了。上学后学习上就开始竞争了，互相比，谁学习不好了就互相笑话、贬低，说你们以后没文化咋办。汉话不会是不行了，就练啊。不过回去不许说汉话，家里不让。所以说我们这辈鄂伦春话还都会说，等到我们孩子这辈就不行了。当时这旗里民族干部也少，就号召有点文化的上班。那时候知道工作好，能挣钱呀！初中一念完就上班了。那时候还不知道政府机关好，本来一开始让我去政府，我就想我汉话也不好，还是干活去吧。就去合作供销社。我还是上大哥的老单位吧。上班以后就后悔了，还是去政府好呀。一开始上班害怕。供销社一开门吧，呼的一下顾客就来了，这汉话不好，那个品种我还没背会呢！进来了一看，奔着我来了。来了买那个酒壶，我就给他拿酒盅，我就听不懂啊，有个叫郭金芝的说："小何啊，这个叫酒壶，这个叫酒盅"，这么告诉你。我就说"郭姐啊，没顾客啥的时候你先教教我"。我跟她跟前听着，就这么的。一个月，我就把一千多个商品都背会了。也弄明白了钱是咋回事。一开始不知道，八张五毛的，我就说八块，其实是四块。这不懂呀。也不错了，够快了，回家根本摸不着钱，钱是多大多大的也不知道，开支我全交给我爸，我自己一分钱不留。这供销社收钱，也就有经济头脑了，然后就开始有野心了。我怎么干这活儿呢，我要调走，那时候我哥是组织部部长，我就说哥啊把我调走吧，太累了，那些咸盐啊水果啊，出库时都一百多斤的东西，活儿太累了。完了我回家还劈柴挑水、喂马铲马粪，我说两头我太累了。他说不行，你还得锻炼，还得学。学来学去到后来我倒不愿意走了。干了二十多年，后来实在太累了，身体也不那么好了，这才调出来了。调到民政局。我姐把我调出来的。要不我现在工资都不一定有，我挺感谢我这个姐的。哎呀这一生啊。

白：你们那时真不容易哈！

何：始终是穷，没过上富裕日子，始终是将将巴巴的。文化大革命，我也挨打了，什么心脏病啊胃病啊都是这么得的。那时候挨揍，我脑瓜壳都裂开了。年轻时二十多岁没在意，一疼就吃止疼片。第三年就不行了，痛风啊，夏天都带棉帽子，大伙都笑我，笑话也没办法，头风。神经啥可能坏了，脑子不好使了，发麻，就是那时落下的病根。那时候给我爸爸打的历史反革命、现行反革命，打得老人精神错乱。在三〇二部队住院，我爸爸就在医院里胡说，说林彪叛变了，林彪逃跑了。你说那时林彪还没出事呢，他怎么能说出这话！糊涂了。完了护士一看就往上举报，举报以后就把他整回家来，要送到监狱，说已经是精神病了，送监狱不行，还把我大哥、弟弟、四爷爷他们都给抓起来了。我头一个孩子还没满月呢，就要卖冻梨、冻柿子，就这么得的风湿病，现在一碰凉的就不行。那时亲戚之间不能走动，鄂伦春话不能说，就把你孤立起来了。谁也不和你说话，上班下班，就这样的。要不他们一个一个都没有了，都是"文化大革命"挨打的，都是一身病。我三姐怀孕四个月，把肝踢坏了，孩子踢流产了，也是肝浮肿死的。就这么折腾完了。

白：唉！那个年代可真是太摧残人了。

何：我的一生就是这么一生，坎坎坷坷。现在好了，可一身病。现在我还总上山，夏天我不闲着。这不又该采蘑菇了。不过现在不住山上了，当天去当天回。前几天他们出去，都不带我，怕我犯病。

白：现在条件好了，还是好好保养身体。

何：以前我爸什么草药都知道，但是什么草药治啥病没有传给我们。现在我认识的也就十多种。但是风湿、止疼、清肺的这些玩意儿我还是知道。防肺结核的，我们都知道。那玩意儿随便喝，还都没有毒。上次我们去采药，熬膏药我熬了四天，我姐他们熬的就不行，水分大，长毛。熬好了放多少年都没问题。

白：您说现在能不能开发哪怕一两种成药？

何：骨头坏了什么的药，也有，那玩意儿少，批量生产不够。像我说的，就活血的多，其他的少。现在都开地了，有些地都挖绝了。人工养的没成功，长出来不是一个种，不成材，不行。鄂伦春人还有小黄芪，这么高，到秋天十月份以后我们就上山给我爸挖，杏黄色的，特别好看。洗完了以后就晾干，一冬就喝那个，夏天就喝上面的草。那个说是管啥的来着，我爸他们总喝那玩意儿，我喝不惯，太浓，一吃肉就喝那个。

白：何姨，最后我再问一个问题哈。您觉得怎么样培养鄂伦春后代，是个比较理想的状态？就从你们成长的经历，包括这些孩子的成长过程，你觉得什么样的是最好的？鄂伦春语应该不应该掌握？

何：要是教育下一辈，最起码的，作为一个鄂伦春族，就得从尊重老人那开始，老人必须得孝敬。第一，所有的老人必须得孝敬。上班以后必须得尊重别的民族，尊重你的工作。这两点做好之后，你肯定是优秀的干部。如果这两条做不到，邪门歪道就学得快。还一个是你必须得把中国的风俗习惯学好。除了自己民族的风俗习惯传统，你必须得把其他民族的文化吃透，你才能把你这个工作拿起来。这一生当中，不管哪项工作，你就能拿起来。再一个，当了领导，别有私心杂念，别把以前的传统丢了，别贪。现在我也是这么告诉的，不管你们当什么领导，有什么权利，你把你权力范围内的事掌握好，不能挪用公款，不能动一分一毛，这个我们不能犯错误。但是你工作还要管好，掌握好，你要是一旦自己有贪心以后，手下的人你也管不好。你别不重视自己的民族，现在都是同化了，咱是走其他民族的路线，但是别把民族的语言风俗习惯扔掉，这都扔掉了，你还要鄂伦春自治旗干啥？现在把这个猎枪扔了，种地还不会，传统再丢，你叫什么鄂伦春人？要把鄂伦春民族的风俗习惯往下传下去。所以，内蒙和北京的人来，我都说，把我们枪都收走了，我们是什么猎民？打猎没有东西，种地还不会。把我们架空起来了，我们现在是什么民族？我也弄不明白。后来说是他们申遗了，批没批没听说。是，咱民族人口少，少的话毕竟还是有这个民族呀！有这个民族有这个（自治）旗，你必须得把自己的民族文化保留起来。我会说，不会写。必须把光碟弄起来。录完了，文化才能保存起来。风俗习惯呀，简单的东西可以录录像。要说打猎，咱是人口倒数第一、第二的少数民族了，投点钱给我们整一整啊！光下来挖掘这个挖掘那个，没有实际行动，来干啥呀？来也是白来。到这儿看一看，说一说就走了，还是不能解决问题。

白：所以以后我要是做不了点什么，我也成这样的了。大家都到这儿拿自己需要的东西，然后就走了。

何：嗯，我说我们挖掘这个那个，但是我们年龄大的，知道的东西都说了，我们能挖掘的也挖掘了，但是没有钱，有些东西整不了，你们是不是给我们鄂伦春旗投资点。说了白扯。要不我说现在我谁也不接待了。

白：是啊，该做点实事。

访谈三

内淑梅，女，66岁，鄂伦春族，民间工艺美术大师。

访谈时间：2010年8月17日

白：那楚（鄂伦春语“大娘”之意），您过去当过村长吧？

内：嗯，先当村里的妇女主任，完了又去计生办。你看这就是我当村长的时候（照片），年轻的时候。这个是我当村长的姑娘。

白：您有几个孩子？

内：五个儿子，三个姑娘。

白：多好啊！您这么多孩子，那时是怎么教育的？

内：我早早地结了婚，那时我上班，我早上招呼他们上学，每天早回来做饭，不耽误他们吃饭啥的。孩子好的有，坏的也有，孩子都是初中，老大自己上大学，自己管自己。

白：很自立。

内：嗯。我不耽误他们，不缺他们什么东西，我自己种地、打猎、做棉裤。

白：什么时候打猎？

内：结婚以前就打猎。

白：那时候打猎都哪些人去打？

内：我家的亲戚，还有我老伴他们。

白：你们结婚的时候用的是鄂伦春族的风俗吗？那时候您穿什么衣服呀？

内：很简单，也没什么衣服。

白：您这张照片真精神！等我的书出版的时候就用这张吧。

内：行啊（笑）。

白：现在咱们这个村说鄂伦春话的还多吗？平时说吗？

内：不多了，不怎么说。

白：现在鄂伦春文化消失得比较快，您有什么感觉吗？

内：鄂伦春话按道理我们应该教，我们有义务。去年我们给小学教了，教鄂伦春语。还教桦皮怎么做。

白：孩子爱学吗？

内：还行，就是可淘气了。

白：家长支持吗？

内：有的支持，有的也就那样。

白：孩子学完了现在能说吗？

内：现在鄂伦春孩子没有几个，也就十二、三个，说不起来。

白：是哪让教的呢？

内：旗教育局让教的，临时老师一个月九百块钱。

白：都教什么呢？

内：教鄂伦春语的一个老师，当体育的一个老师，唱歌的一个老师，还有我们两个老太太，教手工艺的是我们两个老太太。

白：一个礼拜上几次课？

内：一个礼拜一次，一次一节课，下午上。有时候一个月两次、三次。

白：课程都教什么呀？

内：就是咱们鄂伦春传统文化呗。

白：怎么教法呢？

内：也就是讲一讲。

白：工艺品都教些什么呀？

内：主要是教做桦树皮，一步步给他们教，我们边做边给他们讲，他们在旁边看。也教鄂伦春族的画，他们在纸上画。

白：学生里面有没有对这个特别感兴趣的？

内：有，净围着我们问呢。

白：哦，看来效果挺好的哈。只教小学生吗？

内：小学和中学都教。

白：小学效果好还是中学效果好？

内：中学的好点儿。小学好的也有。主要是鄂伦春族学生太少，没几个。

白：那楚，您看咱们的文化很多都快没了，包括咱们的语言，会说的也越来越少。对这件事您有什么想法吗？

内：我的想法就是能够把鄂伦春语教给下一代。现在就剩几个老人啦，我们几个老人没了谁来教呢？现在四十多岁的人都不知道这些，也不会做。

白：是啊，应该抓紧让年轻人学学啊。

内：前段时间我们还去拍电影了，做桦树皮，唱歌跳舞。拍电影的人问我们还会不会骑马，我们当然会啦。

白：现在还能骑吗？

内：能骑。

白：您什么时候开始学的骑马呀？

内：我们小时候就骑，我们不怕。

白：你们现在一个月国家给发多少钱？

内：一百六。今年是一百九，最近又涨了，一个月二百多。太少了。

白：你们家几口人能领到钱？

内：现在就两个，民政的发了两个卡，一个五百块，一个三百块。我们不花钱。按道理我们鄂伦春族没有几个大学生，毕业应该给安排工作。我们去反映了，但是没有答复，以前还分，现在不分了。我家孩子笔试第二名，但是面试被刷下来了。现在村里有七、八个鄂伦春族学生毕业回家来的都没工作，待着。

白：那他们平时做什么？

内：在外地打工呢。

白：哦，也出去打工了哈。好的那楚，谢谢您给我讲了这么多。以后有机会再来看您，您多保重身体。

访谈四

葛根塔娜，女，68 岁，鄂伦春族，原鄂伦春旗甘奎乡党委副书记。

访谈时间：2010 年 8 月 17 日

白：那楚，你小时候移民过来也是因为打猎过来的吗？

葛：没有，我们那时都是学生。

白：您在山上待过吗？

葛：五六岁以前待过。

白：那您小时候上学也是在小儿沟？后来初中呢？

葛：那个时候没有中学，只有小学，所有村子里的小孩都到小儿沟上学，只有一个学校。

白：那个时候总共有多少学生？

葛：我也记不住了。小学时也小啊。

白：一个年级几个班？

葛：好像一个年级就一个班，记不住啦，我脑动脉硬化，说有点脑萎缩。

白：哦，那您还得小心身体。不过听您说话还挺好的。

葛：有时还是糊涂的。

白：后来上完中学就工作了吗？

葛：对，又回到这边。

白：您那时做什么呀？

对：在甘河，当会计，当老师。刚开始也费劲，因为过去没学过拼音。

白：您当老师那是哪年呢？

葛：六三年。

白：那个时候的学生还需要用鄂伦春语教吗？

葛：对，那个时候他们都不会说汉话。回来让我当会计，可是会计我不会。

白：那时候只要有文化就行哈，因为上过学的人少。

葛：就是呗。六〇年当会计，六三年当老师。那时什么都教。比如教两个班的历史，两个班放在一个教室里。四年级的班教完了，再教一年级的班。一年级的不会汉话，只能用鄂伦春话。这时候四年级的班就让他们自己写作业。就这么一点点地教，要不然到不了中学。

白：那很累吧？

葛：累，那个时候教室里的炉子都自己弄。一到四年级总共就一个女老师。

白：您当老师那会儿鄂伦春族学生有多少啊？

葛：一年到四年我教的班有五十多个。

白：那时候他们互相之间说的是什么话？

葛：就说鄂伦春话，基本上都是少数民族，我记得好像没有汉族，汉族跟我们在一起时间长了都说鄂伦春话。

白：您在那儿当小学教师当了几年呢？

葛：也就五六年吧。完了文化大革命也到了。

白：文革您挨斗了吗？

葛：我还行，也没有挨揍也没有被收拾，那时我也不是官，就只是党员。我二十岁入党的。我六九年才结的婚。我当时还去内蒙上访来的，一共去了一百多个人。

白：上访是因为什么？

葛：文化大革命。好多人都被斗了。说我们这些人都是装的，装积极，不是共产党。

白：那时候也没理可讲。

葛：没理可讲，硬给扣上了。

白：那个年代真是不可思议。

葛：对，那时候有些鄂伦春人被弄死了，我们也被抓。我说怕啥啊！我们什么坏事都没做！他们爱怎么折腾就怎么折腾，没有的事咱们也没啥怕的。

白：您有兄弟姐妹吗？

葛：有，一个弟弟三个妹妹，都去世了，现在都没有了，就剩我了。

白：那个时候您父母就是猎民吗？

葛：嗯，猎民。原来就一直打猎的，定居以后就不来回走了。

白：那咱们鄂伦春族的东西您小时候都接触过吧？

葛：我一般都不太接触，上学走了，之后就去工作了，有一些事我就不太清楚了。

白：咱们鄂伦春族文化就是从那个时候开始断的吧？是不是从你们那一代人开始孩子们就出来上学了，离开原来的环境，这个文化也就开始中断了？

葛：是啊，要不然我还会不少呢，可上完学出来又到外面工作了。

白：所以虽然语言从小学会了，但离开家慢慢接触这些东西也就少了。您看这文化是怎么开始一点一点消失的呢？

葛：我的感觉就是过去我们的父母都没了，现在都接触新事物了，我们的生活方式和汉族的都差不多了，汉族能整的咱们也能整。我小时候种地都不会，抽烟也不会。

白：当时猎民们都有地吗？

葛：有的有，有的没有，开地需要多大的本钱哪！有本事的贷款，能力不大的贷不了款。

白：地都是自己开的啊？不是政府开的？

葛：嗯，所以个人开的有多的有少的，像这满山都是其他民族，我们都自己找地，可是没有地方了。

白：现在咱们村一共有多少户？

葛：五十三户，我记得一个村是五十三户。鄂伦春是216人。现在准增加了，今年出生的人多。其实这样更好，能互相学习民族文化。

白：现在你们村子小学还教民族文化什么的吗？

葛：对，开民族课了，我妹妹教。他们这个工资是国家专项专款。

白：国家的专项是指什么呢？

葛：就是针对这个民族语言课，就专项专款给。课程太少了，一个月才给四堂课，一个星期一次，中小学的都在一起，用的课本都一样。

白：效果怎么样？

葛：这本来就是自己的语言，他们学之后都感觉很新鲜。

白：您怀念以前的生活吗？就是鄂伦春人在一块儿的那种，

不过你们小时候基本没打过猎，所以印象不是很深哈？

葛：对。小时候很早就离开了，懂事就上学了。

白：那假期回家的时候呢？

葛：回家时坐草上飞，大轱辘车。

白：那时候都是森林吧？

葛：对，都是森林，有时候我们骑马走，用马鞍当枕头。

白：那个时候挺不容易的。

葛：从那以后我骑马走，动不动就住那儿，那个地方在山顶上。

白：一般的马都不会游泳的吧？

葛：猎马会，我们骑的都是猎马，别的马会不会我还真不知道。

白：你们都是从小开始骑马的哈？

葛：对，从小，我那时候五六岁。

白：那小的时候还有什么能记住的事儿呢？

葛：就这个我记得最深，迁徙的时候。因为累得不像样。

白：就因为当时就比较遭罪哈。当时你们一起迁徙的有多少啊？

葛：不多，也就十来家，或者七八家，就一个小部落。

白：一家能有几口人啊？

葛：那时候我就跟我弟弟俩，后来碰到没有子女的老太太。

白：你们小时候也能听到鄂伦春老人讲故事吗？

葛：听，他们经常讲神啊鬼啊，或者祖祖辈辈的事。

白：小时候也有儿歌、谜语吗？

葛：儿歌没有，我们鄂伦春的歌一般只有调儿，没有词。

白：不过没有词也好听。

（唱歌）

访谈五

何秀芝，女，76 岁，鄂温克族，内蒙古自治区工艺美术大师，原鄂伦春旗文体广电局副局长。

访谈时间：2010 年 8 月 9 日

白：大娘，很久没来看您和大爷啦，您身体怎么样？

何：还行吧，毕竟岁数大了。

白：听说最近您又去参加鄂温克民研会的活动了，在会上发言了吗？

何：发言了！我说我 80 了，身体也不好了，可是我实在舍不得这个（民歌），所以就来了！我就五分钟时间，完了我就一口气唱了四首民歌。结果那天回来嗓子就难受，咳嗽。我孙子说奶奶唱的可行了。

白：大娘应该是评委吧？

何：我啥也不是。不过这次我去以后觉得挺高兴。一个是掌握了一些情况，回来全面分析了一下；另外雅鲁河那个流域的民族，就上来了一个，我以前听过他妈妈唱的歌。他妈妈是一个有名的歌手。我就给他说你妈妈唱的歌没人比得了！他说他就学了一首歌，然后就给我唱了，他还配词了。鄂温克的歌都没固定的词，都是即兴的。这个适用于每个人的心理活动。我给我孙子唱歌，他听得眼睛都哭肿了。

白：您说为什么听咱们的歌总有种想哭的感觉呢？

何：哎呀，咱这山里过来的哪有什么高兴的歌呀！达斡尔族的有欢快的歌声，鄂温克的很少。

白：这两个民族幸福感的差异这么大吗？

何：就是这样的。鄂温克原来的歌声真美，一个人一个调，鄂温克有一百个歌手就有一百个音调，死了就带走了。谁也学不明白。

白：太可惜了。这些歌有人记谱吗？

何：记谱很难，鄂温克两河流域民歌的特色是什么呢，原来这车是鄂温克人发明的，以前鄂温克人被叫作黑车农村人，经过泥塘的时候，车沾满了泥，干了就是黑的。这里开始是突厥人，后来是契丹人，这些都是历史上记载的。你们学校音乐学院的毕业生实习的时候到我这儿来了，我给他说我给你唱可以，你记下谱后得给我看，结果回去就没信儿了。

白：那个五彩合唱团里面有您教的么？

何：没有，我以前没来过。摩尔登河那边的调保持的挺好，但是就是只有一个调，唯独雅鲁河的不是只有一个调。哎，现在我这嗓子也不好了。

白：不过看您精神还挺好的。

何：我什么活都干，中午也不休息。也没人给我分配活，我就自己待不住。

白：这些老歌用自己的语言唱才有那个味道。您觉得语言保护这件事该怎么办？

何：关键是得有行动。现在各个旗包括莫旗、鄂温克旗，鄂伦春旗，也都行动起来了，像小学幼儿园都有课程。语言这个问题，大了以后学就不行，张嘴都不好意思。就像汉人说咱们少数民族语言说不明白，就得从小抓起。咱们小时候不会说其他民族语言，要是和其他民族的小朋友一起玩的时候学，那可快了。实际上吧，会说少数民族语言的孩子，学其他语言学的也快。

白：对，我也是这么认为的。不过现在学民族语言，如果对将来升学就业没什么用，那肯定学的人越来越少。您觉得这个问题怎么解决好呢？

何：从增强民族意识开始吧，你要认同自己的民族，不能让这个民族的语言消亡，你会自己民族的母语，这个民族就不会消亡。再加上现在娶汉人媳妇的可多了，过了三代都是汉人了。这还得从民族母语开始，让他重视起来。既保留了自己的母语，你以后学其他语言也学得快。不过看现在这情形，还原到以前是不可能的，但是能够认识到这一点，还是好的。至于以后往哪个方面发展又是一回事了。现在已经完全汉化了，没有利用到那些东西。

白：您看过去的鄂温克人和现在的鄂温克人、过去的鄂伦春人和现在的鄂伦春人，有什么不一样？

何：现在的人啊，一句话，钱的观念渗透到骨子里了。看一个人没有什么利用价值，就离你远远的。过去的人见面可亲热了，现在见面都不说实话，不行了。

白：大娘，你是05年评上的工艺美术大师吗？

何：对。我这个传承人是区一级的，不值钱。中央的没报上。他们从来不管旗外的人，三不管地区，被掩埋得深深的，我这么过了一辈子了啥也不是。我自己拿着作品去参加比赛了，我就想，够标准就得了。内蒙文联给我整的传承人，他们也知道我讲的民间故事都出版二十年了。我参加了以后给了我一个金奖，就一张纸，什么都没有。自治区一级的传承人什么都没有，只有中央的才有，我这儿半分钱也没人给。我接待来采访的人老多了。

白：是啊，您会的东西那么多。您绣的这花是原来的绣法，还是自己后来发展的？

何：我八岁就开始学的，我妈妈教的，现在绣的都是以前学的。汉人的绣法我以前也用过。画画我没学过，小学都没毕业我哪来的文化？我是心里想着手上就画出来了，天生的。我还剪纸，从七八岁就开始了。一般的脑瓜好使、手脚灵活的人都学得会。有的人你教他，他就像一块石头似的，悟不出来。天赋也很重要。大脑的开发也很重要。

白：大娘您小时候爱玩的游戏有哪些？

何：玩嘎拉哈，我可是高手。还有桦树皮，玩那个“串门”，就是“过家家”。

白：你们那时候过家家是不是有很多自己民族的生活内容在里面？

何：那当然，该有的都有。还有“跑大圈”，九个圈，扔木头子儿进去，扔到圈外你就输了。再就是上山，在树下生火。吃那个酸杏，上山摘山丁子，采野菜，很多事可以玩。那时候可满足了，小时候的生活就是不一样。

白：您说那时候人幸福吗？

何：很幸福啊，没有忧愁。

白：那歌里面怎么那么多忧愁？

何：哎呀，那个愁的太多了，天灾人祸啥的，亲人死亡了，有病没治疗，或者是清朝政府把这儿的人抓走了，有的很多年没回来，有的战死了。那个歌是坐在大轱辘车上唱的，所以节奏就在那。这个音调很多有音乐天赋的人都学不来，那个味儿唱不出来……（唱歌）。歌词意思是发大水以后水在流，我的老头不知道在哪儿。不管什么歌都是那个调儿。我们一个村的人，人人唱的都不一样，人死了歌就跟着走了。那时候也没有录音设备，也不会谱曲，死了就没了。现在就我一个人会唱了。对了还有一个人，不过就会唱一首歌，跟着她妈妈学的。她本来不会唱的，妈妈死的时候她回忆起来了。但是她妈妈那个味儿她就是唱不出来。我现在什么都看淡了，自己年龄大了，走了以后那个录音能存留多久我也不知道了，也没有人去学，学不会了。

白：我以前看过一个民族音乐志，里面记录的每一首歌背后都有一个故事，讲这首歌产生的背景。我觉得您现在也可以这么记下来，让后人知道这些。

何：现在有人关注鄂伦春，之前有一个专家写这个音乐志，发表在刊物上了。还有那些年画什么的都有专家研究。这个对农业研究也有用。对地质学、自然科学研究的人也有用。

白：是啊，传统文化里面有很多好东西。

何：研究鄂温克人的起源在哪儿，有的说是洞庭湖。还有很多各种各样的。我不这么想，我好像记得鄂温克不是森林起源的，有个印象，但是没有根据。鄂伦春和鄂温克的研究不能太分开，毕竟起源上是一个民族。当时不应该分成两个民族的，现在成一个不可逾越的鸿沟了。四百多年前是找不着单一的鄂伦春的。根据这个说法有学者说鄂伦春和鄂温克是一个民族的，后来有人告诉他说不能这么说，他就不说了。有人问我鄂伦春和鄂温克话一样么？我寻思怎么回答他，结果有人抢着说不一样，我只好说不完全一样。其实差不多一样，跟那个汉人的比，还没有北京话和上海话差别大呢。鄂伦春和鄂温克根本差别就不大。之前有人给我说咱鄂温克应该在学校教语言，这个很麻烦。但是如果鄂伦春和鄂温克一起办的话，本来语言差别不大嘛，我可以又学鄂伦春语又学鄂温克语，这个一举双得嘛。有小学达斡尔族的老师学了鄂伦春语和我们鄂温克人说话，就语气不一样。达斡尔人也可以学。你只要学了一种语言，稍微变更一下就是另外一种语言。你鄂伦春语会，鄂温克语就会了；达斡尔语会，蒙古语就会了，你这些都学了再加上汉语，五个民族语言就都会了。而且达斡尔语中有鄂伦春语的部分，这些都不难。学了以后你在这一片少数民族地区就可以走遍了。我也学了四年日语，当时觉得很好学，后来没有环境就不会了。

白：是啊，多会几种语言多好。大娘您现在这个歌得赶紧录下来呀。

何：是，我现在一年不如一年了，这身体啊嗓音啊，都不如以前。我现在说什么他们也不懂，白说。在研讨会上我就说“我的歌儿呀快和我一起变成灰了，就我这些歌儿呀我真是有点舍不得，所以我就来了”。

白：那真该抓紧录。

何：是啊，现在我一做事，干完以后就欣赏，我很得意，问心无愧。我干的活你要是想看我可以拿出两件给你看看。

（展示自己手工缝制的工艺品）

白：这也是鄂温克的绣法？

何：是。这是手法的问题，都是鄂温克的绣法。

白：这些图案都有什么说法吗？

何：都带着一些长寿的意思，而且和汉人的一样。汉人的东西是把整个中华民族都综合了。

白：鄂伦春的图案和鄂温克的图案有什么区别吗？

何：基本一样，但是鄂伦春的都是短的，这样连成片的没有，这一旮旯那一旮旯的，鄂温克的中间连成片。

白：那这个有没有作为旅游纪念品卖？

何：挣不了两个钱，都要人家又买不起，所以我就自己做一个留着看得了。

白：咱们以前也是用皮子做包吗？那拉锁这儿怎么做的呢？

何：用啊，拉锁这是带扣的，现在我懒了就不整扣了。我这是留着自己看吧。

白：这些手艺丢了确实可惜。应该好好收藏，将来一定会有被重视的一天。

访谈六

马连军，男，60 岁，汉族，原鄂伦春自治旗政府办公室主任。

访谈时间：2010 年 8 月 12 日

白：主任，我知道您是个有想法的人。您怎么看待鄂伦春的发展和文化保护问题？

马：要我说，咱鄂伦春旗 800 多平方公里的土地，三分之一都在黑龙江版图上，这么多年迟迟不解决。这样，容易让人觉得是对少数民族的一个不信任。去年乡镇的四个代表去北京，我当翻译，到国家民委、信访局、民政部。后来到民政部还行，他们出来一个部长。我说我们针对的不是哪个人哪个事，而是整个民族的希望。因为你看到这个地图不知道怎么解释，老师讲课都没法讲。我们都很不理解，民族区域自治法这么多年了，我们这点问题怎么就解决不了。北京那个人特别傲慢，很不客气，说这个涉及到国际问题，历史遗留问题，一顿马列主义。我就想你就算假装也该尊重点人。我说有这么两个疑问，您说这是历史遗留问题，涉及国际问题，难道我们在社会主义时期的事情，要等到下几代的领导才能解决吗？我想说的是鄂伦春这个民族再小，它也不是不值得你们重视，我们也知道尽量不给国家添麻烦，我们通过正当途径来解决问题。那个人说我们也派过人去你们那儿调查问题，但是上头领导没说什么。这个是国土资源部接待的。历史问题现在就不能解决吗？鄂伦春民族小就不考虑了吗？后来总算有了点措施，从 07 年开始，每年给鄂伦春旗补偿三千万。

白：那这个症结的根在哪儿呢？

马：这个不知道。我们不想要钱，想要地方。当时没办法，只有接受了，三千万对鄂伦春旗也不是小数。这些年财政多困难啊！咱们三十万人口，整个旗 GDP 才不到一个亿。困难到什么程度？去年一年 GDP 才八千万。现在好点了，现在知道藏富于民了。实际上这是非常好办的事情，但是就是没人管。

白：现在文化方面怎么样？

马：咱们现在靠旅游，你别的东西已经开发采光了，只能靠历史文化来卖钱。

白：我看前不久电视报道，七八月份办的一个文化节，里面就有一个是鄂伦春的。

马：鄂伦春历史上，在建旗之前有过两任旗长，1932 年伪满洲国有过一任，咱们旗志里面都有记载，1931 年一任，1932 年之后就没了，因为它没有定居，没有政权。你看这小民族不大，从满清时的五座、八座发展到十几座，一座是六十户居民，按照一户五个人来算，现在还不到八千人。那时候每个族里哪个人病或死亡的都掌握的一清二楚。

白：您是什么时候开始做鄂伦春研究的？

马：这事还得感谢这块土地，我一开始参加工作的时候是知识青年嘛，在黑龙江知识青年宣传队工作的时候，那个领导也挺看重我的，我就写些东西。那时候有个创作队，必须下去体验生活。

白：我发现您对鄂伦春的感情和责任感比很多鄂伦春人都深。

马：我那时候喜欢做笔记，很多民歌听得人如醉如痴，可惜后来都没有了。那时我在下面一待就是一两个月，老人也很好，讲的很多。我那时候就流水账似的记录。那时候也有篝火节，后来办了十几届就办不下去了。现在篝火节祭天、祭地、民族工艺、民族游戏这一套东西都是我记录下来的。民族工艺大赛十四个获奖人，还有两个我没写到。现在已经五万多字了。就是写那些工艺大师的口述，包括她们的成长经历。我估计明年就能出书，也是我自己六十多岁的时候，给自己的一个交代，给这个民族地区的一个报答。因为这些东西要是再不留下就麻烦了。我找那些老人谈的时候，鄂伦春定居时的那些故事都是很感人的。篝火节是鄂伦春本民族的节日，还有手工艺展，这些都必须得到大家的认同。篝火节大家都过得非常高兴。可惜的是第二年黑龙江那边抢先注册了。不过不管这个谁注册也好，反正都是鄂伦春的东西。咱们发展旅游业的话，这些民族工艺大师就是一个重要的品牌。

白：现在对民族工艺大师有没有什么政策性的支持？

马：没有，我打算等我的书出来了，拿着我的书以及录像视频，到国家民委去，给民族工艺大师要一个证书，国家或者自治旗一年给点资金。培养一个传统民族工艺人花多少钱？首先得有一个规范化的系列，你把它的渊源出处给整出来。语言和工艺这个都得靠师傅带徒弟，耳濡目染。鄂伦春是萨满教，萨满教这个研究途径不太好找，萨满教不像别的宗教，别的宗教有教堂、讲义、布道师，萨满教没有。

白：以您做篝火节的经验，像少数民族文化题材的大型演出，您觉得鄂伦春现在具备这个条件么？就是那种用原生态的，从真正的猎民中选出来的演员。

马：我考察了几次这种民俗演出，我觉得还是可以的。按这个条件还是有可能。不过说的悲观一点，民族文化也好，民俗也好，最终还是很难保留。鄂伦春能够保留一点文化还是靠旅游这一块，前景还算是比较乐观的。

白：我去云南时看印象丽江这类演出，感觉还是比较能打动人的。我觉得即使是商业表演，也要有真实的东西，应该说这就是一个民族的魂吧。

马：咱们现在办一个晚会，都是几十万。站在民俗这个角度上，有时候一看吧就假的不行。民族的东西说好找也好找，说不好找也不好找，一个是要有可借鉴的东西，另一个是唯一性，鄂伦春就是鄂伦春的，不是其他民族的。鄂伦春从他独特的生活环境和历史来讲，就拿狩猎文化这一点来讲，就是唯一的。请来的人当然艺术造诣啊表现手法都是好的，但得让人看到生活的真实和历史的真实，这个才能产生震撼。

白：您对这个文化将来怎么传承下去有什么想法？您觉得从国家的角度和政府的角度应该做些什么呢？

马：现在发展的主流应该是世界大同，从民族的角度来讲是地域性的。传承的话，当初搞的那个民族工艺大师，是民族地区政府做的。我感觉呢，可以拿着自己的材料，包括作品啊，图片文字，做法说明等到国家文化部和民委去，让他们给办这个事。我不是让你推传承人，是让你认可。然后由国家、自治区、鄂伦春旗共同给这些人发放一定的津贴，让他来培养传人。咱们博物馆里这个工艺品一百多年历史了。你看现在这个鄂伦春的婚俗婚礼，按照传统习俗来讲，那应该媒人带着酒，领着小伙子到女方家去求亲，好话说尽，对方如果同意了把这酒喝了那就成了，完了再选个日子举行婚礼。我们这儿怎么呀，媒人谈完之后，还得七大姑、八大姨去谈一谈闹一闹。其实鄂伦春民族文化，这也是这块土地给我的一个礼物。不知道你看没看过，那些小儿歌和游戏里面，一些很民俗的东西都加在里面了，而且还有问答和对话，非常有特色。像这些称谓、动植物能够留下来就行了，做出这样一个游戏就很好了。

白：您采访过额尔登挂大娘是吗？

马：对。花了一天半时间吧。第一天上午去的，第二天又用了半天的时间，照了相，老太太一边吃饭一边讲了很多故事，回头我都整理下来了。

白：要记录的东西真的挺多的。

马：尤其是本民族的你们这样的人，应该做这些事。像现在这种情况，岁数大的已经不多，而且岁数大的人里面能够讲清楚的更是不多了。

白：她说好像也没有评上国家级的传承人是吗？以前我好像听过一种说法，说有些人不认可她的一些说法。到底问题在哪里？

马：已经报上去了。你说得太对了，咱们拍那个片子，因为你不在这地方生活，有些东西就不一样。托河的服装和这儿的服装就不一样，有一些很细微的区别，有人一看就知道；有时候互相之间这个语言也是有一些小小的差别的。尤其是小二沟那边基本上都说达斡尔语，小孩从小就是达斡尔的老师上课，还有一些地方都有这种文化语言的渗透，这是一个融合进化的过程。在民俗方面，这已经是约定俗成的东西了，你们这些学者必须要规范一下。我们的历史、婚俗、日常生活、礼仪，这些很容易编到晚会节目里面去，一步一步细化嘛。这些事要是做下来，对这片土地也算是一个交代。去年开宣传会的时候，党校请我讲了四、五次关于鄂伦春的风俗，流域，简史，三次飞跃，后来我还专门学电脑做课件。

白：您可真不简单！对了说到党校，我今天上午和白娟聊的时候，她还说党校应该把所有鄂伦春族集中在一起，上上课、开个讲座什么的，这样可以从整体上提高鄂伦春族干部的素质。

马：这个想法也行。反正你在这个地区当干部，热爱这里，就得具备这个水平，有一些是连这块土地的历史都不知道，这个太不应该了。唐诗里面还有“君从家乡来，应知家乡事。”就咱们这儿，来个人一问就说去找宣传部，那时候也是逼着我学的。要开发旅游，要发展，必须涉及这些。

白：真是这么回事。其他方面您还有什么特别有感触，有特别想说的么？

马：我这说得已经够多了，话痨。

白：我听说前一年多在北京，咱们有一个鲜卑文化的展演是吧？

马：对，零八年，那时候我当的解说，整个的词都是我写的。自己写的，额尔西广场第一次民俗演出，也是我当的主持。我感觉我还有点这方面的潜能。

白：确实有，而且您这主持人都属于专家型的了。这是没有更大的舞台，要不然您更适合当电视节目主持人。

马：当时有这么个意见，就是办一个鄂伦春民族演艺性质的讲座吧，每期时间不长，十分钟十五分钟。我说这个也挺不错的，可以介绍风俗啊、狩猎啊、文化啊。我说不用我呢，我难得清闲；有需要我的呢，我还是能再发挥一下自己的。

白：按理说是不是应该有个机构来做这事？由最有名望的人来挑头，这样才能把大家都聚到一块，这样如果想做一些事，尤其是文化保护方面的事情，就容易做起来。

马：民研会就是这么一个机构。你本身搞民族演出，像我一开始给你说的，关于我们老祖宗满清满汉的东西，现在民研会有人做，民委也有人，民政还有，只要上头的领导签一下头，组织一下就行。你说人少经费有限，没关系呀，今年一年你就把托河流域做好，明年再换别的地方。在一个地方的时候就在那儿定一个人，再继续做的时候就交给地方政府。四年四个地区做完了，我这个档案就建立起来了，一劳永逸的事情。尤其是现在这么先进的技术，一存就完了嘛，死亡的新生的，这不就接续上了吗，还是得做，要不很多工作都是一片空白。

访谈七

宏雷，男，39岁，达斡尔族，鄂伦春自治旗文化馆馆长

访谈时间：2010年8月18日

白：宏馆长，刚才你聊到的那个猎民乡的摩托车队我很好奇，不知是什么时候组建的呢？

宏：应该是有两年了，他们都是越野摩托，很专业的，是那种花样特技摩托，旋转什么的，各种花样，一般是二十岁到三十岁之间的。所用的都是专业的摩托，一个一万多块钱呢。

白：在我采访中我感觉多数猎民还是不太富裕的，能够花一万多块钱买摩托说明生活也还可以哈。

宏：他们父辈再往上是骑马的，到他们这就是骑摩托，这能说明点问题。这个文化很有意思。摩托队不表演，一般参加一些越野赛之类的比赛，找到赞助就去。具体人数我也不太清楚，应该是十个左右吧，一直保持在这个人数。他们平时就是上班的上班，种地的种地，该干啥就干啥，有事了就集中起来训练。

白：人如果有一个认真的爱好，一般精神面貌就比较好。

宏：他们平时都说你看我买了一匹“马”。他们正好是在那个定居的时候出生的，早期还是有骑过马的这种经历，喜欢骑马。骑马和骑摩托有像的地方，挺好玩的。

白：我去过几次猎民乡，当时看到有的年轻人大白天无所事事的样子，看了让人心里堵得慌。

宏：这是现在社会的文化对人的冲击太厉害，他们就是迷惑了，而且政府政策给的太好了，把他们的习惯养成了。这个政府也有一定的责任。

白：虽然有一定的保障，有饭吃，但没能适应好现在的社会。

宏：他们和父辈联系非常紧，鄂伦春是狩猎民族，你忽然给他禁猎了，让他打工啊或者学计算机什么的，他们不会，心态上也没法那么快适应。这个需要几代人的熏陶才行，而且要从小就开始熏陶。他们小时候还是很浓厚的狩猎文化，你让他暂停，政府同时又给这么多优厚条件，他肯定适应不了，于是就无所事事了。

白：不知这些孩子民族意识怎么样，鄂伦春话基本上不会说了是吗？

宏：意识有。鄂伦春话呢，基本上听得懂，但是不会说了。

白：在你看来还有什么值得关注的文化现象吗？新气象也行，或者是他们正在做的有民族文化意义的？像您说的摩托队，它具有一定的时代感。这个按理说是和以前有一定的关系的，所以是有这个心理在里面。

宏：是这样的。

白：那个猎民村，挂着民俗村，就好像专门为了旅游而设立的旅游点了。

宏：那个村子我去了感觉就不像一个村子，村子作为一个人居住的地方，至少有园子，养一些马、狗、鸡啊，但是这个没有生活气息。在那儿找不着家的感觉，反正不舒服。

白：对，物质条件是够了，但是感觉没有精神了。

宏：咱们这种情况，在民族地区还没有这种例子，没有一个范例。只能自己摸索，上面也没规范的要求。本来挺好的，结果突然禁猎了，这枪就不能打了，不让咱们打猎了。鄂伦春全国才八千人，原来一天三餐都吃狍子肉。

白：如果按照鄂伦春人原来对待森林和动物的观念，是不会对森林造成破坏的。问题是后来打猎的人多了，什么人都有。

宏：这就像改革开放咱们硬搬欧美那些东西，那肯定要走一些弯路。

白：不知道当时的政策出台是怎么样一个过程。

宏：这里应该缺少懂民族的人。现在国家这个还比较好了。以前政策制定都是自上而下的，上面怎么说下面怎么做。我现在做得就是遗产保护，我们现在有一个民族非物质文化遗产保护的组织，设在我这个组织下面，上面直接是文化局了。我们现在感觉像是自下而上的，就是我们提出想法往上报，上面同意了下面就执行。但是我感觉我们现在做得都还不太好，那个文化遗产保护每年都在做一些项目，都是纸面上的，纸上谈兵。每年到申报的时候了，我们就写一份，然后就完事了。咱们这儿报到呼伦贝尔，即使国家已经批了，我们这儿还是什么变化都没有，给个证书就完事了。说的是一年给八千块钱经费，反正我是没找着。文件申报上去，我们还得从报纸上才知道是批了还是怎么了。我就是觉得咱们做这个太仓促，什么都没想好，什么都没准备，也没什么经验，都是一边摸索一边做。但是你不能口头说说而已。比如说前两年我做一个动画片，鄂伦春语教学的光盘，里面就是鄂伦春人的故事，生活习惯啊，收集单词短语啊，儿歌。这个都放着很长时间了，就在咱们电视台，因为它是鄂伦春语，没有往上推的必要。

白：你觉得这些适合学校吗？

宏：非常适合。当时是全国都在做一个动漫工程，推动动漫产业发展。我觉得这是很奇怪的一件事，因为美国动漫、日本动漫都是很成熟的，产业收入很高。咱们这边觉得这个很挣钱，就成立一个工委会，国家投入特别大。你说世界上最长的动漫是哪部，我以为是名侦探柯南这样很著名的，结果是蓝猫淘气三千问，有三千集！但是这个很烂。人家就三百集，是精品，有一个算一个。中国这个做得太烂了。还有现在那个喜羊羊和灰太狼也是，不停地在做，一集比一集烂。

白：当时这个动画片火了之后我关注了一下，也是特别不明白，为什么这个这么火？

宏：还是市场引导有问题，后来中国动漫就发展不起来了。其实中国不缺少人才，不缺少好的编剧，但缺少创新的意识。

白：你那个光盘现在都保存着吗？

宏：都搬出去了。我现在的任务就是拍纪录片、拍动画片、出书、出歌，我希望阿里河能在鄂伦春旗形成一种特有的鄂伦春文化。到时候广播里播的是，书里看的是，这样鄂伦春文化就暂时消失不了了。

白：全社会都有这种氛围的时候就会容易很多，否则就只能从学校教育来做。我写论文的时候是从游戏切入的，研究游戏对孩子的影响。我觉得想保护文化必须从小、从幼儿园就开始，把儿歌和游戏引入到孩子的日程生活里面去。还可以做动画片。比如鄂伦春有那么多神话故事，做成动画片是很适合的，如果能做的水准高些，我相信很多孩子包括大人都会喜欢。另外动画片的另一个好处是可以把文化全方位融合进去，能起到传播和继承的作用。而且做得好还可以有经济效益。其实好多事情都是可以做的。

宏：你这想法真的挺好。不过要留住语言确实太难了，因为缺少语言环境。你看学鄂伦春语和英语难度也差不了多少，但是没有人说，没有人对话。

白：现实条件下确实不可能要求大家平时都用鄂伦春语聊天，但有些场合比如家庭里是可以的。一些民族因为有意识保留自己的语言，就算离开了群居的环境还是会想方设法让孩子学会自己的语言，要求家里必须讲自己的语言。

宏：对，但对于鄂伦春来说现在很难。

白：是。恐怕还需要更高层面的支持，如果有国家或自治区的政策引导，下面推动也容易些。

访谈八

格尔巴杰，女，69岁，鄂伦春族，多布库尔村民；葛林杰，女，75岁，鄂伦春族，多布库尔村民。

访谈时间：2010年8月17日

白：那楚，您有几个孩子？

格：就一个姑娘。

白：哦，小棉袄哈。

格：呵呵，是啊。

白：这房子建得挺漂亮，是政府统一建的吧，有多少平米？

格：嗯，统一建的，七十多平米吧。

白：咱们这村里还有多少鄂伦春老人？

格：不多了，也就四五个啦。

白：真是不多了。您和我爸爸是小二沟同学哈。您是哪年生的？

格：对对，就是很多年都没见啦。我们是五七年入的学。我是四二年生的。你爸爸比我小。

白：您对我爸爸还有印象吗？

格：有啊。你爸爸脑瓜好使，长的也精神。多少年没见了，现在见着都不一定认识啦。

白：那上完小学后您去哪儿了？

格：我上到六年级毕业就不念了。

白：为啥不念了呢？

格：条件可不好了，坚持不了啦。

白：哦。那时候很苦哈，我也经常听我爸和我妈说中小学时候的事。那楚你也经常聊过去的事吧？

格：对，也经常有来采访的，哪儿的都有，来了也是问这问那的。

白：现在你们都成鄂伦春的宝贝了，你们脑子里的东西都是咱们的宝贝。

格：是啊，老年人没了这些东西就都没了。

白：村子里平时说鄂伦春话的多吗？

格：三十岁以上的说得比较多。年轻的也能说点儿。

白：哦，那好像比别的村子好。

白（对葛）：那楚，您说上初中一年级的时候生病回家了，然后就不念了是吧？

葛：嗯，我当时感冒了，我和同学都回来了。

白：重吗？会是肺炎吗？

葛：后来看像肺炎，不过后来瞧好了。我就记得回家时那路上可冷了。

白：本来就生病，再加上天冷。那时候您多大？

葛：十八九岁了。上学晚，十三岁上的一年级。

白：哦，那要上初一的话就十九岁了。

葛：那时还不天天开班。

白：那个中学后来变成了现在哪所中学呀？

葛：那个变成现在的阿里河一中了。现在原先那边一个房子没有了。那时中学是在森林里。

白：哦，是吗！在森林里？真想象不了啊！不过现在想着挺有意思的哈。

葛：嗯，那时候哪有楼啊，都是草房，教室也是草房。

白：那样的房子不暖和哈？

葛：嗯，冷。再说很长时间才吃一回肉。平时没有肉，只有白菜，不习惯。

白：那时候在山上还都打猎哈。

葛：对，打猎。

白：山上有多少户那样住在一起？小时候生活好不好啊？

葛：两三户吧。生活好的一面、坏的一面都有。那时候净打野猪什么的。

白：那时候肉够吃哈？

葛：有时候也断粮食，打猎也打不着啥，八月份就不好打，温度太高了，都不出来。

白：那这一个月怎么办？

葛：就没有吃的了，打猎也打不着。

白：哦，那就得挨饿了。

葛：为啥打不到野猪呢？那时土匪多，不敢上山。

白：哦，土匪那么厉害啊！那楚，您印象中小时候最美好的记忆是啥？

葛：呵呵，那就是玩呗。

白：都玩啥呀？

葛：啥都玩。一般男孩女孩都一起玩。一般十一、十二岁的孩子吧，没事的时候就在一起下棋啦，搓冰猴啦，跳大绳啦。还有踩高跷，能站起来那种。完了还到野外采树蘑菇，白白的，跟大哥嫂子们一起。寒冬腊月不打猎，撮罗子里面没有灯，就烧火，用火借光。要不就听老人讲故事。

白：小时候都听过什么故事啊？

葛：哎，年头太多了，完了记忆力也不好了，讲的那些故事现在都模模糊糊的了，记不起来了。

白：那时候老人除了给讲故事还讲什么呢，一般怎么教育孩子？

葛：教育孩子呢，就告诉什么是好的，什么是不好的，应该这么样做，不该那么样做。平时都教。那时候尊敬老人，小孩儿都听话。

白：哦。以前鄂伦春孩子比现在更有规矩、更有礼貌是吧？那时候喝酒的人多吗？

葛：哪有酒喝啊。那时候没有人喝大酒，都各干各的事。酒也不多。

白：外面很多人一提到咱们民族，一是狩猎民族，二是能喝酒。

葛：以前不是那样。

白：现在咱们鄂伦春是狩猎民族，在山里的时候砍树多吗？

葛：不怎么砍，实在要用才砍。

白：您感觉咱们鄂伦春的语言啊、传统啊，是怎么开始一点一点没的呢？

葛：老人渐渐没了，年轻人又不会，就没了。

白：您感觉什么时候变化得比较明显呢？

葛：嗯……我觉得从二三十年前那会儿吧。

白：二三十年前应该是八十年代。正是改革开放的时候吧？

葛：对对对。

白：为啥从那个时候比较明显呢？

葛：应该是外来人口多了。

白：过去和现在比有什么优点吗，您觉得？

葛：过去的好就是有猎打，那时候多好啊。

白：那人本身呢？比如我感觉您这一辈儿的人都很真诚。你们觉得过去的人和现在的年轻人比，优点在哪儿？

葛：那时候的人经常帮助人，我们一家啥都没有，就两个老太太，都是孤儿。

白：那楚，您现在收入主要靠什么？

葛：主要就靠现在这个低保呗。

白：那平时吃的蔬菜啥的自己种吗？

葛：对，自己一点一点种。

白：那时候在哪儿生活啊？

葛：在朝阳。那个时候我快上学了，没有房子，盖草房，里面没有棚，没有炕，自己搭，一栋房子是两户人家，一个门两个厨房，就那样的。

白：小外孙会说鄂伦春族语吗？想怎么培养小外孙啊？

葛：他听得懂我说的。前两天报了合唱团，他不想去，他喜欢写字。

白：哦，喜欢写字也很好啊。您想让他将来成为什么样的人呢？

葛：具体倒也没什么想法，就希望他好好学，他脑筋好。

白：脑瓜聪明哈。那咱们鄂伦春以前的事讲给他听吗？

葛：讲过，不少讲。他爸爸一年四季不回家，看都不来看，小孩小时候都是我照顾的，他妈妈身体不行。我的姑娘也去世三年了。

白：哦。那您真不容易。您现在得好好爱护身体，等孩子长大了就可以孝敬您了。以后的日子就越来越好了。

葛：嗯，是啊，盼着他好好学将来有个好工作。

白：大娘，像你们这些老辈对咱们的文化有什么希望呢？

葛：哎，要我说呀，老年人没了，文化啥的也就不行了。

白：现在咱这个村在文化这方面做点啥吗？比如语言、工艺方面的？

葛：也就是大家在一块儿唱唱歌什么的，年轻人倒是也去，都去参加。

白：这儿的年轻人会唱你们的那些老歌吗？

葛：没人给教，教也唱不起来。

白：现在年轻人一般都什么心态呀，对自己的文化？

葛：反正算不上不积极。语言能拿起来的没有几个。

白：为什么呢？咱们这汉族人多吗？

葛：不多。就是时间长不说也就忘了。

白：按说从小在这里长大应该都会吧？

葛：平常一起唠嗑的时候我说，可他们自己的时候就忘了，也不说。

白：小时候都会是吗？

葛：小时候会。

白：会不会是上学后没机会说，所以就忘了？

葛：也有这个可能。有时候我就纳闷了，现在平常唠嗑他们都听不懂了。这达斡尔族有的还会说鄂伦春话呢。

访谈九

泉博顺，男，74岁，鄂伦春族，原鄂伦春自治旗政协主席，第八届、第九届全国政协委员。

访谈时间：2010年8月16日

白：大爷，您当过那么多年政协委员，有个问题我想问您哈，如果在考试的时候，比如考公务员的时候懂自己民族语言、了解自己民族文化的就可以加分，如果让您来当考官，按照掌握的程度，你觉得有办法考查吗？

泉：这个很难，有的年轻人鄂伦春语不懂，也说不好。

白：如果这个政策能实施，五年以后会不会有好转呢？如果考公务员时需要，是不是将来孩子都会学呢？我采访时就有人就提出想法，说可以在社会上开设一个鄂伦春语的班。

泉：我觉得很难。就算找一个鄂伦春语的老师，可在课堂上教是很难的。我孩子都不会，这没法教，没有环境教不了。当初这个地方80%是鄂伦春族，根本不用教。这个和我当初上学学汉语是不一样的。很难。我孩子这一辈是不行了，孙子这一辈也差，得从下一辈儿的人来，从头来。

白：我想的就是从幼儿园儿歌教起。如果将来考大学有用，就业的时候考公务员也要用，那大家是不是就愿意学了？主要是学了要有用，学了没用那当然大家不愿意学了。要是就这样放任不管，那语言肯定很快会消失的。现在全世界包括中国都说要保护语言的多样性嘛。

泉：晚了一点。从我们那时候开始就好了，现在已经晚了一步了。真要做这个，那力度不是一般的力度。鄂伦春语从我这儿往下就没了，现在95%以上都是其他民族，汉族占绝大多数。从那个幼儿园开始，小学初中高中都要有鄂伦春语言这一科，你要让他学好很难，环境的因素很厉害。懂鄂伦春语言的没几个了，很少有会说的了，在猎民村长大的才会，现在的鄂伦春孩子都不会。我们重视的话，现在争取还能抢救一下，不过这个难度很大。

白：可以提建议。

泉：我原来上初中的时候，主要学的就是汉语，汉语说不清楚什么都搞不好。现在鄂伦春人有什么想法呢，我汉语得学，鄂伦春语还要学点。有这个心理状态就好办。先研究少数民族语言，然后再求别的。国家政策也不是随便出的，出了也不一定好办。学鄂伦春语，这个非得鄂伦春族的来；再就是明确保留鄂伦春语言的重要性。

白：大爷您今年有七十吗？

泉：七十五了！

白：哦！都快十年没见着您了，记得认识您还是我读大学的时候。你小时候是在哪儿出生长大的呀？

泉：西乌尔，我一辈子就在这个河流。原来这边还没有鄂伦春族，后期解放以后，建了乡级政府以后才有的，原来就在山上。古里那块1947年才有，古里原来是瑷珲的，托河那边原来是哈达尔河的都是按照河流分的。老白家是小二沟那一带，老何家是从我爷爷辈搬去的。鄂伦春不是没有马嘛，呼伦贝尔的那个马这么搬过去的，偷了几百匹马。我四八年到四九年在这儿上的小学，五〇年到莫旗上学，四年级直接保送初中，没有考试。初中毕业完了就参加工作。小时候不会汉语，在黑板上写，语言表达不了，最重要的科目就是语文，后来就努力学

白：您现在的表达能力肯定和那时候学的语文有关系。

泉：有关系。孩子本身就有学语言的欲望，抓得早能够接上。这个鄂伦春语吧，就是因为鄂伦春干部对于必须学的汉语很看重，开始认为语言对于民族的生存发展没什么，后来想起来就晚了。那个时候上完学，五〇年到阿里河的公安局，六五年当公安局的副局长，六七年当革委会的副主任，那时候才三十多岁，培养鄂伦春干部嘛。那时候的人，基本不喝酒也不抽烟，我也是。

白：语言和文化是“文革”的时候消失得比较快吗？

泉：这个也是一种自然现象。我那下一代就不会说，因为我老伴是汉族。再往后都是汉族多，有的孩子就说“哎呀学了语

言干嘛”，和这个想法有关。那时候没那个意识，要上学学汉语。这孩子他愿意学，有兴趣那就行；没这个，你政策再好，没人呼应也不行。

白：定居的时候您在哪儿？

泉：58年我参加工作了，那时候在小二沟。58年的十一月份搬到小二沟了，定居结束后搬到阿里河，整个从54年到58年，不愿意下山不愿意住房子。我小时候住那个斜仁柱冷的不行！都冷，就是那样的条件你也得适应，很艰苦。

白：小孩不会冻感冒吗？不生病？

泉：生病这个真没有。女同志生小孩，简陋的不得了，鄂伦春的女性都有腰疼腿疼的病，那时候落下的，冬天有七个月，太冷了。

白：过去的条件还是差。大爷，那猎民村八十年代的时候语言保留得怎么样？

泉：还可以，猎民村它全部都是鄂伦春人啊，语言到现在没问题。但是以前传下的规矩现在基本上都没了。

白：你觉得咱们这个文化现在还能保留住吗？文化保留关键在人，那些传统比如尊老爱幼、朴实的民风啊，都得靠人，您说是吧？

泉：可不是。我那孙子就是鄂伦春的规矩都懂，鄂伦春生活的一些东西也都知道。父母在的话鄂伦春人就不能喝酒，来客人了男主人去弄肉，女主人不能上桌。再下一代可能就够呛了。鄂伦春的这些生活习惯啊，风俗啊，就是这样。

白：嗯，我知道过去的人都很有规矩，也应该说是有教养吧。现在因为喝酒什么的意外死亡的还多吗？以前好像多点？

泉：现在不多了，59年60年的时候多。那时候就流行一个喝，喝了就失控了闹事。那时候全靠打猎，你说穷吧，但是有粮食，别的没有，上山打猎下来回头自己去换粮食。这个还是跟文化落后有关系。

白：哦，还要去换粮食。

泉：这是定居以前，解放以前想喝酒也没酒。文化吧没文字没记载，老人要是经常讲鄂伦春的生活和文化还好，现在没人讲了就失传了。时间长了，老人老人没了，就没人知道了。我能记载我的孩子还知道，要是都不知道就完了。

白：您是十几届的政协代表？

泉：八届、九届，总共十年。九〇年开始的。胡锦涛当总书记的时候我就基本卸任了。岁数到了，那时候六十八岁了。我提过一个林业局的山保工程，还有一个"那仁"节，还有把两块鄂伦春的地合并进黑龙江，这个对鄂伦春旗的发展很有好处。黑龙江那边拨款都是单列，直接给到县里，对民族问题也比较重视。

白：您提了不少提案。

泉：这个就是为了鄂伦春。猎民村那个状态我看都不去看，就是只有饭吃，人的那个精神状态不行，已经完了！每天还打麻将，没经济来源。也就是有几个稍微好点，再就是一些干部，其他都是没工作没固定收入，多数猎民是没有土地的，只是靠发补助。

访谈十

辛来群，66 岁，男，汉族，国家一级演员，原鄂伦春自治旗乌兰牧骑队长。

访谈时间：2010 年 8 月 15 日

白：昨天我们讲到哪儿来着，也差不多是聊到学院派什么的哈？

辛：嗯，这些孩子尽管是不太好学，也倒学会了一些心理学，声乐的啥的。但是吧，似乎是对自己的东西没有多大兴趣，不是因为热爱才去做。

白：所以没有原来你们那一代人的钻研劲是吧？

辛：现在一个都没发现。

白：好像只是把它当成了一个职业，一个饭碗？

辛：对呀。感觉就是除了我在排练场不得不排练，其他时间就不去想了。你一说“今天大家辛苦了，下午不排了”他们马上欢呼：“好！好！好！”不到三分钟，撤没了，一个人影也看不着。

白：以前你们那时候呢？

辛：以前不是这样，不好的话，我觉得自己差我就练，就苦练去。我们以前都是这样的。

白：当时的人都是从骨子里热爱艺术吗？

辛：那时候的人认真。现在有这样的都往上走啦，到大城市了。因为啥呢，竞争得太厉害。我去接触了一些，我一看这练功那是比着练啊！你不练，因为搞这行的太多了，那你就淘汰了，人家不用你。咱这不是，反正咋的都给碗饭吃。

白：最近我在民大听了一门艺术教育的课。有一次课上一个藏族的女生，是舞蹈专业的研究生，她讲到小的时候有一次吃牦牛肉，她把肥肉悄悄扔给桌子底下的狗，她爷爷看见了，也不直接批评她，就说：“哎呀孩子，牦牛把整个身体都献给人啦，不管是肥的呀、瘦的呀，都给你了，你还挑它给你的肉哪块肥了、哪块瘦了？”从那以后她再也不这样了，一次就记住了。

辛：你看这就是教育小孩儿，他也没太高的学历，但是他道理说得好。

白：嗯当时我听了也觉得一个民族这种传统的理念现在看来多难得！所以就像您说的，以前鄂伦春族的传统教育“不得了”。

辛：是，不得了，鄂伦春过去是那样子，很厉害。在老人面前都不敢放肆。喝酒都不敢，哪有敢喝酒的，没有。只有老人坐那儿喝酒。年轻人就是想喝也不敢，非常有规矩。

白：是啊，那时候的教育应该是很成功的，孩子们都很懂事很能干。是不是也因为所有人都很勤劳，比如女孩看妈妈从早干到晚，很小也跟着一起做。有时候就听他们讲，遇到某种情况，大人简简单单的一句话，就告诉孩子，你这样做是不对的，应该那样做。大人也是身体力行。自然而然很多东西就这样传下去了。所以这种教育就很管用。

辛：现在是不行啦。受外来的影响太深了，原来的东西慢慢流失了，你避免不了。你本身人口少，又没有文字，有些方面逐渐逐渐也就消失了。

白：您觉得现在如果单纯从舞蹈教育这一块儿，培养小孩儿学习自己的文化的话，有什么好办法？像当初我丽君姐家的孩子旻昱，小时候就是参加的咱们乌兰牧骑办的舞蹈班吧？那时候教些什么呢？

辛：教的就是什么呢，你比如说从各方面来，舞蹈它是各方面都需要，比如说体型呀、气质呀，因为你毕竟学的是舞蹈嘛，一些基本功啥的，肢体上能得到一些解放。跳起来他就不一样，学过基本功的，感觉就不一样。所以练基本功的基础上跟着就是一些舞蹈，像蒙族的啦，新疆的啦，再就是咱们主体民族的各种跳法，不能放弃呀。鄂伦春没有现成的我们就自己编，也编了一些小的舞蹈，去参加个什么活动啦，开个班会啦，展示一下。从客观上鄂伦春舞蹈能在她们身上适当继承一部分下来，就这么传播呗。小小孩儿的呢，我也适当编一编，他们能接受的，然后告诉他这是鄂伦春的东西。别的民族的舞蹈，像蒙族的，现成的有的是。鄂伦春的舞蹈其实编起来也挺费劲，但我想还是能做就做点。后来一些场合比如说广场演出，小孩儿们就演，都是我编的鄂伦春舞。所以说通过这种方式，往下传一些。另外就是我想说现在的排练也好，上课也好，为啥我有看法呢？你现在的这些舞台，我是没有兴趣的，我也不想多看几眼，没有什么价值。

白：从你们的角度，看到自己不满意的，比我们这些非专业的看着应该更难受是吧？

辛：对，看不下去，既想看又不想看，看了来气。所以后来零六年我不是排了一个晚会嘛。我的思想基础就是你不能老是那么一窝蜂似的弄。

白：零六年中央电视台那个民族民间歌舞盛典，您看过吗？里面绝大多数都是来自各个民族的民间艺人，里面很多歌啊舞啊，好多都进到世界非物质文化遗产名录了。

辛：你看那多好。我是天生对舞台有抵触情绪的，我就不编那个一窝蜂满台跑，满台玩人海战术，我不编那样的，我就编小舞蹈，有特点的。就是这样的基础上编了一台晚会，就是这样的。我要说明的问题是啥呢？你这个民族，打猎不让打了，本身呢又宣传自己是狩猎民族，对吧。那么狩猎民族涉及一些具体的东西，不是说现在的舞蹈“哇啊啊”的改革开放一顿歌颂，虽然这个也无可厚非，但是你一定要涉及到民族狩猎的舞蹈，应该有。因为你作为一个民族文化传统传承下去，主要是通过什么？就是说你这个民族是狩猎的，从远古时期开始，怎么生活，怎么狩猎，得给人展现出来那种感觉，那种大场面。另外，假如说我搞个熟皮子的舞蹈，得是很具体的东西，有内容、有道具、有歌曲，很美的是不是？再有就是我们国家解放以后，共产党号召护、养、猎并举嘛！就是保护、饲养、狩猎，我们都做到了。

白：原来的方针是这样的。

辛：对呀，这个方针原来一直是这么贯彻的，现在不提了。再有就是捕鹿，这个事情你可能不知道，很感人！猎人们，那是几天几夜不吃东西呀。我听老人讲，那时他们捕鹿，三天三夜没吃东西，骑着马追鹿啊。那个鹿是不会停的啊，一直在追，几天下来，中间不吃饭的，非常感人的。然后我就编了个《捕鹿》，这是六十年代编的了，那时候刚参加工作。然后就是《养鹿》，就是我编东西是要处处反映这个民族的或者是一些比较典型的，或者是历史上比较重大的事。像捕鹿、养鹿啦，像生活上的熟皮子啦，什么做狩猎穿的衣服啦等等。舞蹈嘛，只能是通过这种实实在在的东西来表现。你看，要是报幕的话，你说"下面是舞蹈，《熟皮子》"观众一看，哦，人家这是展示的熟皮子，怎么柔软啦、怎么做这个狩猎的衣服啥的，拿着道具，刮呀，刮皮子（示范动作），你看这种感觉，不说劳动是最美的吗，就这么用舞蹈来表现。我的风格，就是这么搞。不是现在这种的，两码事，完全不一样。

白：零六年晚会的资料还有吗？

辛：资料有，光盘有，但是不知怎么搞的，没有声音。我还挺沮丧，光有录像，哑巴。他们给我捎来后我留着呢，毕竟是形体艺术，问题还不是太大，没声我也留着，留点资料。以前的好多资料我这都没有。我自己感觉头几年跳得特别好，现在不行啦，现在穿这衣裳（舞台上的萨满服饰，笔者注）害怕啦，沉哪。

白：但是要变轻了这效果还出不来。

辛：不可能，他们的服装做了就是这样的，也不能变。

白：关键是还要听出个响什么的，否则弄点替代品，比如材料轻的？

辛：原来我最早跳那个《铜镜》，那个铜镜是铸铜的。

白：您说过那个服装就有六十斤重？说实话也确实不太适合舞台表演。

辛：现在舞台上是不穿那样的了。这服装，听说额尔登挂她还做了好多套，卖了一部分。博物馆他们都买。

白：额尔登挂大娘是吧？

辛：也不管咋地，客观上这就是传承吧。包括绣花儿啊手工啊，这些都得传承啊。花她绣得特别好。所以我感觉民族舞蹈要是继承的话，还是要实实在在的那些内容。

访谈十一

白娟，女，41岁，鄂伦春族歌唱家。

访谈时间：2010年8月12日

笔者：按你的想法，你觉得咱们鄂伦春语这些年的流失原因主要是什么？

白：我觉得是咱们鄂伦春人逐渐意识到教育的重要，就把孩子从下面的乡镇送到阿里河，有的宁可父亲在家干活赚钱，妈妈租个房子陪孩子在这儿上学。但这地方没有了先前的语言环境，只能接触和使用汉语，这是语言流失的一个重要原因。再就是老人逐渐减少，加上现在的年轻人缺少保护语言的意识，往往是老人和他说鄂伦春语，他呢用汉语回答。这样慢慢地会鄂伦春语的人就越来越少了。再有政府这一块对民族语言还是不够重视，没有把这个事当成一个必须要做的事情，一些领导干部也只注重经济发展和政绩。民研会应该是一个对鄂伦春人很重要的部门，但多方面的配合不够，所以也很难起到那么大的作用。另外学校的活动，在民族文化这方面也缺乏创新。

笔者：现在与文化保护有关的部门有哪几个呢，一般怎么做？

白：文化局、教育局、文体广电局和广播电视，申报一些项目或者出一些东西，都是向政府打报告，然后逐级往上报，上面同意的话就给你签，签完就拿钱开始做。

笔者：如果主动地想去做一些事，比如开设语言课，真正牵头去做事的人一般是哪些人呢？

白：那就是分管文化教育这一块的，比如说我搞一个鄂伦春语言培训班，从小抓，申请一个办公地点，就得写一个报告，政府有人同意就可以做。但是现在没有人来做这个事情。

笔者：你说有些事能从民研会来起头么？

白：这个是可以的。以前民研会曾牵头每周在电视台做一次鄂伦春语节目，教日常用语啊什么的，这个真的不错，但是后来就断了。想做的话必须要坚持下来，固定的时间。像我们也想做，但是一有演出人就走了，常常十天半个月的，没有时间。

笔者：如果是时间上的问题，可否让几个老师穿插着教？

白：其实可以让退休的那些老人来教。讲鄂伦春语有口音不要紧，大家能够懂就好。做起来一点点丰富，坚持下来就可以了，当时教鄂伦春语那个节目收视率特别好。但是咱们之前的那个动漫，里边的歌曲发音不太标准。从零二年的九月份开始我每周给所有初中的鄂伦春孩子上一次课，教他们歌儿，包括歌词也教。后来学校没再找我这就断了，我一直坚持上到零五年。我告诉孩子们，以后不管你走到哪，有人问起你鄂伦春的东西，你会说一些日常用语，给他唱一首歌，“阿里河母亲河”呀，“鄂伦春我美丽的家乡”呀，你用自己的语言唱就不一样。

笔者：是这样。

白：这次开学我找了一小的校长谈，我有这么一个想法，每周给我一节课的时间，从一到五年级，其他民族想学的也可以，弄一个教室教鄂伦春歌，鄂伦春语也行，汉语也行，让他通过歌曲了解语言，我觉得这是最好的方法。

笔者：我曾经采访过我的大娘何秀芝，我觉得她说的对，她说开个鄂伦春语班太难了，需要投资啊老师啊教室什么的，都有困难，为什么不在学校里开设鄂伦春语课，这个就是资源共享嘛。

白：我跟一个鄂温克人聊过，他说他的鄂温克话，我们俩都能明白对方在聊什么，个别的词可能有一点变化，但不是太多。我就想，在我的课堂不管你懂不懂鄂伦春语，我都用这个跟你交流，不说一个汉字。我跟一个校长谈过，说可以给我一个多媒体教室，准备周末上课。对孩子的教法我也总结了好多。

笔者：朗读也好唱也好，一定要有一个比较高的起点。你朗读得好唱得好听众听了也会向往。

白：鄂伦春语它很幽默，一个故事用鄂伦春语讲大家会笑得不行，但是用汉语讲就平平淡淡。

笔者：我希望能有一个用来学鄂伦春语的光盘，这个用书学不太好。之前我认识的一个教授想组织做各个民族的，因为很多民族的语言都在流逝。

白：可以的。我的孩子常用的鄂伦春语基本都会，礼仪、请安啊，什么都明白。我女儿出生之后我们每天给她讲两个故事，连早上起来都讲，一直讲到她上小学一年级，一共讲了八年呢。我每天起早把事情做完后就开始讲，这对孩子的熏陶和影响还是很大的。里面也有鄂伦春故事，不过讲的少。

笔者：我觉得那个“鹿的传说”真的很能打动小孩。鄂伦春的长篇叙事诗歌，有歌有词。按你的经验，你觉得一个鄂伦春的孩子从小到大的培养应该是一个什么样的路径？

白：这个还是跟父母和他的家庭环境有关系。

笔者：如果从教育者的角度来说呢？

白：这个师资队伍素质首先要提高，而且要定期地要求家长参与进来。很多方面要有一个体系，幼教的老师要外派去学经验，老师也得不断学习，才能教育好。

笔者：是啊，也可以组织一些家长沙龙，交流一下教育经验。拿你来说，是怎么形成的这些观念？它与你个人的成长经历有关吗？

白：还是和家庭，家族，父母有关系。

笔者：教育人类学就是研究这些的。家庭如何影响你，最关键的还是小时候的那个根。

白：我家里是特别和谐的那种，家里平时的点点滴滴对我都有影响。小的时候，爸爸整体在木奎村打鱼，那时鱼很多。当时家里人口多，所有一大家人的饭都由妈妈来做。他们都很勤劳，这些对我的影响特别大。另外，我妈在图书馆上班，做什么都追求完美，人很善良。我爷爷奶奶打猎卖钱经常偷偷给我钱，我不会乱花都给我妈。

笔者：你小时候父母讲道理的话多吗？还是说他们重在以身作则？

白：以身作则，也讲道理。那时候学的东西多，虽然当时没有意识到，但是后来都有用。现在一想，像我这个年龄的人，会扒狍子的真的不多了。

笔者：除了日常生活中潜移默化，你觉得父母对你的影响还有什么是非常大的？

白：我女儿可爱听我讲小时候的事情了，有时爷爷奶奶去打猎，去晾肉干，常常时间很长。但只要我想去我妈从来不管，你想去就去。我妈只要是孩子喜欢的，都不会限制。我小时候淘喜欢和人打架，回家就一顿挨揍。我妈妈打我的时候我爸爸从来不吱声，但回头他俩为这事吵架我知道。他们从不当着我们孩子的面吵架，爸爸有时喝完酒回来，从来不耍，进屋睡觉。不像现在有些鄂伦春男人喝完酒回家和老婆嗷嗷耍。我现在对女儿的教育模式，和我爸妈有很大关系。我记得我叔叔结婚，娶的也是鄂伦春的，对老婆特别好。人的择偶和父母也有关系。

笔者：那么从整个自治旗的高度，从政府的高度你觉得怎么来搞教育？还有你觉得国家政策方面应该制定些什么？

白：我觉得旗政府应该把所有的鄂伦春职工集中在党校搞培

训，甚至可以旗长亲自来讲，你说深说浅我们都能接受，你自身的修养，工作上要怎么干，家庭要怎么过，让大家去看我们鄂伦春人就是一流的。从领导意识上抓，这样会更有力度。这样从方方面面把鄂伦春人的素质提高，这样孩子的素质自然也会高。我当政协委员的时候提建议，能不能定期或不定期的，包括乡镇的，把在职职工一个年龄段一个年龄段地划分好，在党校上一个礼拜的课，五花八门的课都让他感受一下。从我这个专业角度，你也可以要求我给他们讲，这都是可以的。还是一定要从这些抓起。不然有的从二十几岁起就不图进取了，整天不干事，喝酒，这种做法对个人不好，家庭也完了。政府还可以专门掏钱请一些知名学者，或者把从鄂伦春出去有出息的人请回来讲课。这样大家都能共同提高。

笔者：我觉得你可以想办法促成这件事，即使做不到让全部的人都去培训，但是类似家长学校和沙龙这种还是可以的。你的这些经验挺宝贵的，对所有家长，甚至鄂伦春人都很有用，真的会改变很多家庭和孩子的命运。

白：我第一步还是打算从学校开始，如果被认可，就可以进一步争取各方面的支持。

笔者：我这些天采访咱们鄂伦春老人，真的觉得听他们说什么都有用，不管他们随着兴致聊到那儿，都觉得挺有价值的。

白：是这样。因为我夫妻俩都是鄂伦春人，只是流域不同，他是黑龙江流域，我是内蒙古这边的，组合了一个家庭有了孩子，有孩子之后感触更深了。然后我就想让我的女儿将来一定要成为一个懂得咱们民族文化、礼仪、习俗，不要求她成为什么专家，但是我就希望她该懂的都能懂。人家问她鄂伦春人什么样啊，什么地理环境长大的，什么习俗啊，最早住什么房子，有什么特征和音乐，文化这一块涉及到的我就想让她多懂。一回头我再一回想自己，其实我现在能说鄂伦春语，了解一些东西，都是从小积淀的，因为小时候出生在木奎村，长大到八岁。我七岁上学，上学之前不懂汉语。比我大的哥哥姐姐都上学了，就剩我一个人在家。我问妈妈他们都干嘛去了，妈妈说他们都上学啦，我就问“什么是上学呀？我也想去”。妈妈就说那就去吧！给我报了名，给我拿几个本、书包、铅笔盒，就上学去了。去了之后谁在教课呢？都是当年的“知青”啊，上山下乡的知识青年，所以说老师的质量特别高，但他们讲的都是汉语。我坐在课堂上，老师一讲话我什么都不懂，就把东西全收拾到书包里起身回家了，老师在后面叫我我也不懂，没理他就回家了。回到家妈妈就问你怎么回来了呢？我说老师讲什么我不懂。妈妈就耐心地说那你也得去。就这样硬着头皮学。好在当时我喜欢唱歌，学校里有音乐课，当时教的第一首歌是“学习雷锋好榜样”。哎，反正印象最深的就是背汉语单词，天天背，背的我那个难受呀。

笔者：那时有人给你开小灶补汉语吗？

白：放寒假的时候我白兰大姐教我汉语，辅导我汉语，她是我亲堂姐。记得当时数学“1－1＝0”我就不明白，不懂汉语发音“减”是什么意思。白兰大姐就给我讲，“我给你买的糖，你吃了就没了，就等于零了，懂了吗？”结果我跑到里屋把糖块拿出来，说“大姐我还没吃完呢，你看”，把手里的糖块给她看。后来，我家也搬来阿里河了，逐渐又有同学还有周围邻居家的孩子教我汉语，这就学得快了。但是给我心理障碍最大的还是朗读，一上语文课我就紧张，总躲着老师的眼睛，就怕老师叫我朗读，因为我一朗读就跑调，同学们就笑。

笔者：那时候班上大多数都是汉族吗？

白：汉族居多。上二年级我家就搬到阿里河了，那时候就讨厌语文课。因为害怕老师让我读课文。有小时候这些经历，我现在就提早让我女儿多学汉语，上一年级之前就增强朗读能力和表达能力。作为我这个年龄段的人来讲，我算是掌握的比较多的。

男人去山上打猎，回来狍子地上一扔，全套我都会处理。这些是我小时候上学放假的时候去爷爷奶奶那儿学的。一些鄂伦春的食物我也会做。比如“托和列”，就是那个油面片儿，还有“罗合帖”，就是黏米饭，我也会做。结婚的时候年轻人吃“罗撇”，那东西不是都粘在一起吗，表示永结同心，圆圆满满，家庭牢固，两个人永远不分开。还有“阿森”，是鄂伦春打回来的熊，熊肉煮熟了以后，切成小块，要用韭菜花啊葱啊加熊油在一起炒。所以我觉得爷爷奶奶对我的影响挺大，还有父母的传统教育对我影响也很大。

笔者：小时候你记得的爷爷奶奶还有父母给你的教育，和咱们民族传统有关的还有什么呢，能回忆起来吗？

白：我小的时候印象最深的就是，每年的打草季节，从七月初到八月末，爷爷奶奶就要去外面打草，好让马冬天吃，完了还有打狍子、晒肉干，我都跟着去。我帮着奶奶晒肉干，袍子肉啊，犴肉啊，还把那个筋都留下来。这些点点滴滴，其实都是一点点渗透，他们当时也不是特意教你，就是带着你干，这就是感受生活吧！鄂伦春老人就是这样，很有智慧，潜移默化地影响你。这样正好一假期，开学了我就回学校。冬天他们去打猎我也跟着，在野外做点力所能及的，烧点水什么的。其实稍微聪明一点的孩子看着他们干活就都能学会。过去那些很传统的活儿，比如狩猎啊，女人该做的啊、男人该做的啊做什么这些都应该是知道的。对我影响最大的就是女人很勤劳很干净，特讲究。别看人家都说鄂伦春人都爱喝酒啊，但是家里永远都是干干净净的，穷也好富也好家里永远都是干净的。男人出猎回来，打猎很辛苦，把猎物往老婆面前一扔就什么都不管了，女人就得卸肉，开始做饭扒皮子晾皮子，最后做成衣服，一系列的活都在女人身上体现，这些真的很辛苦。鄂伦春女人真的很坚强，有毅力，心灵手巧，做的衣服花纹和服饰颜色搭配，审美啊，都是天生的，都很好。

笔者：你现在觉得自己身上有这些影响吗？和周围其他人相比？

白：我觉得有，我们家现在都在县城里了吧，工作生活条件都好了。我做饭干活洗衣服，做哪样像哪样，和我奶奶和我妈的影响是分不开的。我记得我爸爸就和我说过一次，你想在上班了，上班时间就得到单位，下班就得回家，一个人一定要遵守时间观念，今天做的一定要今天做。然后我上班连续五六年都是出满勤，八七年上班出满勤奖金是五十元，那个年代这些钱相当于工资的一半啊，这都跟父母的教育有关。鄂伦春人很注重教育孩子怎么做人，最忌讳的就是撒谎。鄂伦春人很文明，没有骂人的语言，恨得不行了也就只能骂你一句“你这个人像条狗”，没有其他脏话骂人了。我现在呢也是影响我女儿，做什么都是严谨一些，我们鄂伦春人有什么样的美德都告诉她，男人什么样，女人什么样。鄂伦春人祖祖辈辈都在森林里生活，建旗才六十周年，下山定居之后很多不适应。很多人说鄂伦春人爱喝酒什么的我不认同。

笔者：鄂伦春人给人爱喝酒的印象好像也就是这几十年的事。你看我采访老人，都提到那个时候酒也不多，而且平时根本不让喝酒，只有过年才让。那天我采访何英莲大娘的时候，说她爸爸有一次喝酒，结果让她爷爷罚跪了三天，就再也不喝了。

白：鄂伦春人这个规矩很大，注重礼节。比咱们年长的，超过三天没见必须请安。我就告诉我女儿说不管是谁外地来亲戚啊，阿尼哈，阿玛哈呀或者叫爷爷姥姥，我说你必须请安，这件事你大哥家的白杰夫（系笔者堂哥的孙子）就可懂了，因为他奶奶教。这个必须要教。过去长辈在饭桌上吃饭，小孩没有上桌的女人更不能上桌了。我觉得现在最大的危机就是语言这一块，必须从幼儿园抓起。家长去影响孩子，孩子也在影响家长。

笔者：你觉得有什么政策可以起到这样的效果呢？

白：要是从政策层面的话，就是要在幼儿园配备鄂伦春语言的老师，每个班必须每天上一个小时，如果有条件就增加名额。小学继续衔接，就像学英语一样。一个人绝对不能忘掉自己的母语。

笔者：你觉得如果这样家长们反对的比例会大吗？

白：至少有民族情结的都不会反对。不需要说非得像学英语那样，至少要懂得日常用语，将来他进入到社会之后，或者上大学了，人家问鄂伦春旗来的，问你会不会说语言。你不一定要精通但是一定要会日常语言的80%。其他的如果感兴趣就更好了。去年安蕊（白娟的女儿，曾为呼伦贝尔王彩合唱团团员。笔者注）回来之后我给鄂伦春一小的孩子教了几首歌，通过歌词知道我的语言，一些名词。

笔者：幼儿园的语言教学也可以寓教于乐。

白：最好让孩子感兴趣，歌曲儿歌啊，谚语啊小故事，这样就可以。

笔者：我听说要做动漫来着是吧？

白：我看了，很多语言还是太单一了，不标准。

笔者：像“鹿的传说”，你把它做得很感人，音乐图像什么的，这些东西必须要感动孩子，如果孩子被感动了，根本就不用逼着孩子去学。

白：我女儿就很喜欢小鹿斑比，鄂伦春也有很多这样的故事。可以把音乐舞蹈，多元素的加进去。

笔者：你在鄂伦春故事的基础上进行创作，那么这个里面自然就带着鄂伦春的文化，传统，这样的东西创作得好的话，影响力也是很大的。

白：问题是鄂伦春最大的问题就是宣传不到位。我觉得咱们这个东西啊，就把民族品牌民族的文化给她宣传弘扬。我女儿从小就有自己的节日服饰，不同的年龄不同的服饰，还有按个棉袍，缎子加上鄂伦春花纹。还有皮装。我就打算我今年也可以做一套。鄂伦春的婚礼是大家都穿上鄂伦春的服饰，逐渐完善咱们鄂伦春最早的婚俗，复原它。过去鄂伦春的婚礼很讲究的。

笔者：是啊，很多文化如果能够重新在生活中体现出来，真是再好不过的了。

访谈十二

敖荣凤，鄂伦春族，女，42岁，鄂伦春自治旗文联主席。

访谈时间：2010年8月8日

白：荣凤，咱们认识这么多年，可好多信息我还不是很了解呢。你是在哪儿生的？

敖：呵呵是哈，这些事咱们以前没聊过。我生在古里乡，古里村。

白：然后在那儿长到多大？

敖：十三岁。

白：十三年，也不短哪。那个时候你爸爸和妈妈是做什么的？

敖：母亲没工作，父亲在那儿的小学当老师。

白：你父母都是鄂伦春族吗？

敖：嗯，但是我有一部分血统是鄂温克族的，我爷爷是鄂温克，奶奶还有姥姥姥爷也是鄂伦春。

白：你是在古里上的小学？

敖：对，中学以后去的是大杨树。

白：当时13岁是已经上中学了吧？

敖：在我的记忆里应该是小学毕业走的。在那儿读了一年，82年以后就在鄂伦春中学上了，然后高中毕业后考上了海拉尔师专。我在我们那儿当年还考第一呢！

白：那时候上大学的比例很低，你能够考上已经很厉害了，尤其是在咱们这儿。

敖：不像现在，我们那时候分也挺高，现在加分都有二十多分。那时候我还是四百分多一点，本来也应该能去你们中央民族学院的。那时候不都保送吗，就是不用考试的。到我考那一年不知道怎么就断了，停了。后来我就去了海拉尔师专。

白：后来确实是就没有了。到我考学那年加十分，其他政策就没有了。你在师专是学中文专业吗？

敖：不是，我学的是政史，调剂过去的，毕业以后就当老师了。因为我爱好文学，我爸说那你就上电视台吧。在电视台当播音员，后来当副台长，呆了大概十年。九九年到了记者站，干了八年，成果不少，但也很辛苦。后来我主动要求到文联，接近四十岁了，不想那么累了。

白：你上班以来做过的比较得意的事情，或者说作品是什么？

敖：我当记者的时候写新闻，发了一千多篇，也不少。评过优秀新闻工作者，还有“呼伦贝尔十大杰出青年”。呼伦贝尔那个网页上有介绍我的，说我是第一个鄂伦春族的女记者，我的职称在新闻这领域是最高的。零七年当了市里第二届人大代表。到文联以后就是搞些文学作品，在民族文学这方面发展。我有一篇叫“盖山一家人”的散文，获得了第六届呼伦贝尔文学艺术创作政府奖，骏马奖。

白：到这以后你这两年之间写的五六篇都是散文？

敖：嗯是，去年搞了两个活动，就是一个“热爱家乡”的诗歌朗诵比赛，还搞了一个文学创作会。然后今年又成立了一个实业家协会，就是填补这一个空白，这么多年也没成果。文联搞的就是一个文学艺术协会，办一个杂志，已经 20 年了。总之吧就是想通过搞一个文学艺术联谊会这一块，主要是想通过文学杂志的形式，把鄂伦春的文化做一些宣传。挖掘人才很费工夫，鄂伦春文学人才后续乏人。在北京有一个鄂伦春人搞文学杂志社，我们都培训过。

白：什么时候公开发行就好了。

敖：现在就是我们自己在发，因为没有刊号。

白：给那些中小学发吗？有一些可能小学生看稍微深了点，中学生还是可以给的吧？

敖：小学也有，我们专门有一个栏目叫“校园精品”。关键就是应该让他们看，作为课外读物给学生们看，免费发到各个学校。

白：希望能被小孩儿们喜欢。你的鄂伦春语掌握得怎么样？

敖：不能说是精通，应该是掌握在百分之五十这样，交流没问题，日常语言听得懂，但有些词汇说不出来。跟老人交流的话，碰上那些我不知道的词，一连起来，我就不知道说的什么了。小的时候就在猎民村，有语言环境，但是后来离开了，慢慢就不太好了。

白：六十年代末到八十年代初，当地基本上都还是鄂伦春语的环境？

敖：对，我小时候的环境就是那样的环境，那个时候就是一百多户人家。古里有农场，也有汉人居住的地方，但是古里的鄂伦春猎民村基本都在那一块儿。汉人住在农场前面，我们在后面，集中住一起。我小的时候鄂伦春语言的环境非常好，你想想当时那些老人都在啊！那时候还打猎呢。

白：那时候住的房子是什么？是政府给盖的？

敖：那时候就是土坯房，就是板夹泥，有的自己也盖。之前我报道过这件事，就比较了解。

白：如果现在回想一下，那时候生活中有民族特征的东西都有什么呢？

敖：基本就是和原先保留的生产方式一样，熟皮子、桦皮篓，家家都做，也用，用它装日常用品，盒子、针线啊还有那个盐。家家都打猎，都有猎狗。一个晚上去一下俩狍子就回来了。

白：那时候猎物还挺多是吧？

敖：多！那时候我们不缺肉。

白：那时候衣服有什么特点呀？

敖：小的时候我都穿过，皮靴子，衣服也穿那个皮的，但是后来就不再穿了。我舅他们都有，那时候每家都是皮衣皮帽猎刀猎马的，打猎和出门都穿。

白：夏天你们都穿啥衣服？

敖：夏天衣服是正常的，捕鱼不穿，但是那些老人还是穿着的，布的那个，也有那短的。那时候都上山，那些老人们几乎就是以山里为家。

白：那时候上山去打猎的话是不是也还要自己搭？

敖：帐篷，那时候已经基本上都用帐篷了，桦树皮也有。那时候树都很粗，而且非常密。我就觉得那个时代和原来祖先时比没什么两样，他们后来定居以后生活环境上好了，就是住房好了，但是他这个生活方式还是跟原来山林里一样，他们基本就是总上山，天天都去，都是坐的那个大轱辘车，自己做的大轱辘车。我们小时候基本就是在河边长大的，捞鱼、追鱼，河边洗澡，基本就是这种生活，就是天天跑山。老人们对这些山林非常熟悉，哪条山哪条脉都熟悉，从来没迷路过，小的时候就跟着他们走，经常上山。我们那时候的生活简直就是那种田园生活，没有破坏没有污染。那个地方外来人也很少，而且民风特好，家家户户都帮忙，过年包饺子什么的。因为都在那一块，而且都是挨着的连体房。我感觉那时候特和谐，大门也不用锁，也没有大门，所谓的大门就是两个大柱子横着。也种菜，家家都种。

白：让人感觉现在的人和过去不太一样，感觉过去大家都很勤劳。

敖：原来还有人民公社的时候，文化大革命那年，整个这么大片地方，这块是你的，那块是他的，都种地了。鄂伦春人很勤劳，好像一直有说鄂伦春人不会种地的，把地都租出去了。现在是地里面都机械化之后，那个大豆、小麦的管理这段可能掌握不好。我觉得这个也不是说是天壤之别，你既然会种园子，去种那个地不至于从心理上或者是情感上接受不了。因为现在他们有的从观念上和心理上不认同种地，还有这个问题。

白：你是说当时要是继续推广种地，应该也可以？

敖：应该是可以，种地好像是很早时也种。

白：就是说要是有培训的话也不是太大的问题，只要大家心理上不排斥，应该不会太难。

敖：那边有很多地，很多人可能也是干不过来，或者是不想种那么多田，所以租出去，一年有的最多租金得二三十万。

白：这样的人还应该是少数吧？

敖：少，还是每家都有地。

白：那个时候大家的精神面貌怎么样？

敖：精神面貌很好。也有喝酒的，但整体来讲那时候人是很勤劳的，不仅打猎，而且什么活都会干，做皮活、喂狗、喂鸡啥的。那个时候都很勤劳呢，人和人之间特和谐！大家都一起干，冬天出猎都是一起去，平时的时候也自己去打。那时候回来猎物什么的也分啊，尤其是家里贫困的，那时人和人之间关系非常好。你看我生活的是六十年代末八十年代初，整个八十年代民风还是非常浓厚。

白：感觉是什么原因造成后来的变化呢？

敖：是九十年代初老人们去世，加上和外面的通婚。咱们的父母那时还都是和族人在一起。爷爷奶奶、姥姥姥爷，都是这样的。但他们下山之后慢慢就分散了，现在基本都是小家庭。

白：那时鄂伦春人口少，内部通婚也没有问题是吧？

敖：也有点问题，不近亲结婚的话还是有些难找。有些时候跟其他民族比如达斡尔族通婚。不过当时我生活的那个地方，我们的父辈基本上都是鄂伦春族的。

白：不过生出来的孩子也都挺聪明的哈。

敖：但是跟其他民族通婚吧，确实很好，感觉小孩儿更聪明。

白：从遗传学的角度来说确实是这样。但是鄂伦春族人口少，通婚的情况多了以后产生的问题就是文化被冲击了。

敖：之前有人采访我，问这个会不会对鄂伦春有什么影响，我说没影响，人们对这个很淡化，你也可以说这是在强化你的民族意识。我们现在是没有以灵魂为核心，不像犹太或者是阿拉伯国家，你去世界各地它有根，有个灵魂在那儿。咱们没有，可能是民族历程短还是人口少怎么的。

白：历程倒也不算短。有学者的观点是文化发生碰撞后简单文化最后会附属于复杂文化。因为复杂文化是由很多文化不断融合形成的，像中华文化，包罗万象，成分非常复杂。当有外来文化进来的时候，复杂文化有很多地方可以和它对接，最后演变成自己的东西。咱们鄂伦春的文化是狩猎文化，内容比较单一，外界的文化进来后就增加了很多原来没有的内容，或者因为那个文明更先进，使用的人更多，就被取代掉了。再加上短时间内民族的生活方式变化太剧烈。

敖：这个有道理。大家都有一个共识，你定居以后，和其他民族的交融，只有语言没有文字，依靠口耳相传的民族语言，在会说这个语言的老人们去世后，民族语言就消失了，民族文化的变化确实是板上钉钉的。

白：你怎么看待抢救民族文化？如果回过头去看民族文化消

失的历程，你还觉得它是一个必然的趋势么？

敖：我觉得是这样，消失是必然的。我刚才说得有点过，为什么民族文化需要抢救需要挖掘？这个消失和灭绝，虽然没直接这么说，人家就说是它现在濒临消失的状态，我要分析的话，民族文化和语言失传的可能性非常高，最多也过不了一百年二百年吧，肯定没了。

白：不知你们平时聚在一起的时候有没有讨论过，如果往回追溯，很多东西80年代初的时候还有，也就这一段，二三十年的时间，迅速在消失。你觉得不管外部环境怎么变，有没有一些本来人为可以避免的，至少是大大减缓这个消失速度的？

敖：应该说咱们现在抓起来已经晚了。八十年代语言氛围还是挺浓厚的，那个时候要是奠些基础的话可能会比现在好很多。像现在家里面一通婚，或者是本身父母也不会说，根本没有这个语言土壤。现在政府也在努力，在学校注重民族语言的授课，但是这些还是不够。

白：现在看来这个效果也不是很好。

敖：对呀，而且现在因为保送不了，这个也不是作为你的主课，也不作为你的分数，没有和考试挂钩。所以学校表面上做得很好，实际上效果并不太好。

白：那小孩子愿意学么？

敖：还行，但是我也没做过调查。有工夫我可以了解一下这个情况。

白：你小时候上的古里小学，鄂伦春的孩子占多少？

敖：那时候也是其他民族都有的，我们也是汉授，汉语教学。那时我们既学民族语言也学汉语。

白：在上学之前两个语言都通？

敖：我们是先学鄂伦春语，汉语是上学以后学的。

白：那刚开始的时候没有老师来给你们翻译，用鄂伦春语？

敖：我们那时候就不用了，你要是采访那些中老年人，他们就不一样，环境时代不一样，上课的话得专门找一个会说鄂伦春语的人给翻译，我们那时候就不用。我们不能绝对说一点汉族都没有，基本上民族地区都有。有的儿媳妇什么的汉族的也有，我舅妈的小孩子小时候汉语也说，鄂伦春语也说，父母也会说汉语。五几年定居在我们那儿就八年，五三年下山到五八年定居，这二十年的时候他不可能不会说。我妈也会说，什么达语、蒙语她全会，你要是给她说达斡尔话她也会说，我妈就是说汉语笨，平时鄂伦春话说的多；我爸汉语说得多。我妈上学上到了中学，我爸是大专。

白：你们小时候就像刚才说的在河套那些地方玩，其他的鄂伦春的小孩玩的游戏，那些在城镇的呢？他们好像接触的和我们不一样。

敖：他们环境和我们不一样。

白：你小时候玩过什么？

敖：欻“嘎拉哈”，还有就是那个玩小人儿“阿尼哈”，那时候好像就玩过这两种。

白：玩“过家家”吗？也是那种能反映鄂伦春民族生活的比如打猎啊？

敖：玩。不是很有印象，但是我听过鄂伦春的神话故事，小的时候村子里的老人讲的，几乎都是讲故事能手，而且还会唱歌，很多民歌都会唱。

白：那个时候村子里一般休闲时间是什么时候？

敖：休闲？他们没有休闲。

白：就是正事都干完了，活都干完了的时候。

敖：会聊天，串门儿，讲故事。

白：讲神话故事？是不是像以前书里边提到的就是咱们鄂伦春人还在山林里边生活的时候，大家围坐在一起，由老人来讲故事。

敖：对，就是一个老人给我们小孩儿讲，大家坐在炕上围一圈，好多故事我还有印象呢。老人们特别能讲，一个连着一个，基本上都跟“莽盖”有关系。

白：那你看过的和你听到的是一样吗？

敖：有，但是记得不太多了。

白：你现在周围还有一起长大的伙伴吗？

敖：有，我毕竟就是在这儿一起长大的。

白：对于鄂伦春文化的保护与传承，我知道你的态度肯定是支持的。我一直在想怎么样不留痕迹的，寓教于乐让孩子们在玩中锻炼语言能力，这个想法我是一直都有。不管游戏也好，只有你很小的时候接触的东西才会真正融到你的血液里，长大之后再接触就只会把它当作外来的东西。如何让孩子熏陶出来，对民族文化感兴趣这个挺难的。

敖：现在都和汉人一样，饮食习惯什么的，但是有奶奶、姥姥带这样的家庭会学得比较好。

白：语言对于升学，比如你闺女要上大学，她懂鄂伦春的语言和文化，可能会有一些东西来衡量她，她会唱鄂伦春的民歌会跳舞蹈，鄂伦春诗歌朗诵或者是讲故事，这样她升学的时候假设专门有一个途径去测试她对这些的掌握程度，可以考虑加分。实实在在的这个分可以帮助她。你对这个政策怎么评价呢？

敖：现在没有这么一个政策，就怕政府会认为这与教育均衡政策有冲突。

访谈十三

关继英，女，鄂伦春族，61 岁，大杨树镇退休干部。

访谈时间：2010 年 8 月 14 日

白：大姐您好。咱们今天先谈谈鄂伦春语流失和保护这两个问题吧。

关：实际上这两个问题，是咱们从下边儿到中央，最头疼的问题，也是最难办的问题。中央对这个问题呢，不是不重视这个少数民族，也下了很大的努力。但是现在呢，我要说句实话，鄂伦春族也好，别的民族也好，他也真不争气，也有这一方面。再一个呢，像中央的精神没啥毛病，但是一层一层到下边儿以后呢，它就有点换口味了。这个现象也不是说没有。咱们共产党的政策没啥异议，没啥毛病，也没什么要求，现在第一个问题，是咱们语言的这个事儿。不是说是上面说这话，我们自己几个老头儿老太太，五十岁的人，到一起以后也讨论这个问题，我们也在犯愁这个事儿。因为啥呢，本来我们自己家就是这个样，别说是别的事儿了。咱们小家组成大家，大家呢组成国家，是不是呀，都是这个原理。从这些小家开始，我的小孙女儿十一岁了，我儿子姑娘都还可以，鄂伦春话呢百分之九十都能懂，百分之五十呢能说，说得不太那啥。到孙女儿那儿就不行了，简单的我都教她，“吃饭”呀、“走”呀、“来”呀什么的，简单的还行，时间长了她就不会了。主要原因是什么呢，咱们没有文字，人口少，鄂伦春族居住不集中。你说我这一家有五六口人，两个汉族，不一定全是鄂伦春族，你说是不是。再一个呢鄂伦春族的人口实在是太少了。全国还没有一万人口，完了分布地方还广，黑龙江啊内蒙啊都有，一个地方也有二三百或至少一二百口人。你说咱们这儿十来万人口，一共还没有一千人的鄂伦春，比例太小了。所以鄂伦春族说话呢他没有地方，没有人，只有我们几个人在一起唠唠嗑说说话。我们出了这个门儿以后那就全都是汉话了，跟谁说呢？没有人呐。最主要就是这个。上学呢也是，那孩子只能回家后跟我唠叨，出了这个门就忘了。学校一千多个孩子，一共就十个鄂伦春孩子。他跟谁说去呐？你不可能咱们十个人在一起。上课呢也全都是汉族老师，也不可能。以前我上学的时候吧刚定居，定居以后吧我们上学不会说汉话，全部是鄂伦春话。

白：大姐您今年多大年纪了呀？您小时候上学老师是用什么语言讲课?

关：我四九年生的。那时候鄂伦春族老师呢也是一半儿鄂伦春话，一半儿汉话："这个汉话就说'水'，鄂伦春话就说'么'。'水'，'么'……"就这么教我们。现在用不上这么说了，都懂了。现在我教我孙女的话，只能告诉她这个是"杯子"，可她学完以后没有说的环境呀！你再抢救也没用了，没地方说，跟谁说？也不是说这帮民族败类呀不说自己话，她跟谁说去啊！主要是没地方说。

白：大姐你看，我也不会语言哈。我就说，比如从小我们在幼儿园里也好，小学里也好，通过各种的儿歌也好呀，课文也好呀，唱民歌也好呀，各种各样的形式，如果说教会了一些日常用语，鄂伦春人的聚会，加上一些中小学的比赛，比如说诗歌朗诵，或者是民歌比赛呀，创造环境让大家学，这种您觉得可不可行?

关：这个我们现在也是这么做的。现在我们家，我不是说就从我们自己家说话，来反映外面鄂伦春族每一个家庭，我是这个意思。你看我们家的孙女儿，鄂伦春话的歌也会唱。她在一小，他们还教，就是教也是只能是形式上而已吧。在鄂伦春中学我也当过一年民族语言老师，通过教初中、高中，我也教了点儿。总的来讲有的孩子吧他也学，有的孩子不愿学。他并不是说我不愿意学本民族的东西，就是平时课堂他也不听话，他也就是玩玩而已。我也给他们强调，让他们记住，让他们学，用什么方法你们必须学会哈。因为毕竟大孩子嘛，磕磕巴巴的也能练下来反正是。小学生估计还是学一部分的，但是回来之后他跟谁学呀？没人说呀。一个班也就一个两个鄂伦春学生，只能是在班上我们在一起说说，再一个呢，每年的篝火节呀，大家聚会的时候一起说说，也就是这个样子。

白：用的场合太少了。

关：反正现在呢，小学也有鄂伦春老师，中学也有，就这样的话也没有讲。很多时候还能抢救过来点儿，也不一定是哪个孩子，也有愿意学的。咱们主要矛盾就是没有文字，不像蒙族，咱没有文字，人口还太少，分布面还太广，这儿三个五个，那儿三十五十一百，你就说咱们阿里河，一共十多二十万人口，还没有一千个鄂伦春人。一百个里面摊不上一个，是不是。所以分布的这儿那儿的，不在一起。有的儿媳妇是汉族，有些姑爷是汉族，你这一家的就两三个民族了，通用的就还是汉话。出了这个门还是汉话。

白：从大的角度来说，语言保护肯定是有用，有必要的。比如说将来高考，或者具体到地方上中考也可以有加分，这个加分幅度不是太小，如果加个二分三分的有点太少了，假设我给你加个十分；或者高考除了少数民族照顾分以外，或者是把那个分变换，不是只要是少数民族就给你加分，而是说只要你会民族语言，懂民族文化，我通过考试，你掌握程度不一样，得分就不一样。完了我把这个分折合以后给你加分，如果这样的话，您觉得怎么样？因为现在中考、高考是孩子们和家长的指挥棒。

关：可以，我觉得这个挺好。这个能促进孩子们学民族语言的积极性。但是这个也只能适用在那些不错的孩子，对他们有用。不过这个鼓励方法不错。

白：再一个，比如在就业的时候，你考公务员，只要你懂民族语言和文化，还是有相应的加分。以后在干部选拔，职称考试，它就相当于一门外语。就是咱现在不考英语啥的嘛，既然花那么大力气学英语，为什么不花点力气学自己的民族语言呢，完了我给你加分。

关：是，这个是关键。在就业选拔的时候，挺好的。要是中央能执行这个政策的话，确实是不错，能激励这些年轻人对民族文化加深一步，这样他不能忘。有百分之七十的人忘记了吧，剩三十还是不错的。像大人的话也能起鼓励作用，那就会说了：哎哟这不行呀，咱得学呀，这孩子语言不会不行呀。有这个的话也有好处呀。他也能督促一下，学生也督促家长。现在我们家孩子就是，实际就我一天磨磨叨叨地说学吧学吧从学校回来我还给她纠正，有时候让她搁家多学几句，我说上课的时候老师提问怎么办呢。人家该问了，你奶奶咋不教你呢？你爸爸干啥的，你咋整呢，多磕碜呀。

白：年纪小的时候还好。

关：大了就不一定了，现在大孩子也是，也不是咱鄂伦春旗这样，我看全国哪个地方，我走了不少地方，我一说孩子们家长都头疼，说孩子们不愿意上学，说以后怎么办，都是这个问题，一家一个孩子都惯得不像话了，这也是个事儿呀。姥姥姥爷惯，爷爷奶奶惯，爹妈再惯，你说这还哪有好事儿呢你说。

白：就是，独生子女以后确实变化很大呀，整个家庭环境，社会环境。

关：原先一家的七八个五六个孩子，根本不在乎，也不寻思。没人惯呢，那时候国家也穷，东西也少，都知道团结，那可真是和谐呀。现在和谐那也是个假的了，哈哈。什么东西都我多得一个，他不说自己少一个。现在大人都让小的，也没有亲戚也没有朋友，就一个人。所以独生子女好是好，但是呢对以后的孩子不再有利呀。以后国家，人都考虑个人的话，你说哪有好事儿啊，那能行吗？真是这样。

白：大姐您说以后咱们鄂伦春孩子，您觉得培养成什么样子的感觉是比较理想的？当然我们也不能完全脱离现实，既能照顾到他们个人的发展，也能照顾到民族的发展。

关：现在这个事儿啊，家长头疼，孩子们头疼，国家也挺难的，咱们旗也挺为难的。孩子们呢，就拿咱鄂伦春旗来讲，大学生呢也有一百多个了，是从九零年往后了，原先是没有多少了。说年年要考试，一年内就是要一个两个。这是咱们旗的现状，咱们都理解，因为啥呢，旗里面编制就这些，给你总共一百个人，你说这开缺从哪儿开。他一百个人不退休，不死亡，哪来的空缺儿呀。这是咱们老百姓都懂这个道理。但是现在呢，大学生都毕业，那时候一开始孩子们不愿意上学。后来不上学不行，上学这是趋势，必须的，干啥没文化不行，现在大人们也都明白这个道理。都支持他们上学，想各种办法让他们上学。咱们政府呢也确实是下了很大的努力，像大学生的学费给报呀，这个一开始也说是给分配，上大学回来可以分，也说过这个话，学费也给免，给你报，确实咱们政府没什么报名，也对，应该的。问题就是这个样子，一共就这一百个人，你超了两个，再是大学生回来也没办法，往哪儿搁呀没有工厂，你说往哪儿送？是，现在鄂伦春族孩子也就一百来个毕业生，可是往哪儿搁？我们家外甥女就两个，你看我那小妹妹她姑娘也上大学，回来了都没办法，国家安排不了。确实就是这一百个名额，谁开支？不可能让旗长自己掏腰包开吧。

白：其实这些孩子吧，倒也不是说一定都要回来哈，我觉得关键是他带没带着责任感，只要有那个意识，想着给民族做点儿事。

关：这样的孩子吧，也不能说没有，也应该有。

白：嗯肯定有，对自己民族有感情，将来走到哪儿，无论做什么工作，都会尽可能会找一些机会给家乡给自己民族做点儿什么。这个倒不局限是一定要回来是吧，建设家乡也好，建设民族也好，不一定非得在家乡建设。

关：现在一百多个毕业孩子，也都出去打工了啥的，出去干点啥，都搁家待着也不可能。你说真要为民族利益着想的，我得干这个干那个，他有多大的力气，有多大的理想，没有发展空间，利用不了，你怎么办。确实是这样，你想得挺好的，我把这房子怎么装啊怎么修啊，他没有钱，他搞啥装修，你说是不是？他必须有这个空间，有这个能力。他光有这个能力，你给他出路呐，你给他拿钱呐。咱旗吧，有困难，国家也有困难，这确实是困难。因为现在是企业了，不像原来有供销社啊粮食局啊。要说要整的话，实际上要我说的话，最好的办法呀，只能是淘汰赛一下。四十五岁或者多大岁数的，全部都给他考试，年年考试。但是在这里面吧，不是不行，行，但往往在这时候就有那什么了，不好办，哪儿都有这个现象，这个控制不了。不像我们原先那个时候。要让你考试那啥的都走后门，这个现象不能说是没有，是不是。这一整就不好办了。有钱是万能的呐，钱跟谁也没仇啊！就这个不好，这话也没法说，他上面不这样，下面哪有这事儿。

白：大姐像我们这儿民中这样的学校会有意识地告诉自己民族的学生，来培养他们的民族责任感、民族意识吗？

关：说，都说，至少我讲课时都说。有意识地培养。但是他们不一定都听。老师们都说过，最起码都说过，有这个意识。有些孩子们不理解呀，说谁知道以后啥样呢，我弄这干啥。我说那能行吗，必须从小培养，基本上得知道啊，这个民族都有些怎么回事，也讲。我在这儿干了几天，也讲，哪个老师都说。但是孩子们呐，能不能够听懂？不知道现在孩子们都想啥。

白：我前几天和两个 80 后聊天，这俩孩子都在外面儿上大学。我说你们出去以后有没有，什么时候感觉民族意识比较强。他们也说有，但是讲的一般是反面例子，就是有别人说话刺激他们的时候。比如有时候说你们鄂伦春族怎么怎么样，人家那话多少听着有点不舒服，或者感觉人家不理解、有点误解这个民族。

关：我的外孙女儿回来，我也问这个事儿，她们也这么说，我说你看看你们一点不争气吧，不会说自己本民族语言，所以别人都瞧不起咱们，看不起咱们。

白：对，因为有时候一说不会民族语言，这是一个挺大的标志。

关：你说咱们俩见面了，起码说两句，啊他会说呀！一句都不会自然而然人家就看不起你了。

白：我感觉有时要培养这种民族意识和感情吧，最好的办法是走出去感受一下。比如培养鄂中的学生，每年拨一笔经费，入学以后咱们带到其他的民族区域，尤其是相对来说民族文化保留得比较好的，而且发展又相对比较好的。

关：对，尤其是我们鄂伦春族，本来人口就少，一共就几千人，真正会说的鄂伦春族又有多少，也就我们这一千多个老头老太太，五十岁往上的，也就一千多人会说。会说这帮人也就一个人教，另外两个都不敢。

白：但是现在各种各样的条件倒是很方便，可以录音，可以配成教学的那种 DVD 什么的。

关：现在还能赶趟，能。

白：大姐您原来都做过什么？小时候是在黑河那边吗？

关：是，我小学初中高中都在那边上学，毕业以后知识青年上山下乡，高三就下乡，后来我就结婚了，70 年来这儿的，在古里待到九几年吧。后来孩子们上学，就到大杨树了。

白：在古里和大杨树都做什么来着？

关：我在古里是在粮店里面，粮食局上班。在大杨树是粮食分局。现在退休了，一直在古里的，搬阿里河也就三年。在大杨树上学费用高，这是一个，再一个我们一直租房子呢，买房子也贵，就搬阿里河来了。大杨树比这儿贵。在这儿孩子上学也方便，这几年买的房子。

白：您一个姑娘一个儿子，他们现在都多大了？

关：我大儿子四十岁了，下岗了，在家呢，身体不太好。姑娘呢也搬这儿，也没啥事儿，开小店儿呢。最近这条路扩建嘛，也等着买房子干点啥。

白：原来他们上学都在哪儿上的？

关：原来上学都在阿里河，初中、小学、高中都在这儿上的，还有大杨树，就这俩地方。

白：他们那时候的教育，您感觉怎么样？就是咱的学校教育方面有什么好的不好的地方？

关：怎么说呢，那时候上班家里也忙，单位也忙，也没有顾得上什么。小学我还能辅导，中学也不行了。小孙女有时候语文也能辅导，反正是孩子们也多忙忙活活的，孩子教育也没太注意，不像现在是一个孩子呀，大家都瞅他，写作业也瞅着，写得对不对，现在我就带着老花镜瞅着。

白：您说以前从学校的角度有没有特别重视鄂伦春族的孩子？

关：没有，这个没有，从来没有。

白：我倒不是说要单独教他们什么，就是没有更重视一些鄂伦春族孩子的这个教育质量，比如对他格外关心一些呀？

关：这个没有，从我们孩子上学，就是没有什么那啥，也就是一个月十四块助学金给你，这是补助，别的没有，爱学不学，跟汉族学生一样待遇。现在特殊地方在哪儿呢，平时跟大家一起上课，完了以后一个星期另外加两节课，就是语言课。别的都没有，还和以前一样，也没啥区别。语言课也没考试，反正学就学了，不懂拉倒。因为咱们毕竟是聘用的老师，也不是正式老师。

白：最近您要拍什么片子？就是我们大庆用的吗？

关：不知道，我也没问。我前天半夜回来的，我也没问。就说是让说原先的事儿，就说了，我们俩就说了一段。完了说今天晚上拍篝火，还有跳舞啊唱歌啊啥的，我也不知道，我说不去了。我们做了十多个小时。

白：黑河那边的篝火节和我们这边有什么区别吗?

关：实际上也没什么区别，但是它那个地方有一个搞得好，我们赶不上人家。他们各个乡镇，就比方说我们鄂伦春旗的各个乡镇，汉族也好，鄂伦春族也好，以单位为主，一个单位一个晚上，就这么轮流比赛，看谁的搞得好。把自己村子的好事儿呀什么的连唱带说，这个形式，挺好。

白：上去的一般是老人？和以前感觉差不多吗?

关：老人还都有。像六七十岁老人出去上台，正常，都不用寻思，都有。

白：那年轻人怎么样?

关：年轻人他们唱呀，他们都唱民歌。有的连说带唱，说故事。老人讲故事，年轻人比画，这不挺好吗。有的说鄂伦春话，有的得有翻译，有唱有跳的各种形式，民族特色，就体现这个。汉族地区说汉族地区的事儿，什么相声，三句半，什么形式都有。咱们旗里面没有搞过这种活动，就一年一次的篝火节，大家一起热闹热闹。

白：我听说咱们旗里面，是不是前段时间，也搞过各乡镇都参加的那种?

关：那是篝火节。有也是少数的，不是整个的一个晚上一个晚上的都是节目。黑河那边一个村就是一个晚上，一个小时两个小时都归你了。一个小时得说多少话，演多少节目呀!

白：整个篝火节持续多长时间?

关：一个地方一个多小时，一个晚上有两个，或者像咱们，你代表你们村，我代表我的村。要连续弄好几天。

白：大概有多少个村子呀?

关：一个县还少吗，不过有的参加有的不参加。

白：那也得弄上一星期吧?

关：对，一个星期。有的人也不看，挑重要的看呗。都写好了，哪天是哪个地方的，挺好的挺热闹的。这个方法挺好，能把各个村子都带动起来。

白：那他们评奖吗？比如给评选个“民族文化先进村”之类的？

关：不知道他们评不评，没啥奖金，按说应该是那个样子。没有，奖励也没有。反正大家都说哪个村子好，就是心目中评价好。我们也参加他们的研讨会。

白：我觉得我接触的咱黑龙江那边儿的人确实是比较活，有新想法，也比较注意宣传。

关：实际这玩意儿吧，宣传自己民族，并不是说必须说呀、写呀什么的，就是平时接物待客吧也就能体现自己民族了，这个都能宣传，不一定要大张旗鼓地上外面喊去呀，或者是要写书呀，不一定。

白：实际最关键的还是人，每个人都代表自己民族的形象。

关：是是是。像我们出门办事啥的，也都是，他们一说就问：“你们什么民族呀，你们从哪儿来呀？”经常问。有时候我们也能受到一定的打击，有的民族，本来我们民族人少，不良现象呢也是有，这也确实是不好。一说你是鄂伦春的，哎呀鄂伦春你们好喝酒怎么的，他说这个我也不愿意，那谁能愿意呀。我也就说他们，我说中国要只是鄂伦春人喝酒，你们汉人都得饿死。

白：大姐您原来在那边，当时文化保存的比较好吗？小时候的环境怎么样？当时是在新生吧？您小时候应该基本上民族的文化还保留着吧，语言呀，生活起居呀，饮食什么的。

关：现在怎么说呢，文化呢都是岁数大的人说啦，年轻人也都不说啦。我小时候那能一样吗，我们小时候家家都是，汉族一开始定居的时候有几户，那他们都说鄂伦春话，我姨夫就是汉族，他也说鄂伦春话。

白：那时候你们那儿有多少鄂伦春人？

关：我们刚进村的时候少，一共就有个一百来口人吧，汉族也就几十口人。像翠兰他爸爸也是汉族，也会说鄂伦春话，我们根本没把他们当汉人，也都一起打猎。翠兰他爸爸还是队长，打猎啥的也不比鄂伦春差，也就是民族不一样。

白：基本和鄂伦春一样哈。

关：一样。现在鄂伦春族保留什么呢，吃这个野菜，柳蒿芽呀老山芹呀，这些都吃，不仅鄂伦春族吃，像汉族也吃。在阿里河地区，这帮少数民族都吃，这个保留得还可以，这个推广挺好。因为这个野菜起消炎作用，鄂伦春人最后能留下这些人可能也就是吃这玩意儿吃得多。那时候缺医少药根本都不知道，有病了就是跳大神。跳大神能起什么作用呢，也就是安慰的作用吧。现在敢说，那时候也不敢说呀。

白：现在也是各执一词，有的人还是觉得有用。

关：你要是心里有就有，说没有就没有。但是少数民族吧，不用说咱鄂伦春族来说，就是达斡尔也好，鄂温克也好，藏族也好，不管任何民族，咱们原来祖祖辈辈信这些东西，他还是有用，没用的东西他不可能世世代代信它，还是有用。

白：您小时候新生乡有萨满教没？

关：那时候有，也信。鄂伦春族也信萨满教，萨满教里万物都是神。

白：那时候您在生活里碰到过这样的事吗，您能不能给我举个例子？

关：这个东西实际上我也没见过，我也没碰到过。但是我们家呢，我奶奶这一辈说过。我奶奶、我爸爸那时候都信。从小我就知道有这个东西，信，那就供着。过年过节都要供。但是我奶奶不让问，我一问“那是供着啥东西呀？”，尤其是“文化大革命”的时候，那时候根本就不行。我就跟我爸说“爸呀，咱可不能供这个了，批斗啊！这些个东西是右，你赶紧把他送走或者怎么的啊！要不你就被抓啦！我这个红卫兵也不能当啦！”完了我爸爸就把它送走了。怎么送走的呢，我也不知道，那不可能告诉我。当时我爸也没说这事儿，反正是没有了，“文化大革命”刚开始就不用了。那时候我在黑河上学，上高中，所以我就提前得到这个信息，怕我爸让别人抓走。一直到我父母死，也没给我说过这个事儿。但是这东西你说没用呢，它好像又有用，有时候有病了，找跳大神的跳一跳说一说，哎呀他就好了，没事儿了！有时候真是难以解释。有时候真有病了，别人治不了的这玩意儿能治好，烧一炷香，磕几个头，好了！有些事儿真是亲眼见到的。

白：有时候真是不得不信是吧。

关：可不是。你看我那外甥女就是，她脑袋有点儿受刺激了，一直就搁医院治，说是脑膜炎啊什么的，吃那些药吃得眼睛就看不着了。实在是没办法了，怎么整，那就找那什么看吧！这是八几年的事儿吧，不到90年。完了就看，看完了再烧炷香，磕个头，好了！真好了。疑难病就这么治好了。你说有些事儿吧，真是没法儿解释。有些东西吧咱也别说不信，这都是亲身经历的。

白：我也听很多人这么说过。

关：就我们家这小的，那不是腿烧坏以后，哎呀发高烧啊，大夫说不行了，败血症了，好不了了。我说这咋整，你说那时候我这当妈的心情！我说不管迷信不迷信的，我找人看吧。也是萨满，完了看了以后呢，也没怎么跳，他后来跳没跳我不知道，反正当我面儿上是没跳。那也是呀，我也没花钱，花个三块两块买点纸，买点香，完了磕了三个头。结果退烧了！好了！孩子活了，没死。那大夫天天打针，上午下午一天三遍针都不好，这就退了。所以呢我没办法说这话，因为我经历的，我亲眼所见，所体验的这个事儿。所以神灵呢，他万物都是神灵。有时候我就给孩子们说，万物都有神灵啊，什么都是有生命的啊，别碰他，别惹他，不知道什么时候谁求谁呢。这是真的。有时候今天他要饭啊，明天捡破烂呢，后天备不住就发达了，是不是。哪儿有不求人的事儿啊，什么时候人都要好心，要有善心。

白：所以万物有灵这个事儿，就是说大家都要对别人好，对世界万物都要有善心。

关：对，什么事儿有善心国家不就和谐了，团结了。谁没有难啊，都有难处。

白：这个跟汉族那句“己所不欲，勿施于人”有点像。意思大家都是生命，都有灵魂，对待别人的时候也要考虑到他的感受。

关：对，这样人人都有爱心啊。实际鄂伦春族啊他没法说啥，他表达不出来，老人呢说不出什么，所以他就告诉你万物有灵，别碰他，人与人之间要团结，不要过分的抢人家的，拿人家的。我们从小呢就听着这个长大，那时候老人教育也说不出别的话，他也没有文化。所以从我们这一代还是有文化的，像我们父母那一代哪有文化。

白：但是以前那种传统教育还是很有效的哈。你看老一辈的鄂伦春人都讲有礼貌啊，怎么对人啊，也都很能干啊，心灵手巧，吃苦耐劳，这些优秀品质挺普遍的是不是？

关：家家都这样，都这么说，所以我们从小就是，该上学正常上学，我们老人呢，也从来不因为家里事儿耽误课呀，都不行。说我们以后得有文化，有文化以后就全靠你们啦。

白：大姐你们小时候上学前，一般父母啊爷爷奶奶啊怎么教育孩子呀？那时候你还记得吗，小时候的事儿？

关：那时候我们家一个部落一个部落，一家就天天在一起住，别人都不在一起。

白：都是姓关的。

关：不都是，我叔叔，我大爷，我们一家就不少了嘛。我五六岁就定居的，定居之后大家在一起，也避免不了。

白：定居之前的事儿你还记得吗？

关：定居之前也就我们家自己在一起，没有别人，那时候只能是我爷爷看着我，我奶奶看着我，我们家就我一个。那时候在山上，叔叔大爷们也没人碰我，也没人背我。就爷爷奶奶背着我喊着我在一起，我弟弟比我小两岁，他这么小更不懂事儿。反正无忧无虑长大的，在定居以前，家里没有别的孩子呀。

白：你们小时候玩儿些什么？

关：我们小时候能玩儿啥，等我懂事儿的时候，也就骑马。小时候就骑马，三岁就自己学了。就是大马。那马驮东西嘛，我们搁那上面，因为一个人骑不了，只能坐在马上，把我们绑在上面。

白：其实不是自己独立骑马，就是把你们放在马上。

关：独立骑马的时候那就得八九岁，那时候就自己骑了。生下来就在马背上待着了，一辈子就这个样了。大人背着，我那时候背不了啊，我妈妈背着我弟弟，我没人背啊，完了我就坐在马上，我爸爸就牵着我，我妈妈就牵着其他东西啥的。我们就这么来回走。就是走到哪儿，哪儿背风、柴火多的地方，挑个好地方就搁那儿住。住个几天。那时候猎物挺多，打猎的人少。那时候我父母总说，跟谁也别跟弟弟干仗，别抢弟弟东西。别的能说啥呀，又没别的孩子。我还能抢啥呀？那时候有啥能抢的，除了肉以外还有啥，也没有糖，我们也没见过糖，也没见过玩具。也没啥抢的，都一样。

白：但那时候也有大人做的玩具吧？

关：能有啥，除了用桦皮做呗，那时候孩子也没有，就一个呀。就用桦皮缝一些玩具，什么方的扁的这样的东西，就是摆弄摆弄。就是整个摇的布娃娃，来回整个小球，这么摆弄着玩儿。也没啥别的。

白：那时候你们周围没有别的孩子？

关：没有，要有吧也挺远的。反正一年能见一回，没有啥事儿见不着。亲戚们，我父母都知道他们在哪儿，除了有啥事儿大家能聚一块，没有啥事儿基本上也不聚。

白：那时候没有一年有什么大活动？祭祀什么的？

关：没有。那顶多是一家一家的自己整。除了红白喜事大家聚一块，没有基本上不聚。大家见了以后也是把什么事儿办完以后各自就走了，所以还没等我们各自认识，三天两天刚熟悉了，就又分开了，还有啥争啊抢的，一个部落就一个两个孩子。

白：那时候你们冬天也玩爬犁啥的？

关：玩儿，等定居以后，大家孩子们多了，大的也多了小的也多了，定居了就什么孩子都有了。

白：咱们所谓的定居，离原来住的地方多远啊？

关：远啊。

白：就重新选了个地方？

关：是，原先鄂伦春人都在山上过游猎生活，三五成群，五六口人一起，三口人一起，两口人也可以，反正是漫山遍野的吧。定居以后呢就这一个地方了，你可以走，但是你到时候就回来了，出去一个月半个月就回来了，原先不回来啊，走到哪儿哪就是家。

白：但是原来没有一个规律吗？行动的规律？

关：没有，我们是随便，你愿意去哪儿去哪儿。

白：那比如说假设阿里河这地方，原来也都是森林，原来是谁说谁家，还没定居的时候，就在这儿住的话，那是将来有可能走很远，然后不回到这地方吗？

关：回这地方的机会少。反正互相要是有什么红白喜事呢，大家都知道，你们家在哪儿，在哪个方向住，具体什么地方不知道，反正就说一声“我们就在这一带，有啥事儿招呼我”。鄂伦春人都知道，鄂伦春人应该住什么地方，什么地方比较安全，比较避风，离水源近，所以互相都知道，大概什么方向。他回来得少。鄂伦春人这个习惯好，处处给别人着想，这不都搭完了吗，完了第二天把那个搭房的一些东西，都不拆就走了，要来了还是现成的。有条件的话呢，上面搁一点吃的，像咸盐啊什么的，有时候还能放点。这帮鄂伦春互相走呗，住呗，这个不拆，还那么搁着，谁来谁住，这个挺好。

白：一般这种情况多吗，就是我到一个地方，住人家现成留下的？

关：一般都有，这是常事儿，但是时间长了，你要是不住，他自然而然就倒了，但是还是原地方，我们搁哪儿再住，这种情况也都有。毕竟是木头，风一吹，一年没人来就倒了嘛，他能撑多长时间，没人倒得就更快嘛。也不是什么太粗的木头，一年就烂了。有的能撑一年，多的撑两年，要秋天的话能行，明年夏天不也就烂了么。

白：大姐你们小时候大家玩的游戏还有什么其他的吗？书里面提到的那些游戏，你们都玩过哪些？

关：基本上都玩，你看冬天就是玩那什么，整个野猪皮，从山上往下滑。那时候也没有爬犁，不会做爬犁呀。就是一块野猪皮，有的坐着，有的趴着，反正是什么样都有，我们就这么玩。你说往山上爬半天累得够呛，噌一下就下来了，完了还得爬上去，看谁滑得远。

白：那那个坡应该挺大的。

关：可不挺大的，而且挺远，得有五十米，有的坡下面还有坡的话滑得更远，我们小也不管，也不管姑娘小子，有的时候大人还去滑呢，还有二十多岁的小伙子小媳妇。

白：那个速度应该特别快吧？

关：快，也挺害怕的。冬天也就是玩儿这个。后来就做小爬犁了，做了以后呢，小爬犁比野猪皮快。野猪皮咋地也不像爬犁那两道呀，那时候没有板儿，把木头两边斧子砍，砍巴砍巴就整个钉上，就这么整。那时候我们烧柴，咋这么傻呢，老人也傻，就背柴火，冬天夏天背柴火，背柴火烧。

白：那要是不背柴火呢？

关：那烧啥呢，鄂伦春人吧从小就是护林防火，生下来就是护林防火，你看我们从小就知道护林防火这个事儿，护林这是个挺重要的事儿。

白：就是根本不砍树哈？

关：没有砍的，有的是树，什么树没有啊。没有，那个树绝对谁都不砍，你说这都图个啥啊，我真就纳闷儿了。

白：就是说这是咱们民族留下的传统，一辈一辈的，大人告诉孩子都是这样延续下来的。

关：对，从小就这个习惯，一直到我们这一辈都是这个样子。就是规矩，谁也不能破坏。所以我说检查谁你也别检查鄂伦春族。鄂伦春人捡柴火都是捡糟粕干的，湿的一个不要。我们天天年年夏天冬天地背柴火，实在不行，到冬天，糟粕也行，那个能熏死人的，就是里面都朽了那种，也不着，光冒烟。你说为啥用那玩意儿？你说放点干枝的，多好。

白：我就觉得，那时候坐火车也好，开车过来也好，一路上看家家那个样子，那些树看着劈得真可惜。

关：真的，我们那时候鄂伦春人怎么这么傻呢，都是糟粕木头，都背那个，我们一冬就是背柴火。

白：现在就想这多难得啊。现在没林子了还一个劲儿砍，那时候那么多的林子都不砍。

关：不砍，一个都不带砍的，没有砍的，好像互相监督似的。

白：而且人还这么少，要现在从功利的角度想，我人这么少，砍一点没事儿，那个林子还在长，肯定够，但是那时候人那么少都不砍。

关：不砍，从来不砍，我们孩子们都互相监督：谁谁谁放新木头啦！你看多傻，现在想起来可真有意思。冬天就玩儿这个。再一个呢，我们还比劲儿，就拿手臂抓木头，叫颈力比赛。我们就互相玩这个，挺有意思。

白：老玩儿也真能长劲儿。

关：对啊，反正是不管老少，玩儿"嘎拉哈"，搁家里玩，大人也玩。也没啥玩儿的呀，家家都有，都打猎。家家都有五六十、一百来个，一对一对这么弹，四个或者是六个这么抓。

白：咱们主要就这两种玩法是不是，一个是弹，一个是抓。

关：对这个比较普遍，这"嘎拉哈"也就这两种玩儿法，那时候也没啥可玩的，也就这个样子。

白：小时候有一个用手弄成"撮罗子"形状的玩法，你们那儿玩儿吗？

关：没有，那是后来编的，我们那时候没有。那时候我们一起玩儿布娃娃，还有桦皮小人儿，就这么点儿（用手比画），过家家玩，有小狗呀，马呀，搬家呀，老的呀少的呀。男的女的都玩，小小子也玩。

白：那些桦皮的小人儿啊小动物啊都是大人给铰吗？

关：大一点我们自己也铰。

白：好像鄂伦春女人都是天生会这些东西哈，拿起剪子直接就能铰，也不用画，而且都特别像。

关：对。等到更大点了，也不能总玩了，也让我们看着弟弟妹妹，帮着干活。熟皮子呀，我又是家里老大，哪有工夫总玩儿呀。弟弟妹妹也多，我们姊妹八个，还有爷爷奶奶都在一起过。

大点儿了八九岁上学了，有时候太忙的时候，我妈妈，那时在生产队，也是队长，完了还当妇女主任，总出去开会去。她一走我就背着弟弟妹妹上课，经常的。也不闹，那时候老师也好。困了就搁桌上让他睡觉，老师也帮着抱。没办法呀，都知道，你屋里就这一个孩子。有时候出去干活去，我妈妈背着孩子走，我也跟着去看着。拿个本儿，背着弟弟妹妹，跟着干活。才成立互助组的时候，一人一个牵着马，扒地翻地，那时候男的女的也不多，都一起干。

白：那时候真是够累的。

关：他们可不累吗！我就领着弟弟妹妹们，看孩子。那时候是挺难的，要啥没啥，吃的啥的都没有，国家给发救济粮，拿着粮食也不知道咋吃，根本不知道这玩意儿是啥。后来的时候有几家汉族，几家达斡尔族，那时候也刚成立政府，也进了几家，就是帮助这帮鄂伦春怎么过日子，他们知道怎么做呀，这个馒头咋做呀，这个饭咋焖呀。

白：原来咱们鄂伦春人也不吃这些哈。

管：就是，咱也没吃过这些东西，顶多是小米粥大米粥呗，不会蒸馒头啥的，根本没有那个锅，那个吊锅能蒸馒头吗，他咋发面去？那时候就是什么都搁锅里面烧，也就吃那个，多少东西不知道。真是两样的生活。鄂伦春人也挺聪明的。我作为鄂伦春人挺自豪的，也挺骄傲的。多厉害呀！从那个原始社会一次性就跨越到社会主义了，根本没什么封建社会啊这个那个的，汉族这样过了多少日子，咱们鄂伦春没有，直接就跨到社会主义，接受新鲜事物还挺容易，挺快的，能力挺强的，有的鄂伦春人达斡尔话呀汉话呀都能听懂，真挺聪明的！就是很多地方没用上是真的。

白：实际上从个人来说，鄂伦春人天赋上确实挺聪明的哈。

关：反正就是怎么的呢，鄂伦春人是笨在哪儿了呢，见不着这些东西，不知道，不知道山下是什么样的。很多东西没见过，也不知道，所以到那儿以后呢，就现学，现问。像我上小学的时候，也就语文数学，别的啥都没有。那时候呢还有鄂伦春老师，一半鄂伦春话一半汉话这么学的，我一步跨到初中去了，我们班上十多个学生，就我一个鄂伦春族，那个时候正好62年自然灾害，吃的吃的没有，穿的穿的没有，也没有棉裤，外面也没有单裤套，就里面一个裤衩，一个背心，加一个棉袄就拉倒了。没办法，没有啊。

白：那时候没有狍子皮什么的？

关：有啊，村子里穿，出去上学就不能穿那个了。到那儿以后什么我也不懂，什么也不知道，老师一下子就增加物理、化学、几何这些，还有什么俄语乱七八糟的，同学们根本也不认识，完了我说话吧，什么口音啊那叫，也不会说，少数民族刚学汉话，就跟外国人说汉话一样，现在这帮同学们说起来还笑话我呢。哎呀那时候真是太难了！吃不饱，穿的也没有，完了二十来个人挤在一起，就一个褥子，也没有什么褥单，底下就是一个板，上面一个被褥，二十多个小姑娘在一起住。没吃的，一顿就是稀不稀干不干的一碗。那时候我奶奶说我好几回，就说你还去那去干啥啊？其实回家完全可以，起码能够吃饱饭吧，那我也没有，我也坚持了。

白：信念坚定哈，就是想要念书？

关：我当时就想必须要上学，我可不能没文化。

白：那为什么当时你这么坚定呢？受谁影响？

关：父母，还有叔叔，他们没文化，我妈妈也总去开会，她也总说哎呀没有文化不行呀，现在新中国成立啦。所以我们也知道，哪儿都离不开，要不写封信啊找这个找那个的。那时候我们一起上学，一共去了几个鄂伦春族孩子，其他都没去。结果到那儿一看待不了，这几个待了几天也回去了，就剩我。那时候我也是上火啊，也是想回去呀，好歹算是坚持下来了。

白：而且你那时候不适应呀，和别人不一样。

关：对啊，说话都听不懂，有时我就一天都不说话，一天都不吱声，我一说他们就笑话我，我咋说呀？一到星期六呢，我们一些同学就老说“走吧走吧，上我们家去”，就搁她们家吃住，一点点的汉族的生活习惯就了解了。等我到初三的时候基本就没事儿了，到高中自然而然就和其他同学一样了，她们谁也骗不了我啦。现在我往回寻思寻思，初一时候真是挺难的，回头一想我都觉得自己挺厉害的，挺了不起，这都能坚持下来。

白：现在想那个时候，真是觉得苦哈，那么苦的条件。

关：真的是，吃的穿的啥都没有。不过同学在一起挺好，那些孩子心眼都挺好的。不过那时大家吃的穿的基本都一样，谁也不比谁好到哪儿去，反正都穿的补丁衣服，谁也不用羡慕谁，要搁现在行吗？

白：现在的家长吧就是家里条件不好的，也得让孩子穿名牌，生怕孩子在学校抬不起头。

关：可不是，小孙女有时候就说奶奶你一定要买这个、买那个，或者说你怎么就买那破衣服？我说怎么能是破衣服？她说你看我们同学，穿这个的穿那个的，我说咱们不能比这个。

白：他们不穿校服吗？

关：穿校服，但是平时都比。他们穿校服的时候少，多数还是穿自己的多。

白：同一年龄段的攀比得厉害。

关：对，我们那时候的生活他们理解不了。你说那时候饭都吃不饱上哪儿穿花衣服去？

白：是啊。对了大姐，定居那时候文化肯定基本是全保留的，从你的个人经历，你觉得变成今天这个样子是什么原因？

关：定居以后十年、二十年、三十年呢，变化还都不算太大，就是最近这十年二十年，国家呢发展也快，咱们这个民族呢也是一样，鄂伦春人的适应力又比较强，尤其是孩子、年轻人，变化太快，国家吧也没考虑到少数民族的具体情况。不过实际上到现在这程度呢，作为家长的也有责任，不能全推到国家身上，我们也有责任，我们也忘了这一点。

白：那这个变化过程，你感觉是怎么一点点变化的？

关：为啥变成这个样子呢，鄂伦春人现在都分散了，真正是一家一户的了，一分散呢说鄂伦春的话就少了。像我们家吧，都是鄂伦春族，这还好说，因为我们两口都是鄂伦春族，孩子们自然而然都懂，我们经常在家说这个话。有些是单的，你是汉人，我是鄂伦春，就得说汉话。

学生呢，也是这个样子，因为学校里六十多个孩子一个班，鄂伦春孩子本来就少，完了还不在一个班，他更没法说。鄂伦春旗是八几年那会儿吧成立的鄂伦春中学，成立以后从一年级开始，就把鄂伦春孩子全部集中在一起上学，那时候倒是也好，这么做是对的。结果没过多少时间，因为那时候学校刚成立，比较潮，潮湿呀！孩子们到这儿来了以后不适应，都得皮肤病，百分之七十都得了，没办法，就分散回家了。我就说，因为它刚建立，孩子们刚来生活又不习惯，时间长了慢慢不就好了嘛。结果过两年这批学生就散了。还有就是不少做家长的，也不注重民族文化，不注重民族教育。另外以前旗里也不够重视，学校也不像现在似的这么抓。前年学校开始聘了鄂伦春族老师，专门教语言课。这是刚寻思抓，就有点不赶趟了，前些年一直这么抓的话，也不至于。

白：其实语言更能体现民族意识哈。要是会语言的话，可能民族意识也比较强。

关：对，现在有的年轻人就是说鄂伦春话的时候都是“走啊，吃饭去啊”啥的，不让你听懂的话，他们都能说。鄂伦春族这个最好的地方在哪儿，不会骂人，没有骂人的话。

白：像我们就没办法，毕竟从小读的学校都是汉族的环境。

关：你们搁外边儿，多难啊。但是搁外边上学也挺好，回家以后这个事儿那个事儿的也多。上学搁外边儿，一个是学知识，一个也能锻炼人。在家里面环境也不好，弟弟妹妹也多，也闹，有爷爷奶奶，父母，叔叔大爷什么的，主要是学不到啥东西，回家就是结婚生孩子，还能干啥呀？就这些环境。

白：就在边儿上的话，谁家有事儿都得帮，都得管。

关：对啊，有事儿的时候没那么多亲戚还是不行。要不现在我就总说这孩子们，你们应该这么的那么的，但是孩子们不理解。我说你们现在不理解，等大了理解的时候，你奶奶也玩完啦，骨头都烂啦！

白：大姐你身体看着还挺好的哪？

关：也不行，现在血压还高。我现在反正挺乐观的，人活着也就这个样子，我一辈子为孩子们，为弟弟妹妹活着，我就留几年为自己活吧！

白：对呀，人本身也该为自己活，在这个前提下帮助别人。

关：原先没寻思过这个，我根本没为自己活，都为别人活了。说是那么说，哪有自己想得那么开的，还不是先是考虑别人，完了之后才是为自己活。

白：或者说这个同时是不矛盾的呀。

关：没办法，像我那个时候吧，两个妹妹一个弟弟，在一起间隔也不大，都像兄弟似的一起长大。我要是一个月挣一百块，我们五个人过得挺好，你说八个人这咋过。我能为自己考虑啥，根本不考虑自己，不允许你考虑自己。买一件衣服，你说是给你还是给我呀。

白：也是。不过等孩子长大成人了，确实应该考虑自己了。

关：等考虑自己的时候也完蛋了，天天只能是吃药了

(笑)。我已经二十年的高血压了，我爸我妈都是高血压，加上这几年也是劳累。不过我是挺乐观的，我也不在乎这个病。现在这个病情不还是挺好吗，我都没想到能活六十年，我这六十已经超了，我估计七十也没事儿。你下回再来我也还能见你。我现在基本每年出去溜达溜达看看，这几年也别白活，有条件就出去看看。现在条件也好了，谁也用不着我了，我也不用管谁了，实在不行大家资助点，也就够我玩了，有一万块用不了的。去年我上台湾，今年我上日本，跟旅游团一起出去，挺好，等明年自己家门口再看看。今年上满洲里、海拉尔，开车去的。这样自己增加知识，再一个你走到哪儿说话呀啥的就比别人强，你看我也坐船呀，坐飞机呀，什么感觉我知道呀。要不人家一问你啥也不知道。

白：是啊，这样想就对啦。

关：鄂伦春人也看看大海，他们都来看我们的森林，我干啥不看看大海？近期十月份就上日本啦，一个星期，七千块钱吧，从北京坐飞机去。去年我们十一月份搁北京坐飞机，完了又从香港转机，到台湾待了六天。

白：那团里面有认识的人吗？

关：去年我们姐仨去的。去年一起的这帮人都认识啦，也都是岁数大的。明年一家上三亚，到海南岛看看，完了上西双版纳，没去过的地方都去看看，反正身体还行，有劲儿。

白：国内值得看的地方很多哈。

关：嗯哪，我就寻思着这俩地方都看看，完了看身体咋样吧。反正天天都锻炼，回来在家里做活，我就做头饰，做服装，都做。他们谁要个袍啥的，孩子们出去搁哪儿弄着点皮子啥的，都给我送来。我有时候自己熟，熟完了做。

白：大姐你做的活儿有样品吗？

关：有的在，有的没在这儿，他们晚上要用。这些都是我做的，一个薄的一个厚的，还有一个没有毛的褂子，那个我打算不卖了，自己留着，以后有什么事儿了自己穿，方便嘛。头饰有，去年给老三他们拿去二十多个。

白：您平时还做点什么？

关：我待不住！让我就这么坐着玩儿麻将，不行，玩儿不了，但是我也会玩儿，就是觉得没啥意思，白瞎那个时间。你说写点啥呢，也能写，戴一会儿眼镜眼睛就累了。写东西这玩意儿，你来了思路吧，一定要写完它，写不完吧，下一次就连不起来。我试了两次，不行，眼睛不行啊！白内障。做活儿也是，断断续续的，你不戴眼镜还没法做，戴了眼镜眼睛还不行，一天也做不了多少，人老了一天也挺麻烦的。

白：忙活着就觉得充实哈？

关：嗯，一天反正也不闲着。

白：大姐你说你掌握的这些鄂伦春的东西，手工艺也好呀，还有从小受的各种熏陶，你说是不是还是对人的成长有用，咱的文化现在还有啥用没有？

关：虽然平时吧好像没什么大用，不过想想呢有用的地方还是多。因为这一个民族要是没有文化，早晚就得取缔，就像满族似的。满族好歹还有文化呢，他都没了，咱们这小民族，像达斡尔族、鄂温克族、鄂伦春族，我看早晚都得完蛋。光有这民族称号有啥用，也不会说，等我们这五十岁往上的人死了，现在三四十岁的人到五六十的时候，啥都没有，连话都不会说了，何况现在还不让打猎，皮子都越来越少，做啥呀？根本只能从博物馆里看，有这么些东西。

白：我想假设没有那么多的狍皮，但是弄一点，用在幼儿园里，把工艺简化一点，或者在小学、中学都可以，现在都有手工课嘛，咱就把东西按比例全缩小，就做这么大一点的小狍皮衣服，但是工艺一点不少。从熟皮子开始，变小以后也不累人呀，就当作手工课了，怎么缝，怎么绣，这么大的小衣服，让学生练手的灵巧性。

关：不行，中学生都不行，达不到。

白：可以从简单的教嘛，把资料配齐了，皮子也有，还有手工老师，把老人请来，一步一步教，揉皮子的时候用什么料什么方法，就教小孩儿做。我觉得肯定可以。

关：中学生还是可以，小学生够呛。现在独生子女一家一个，就像我们小孙女给娃娃做衣服，我就给她扔个破布，就让她自己做去吧。

白：这种如果当成幼儿园上课的话，小孩会认真吧，把它变成游戏，一点一点来。

关：你说这个对，像中学生呀，光给他教鄂伦春单词不行，有运用的时候就不一样了。

白：我想的是在幼儿园，不是也教唱歌跳舞吗，要是把鄂伦春儿歌啊舞蹈啊放进去，如果将来能再做些讲鄂伦春故事的动画片，配上鄂伦春的儿歌，再做两个版本，汉语鄂伦春语都有，小孩儿学完单词和儿歌再看动画片，您觉着怎么样？

关：这样当然好啊！这就跟全民皆兵似的，汉族鄂伦春族也好，就跟着一起学一起说，行动起来就好了。电视上最近动画片也放了，也是配的鄂伦春话，也都体现得挺好。所以有时候也别说人家政府怎么的，咱自己也得争取，也不能光等着，大家一起行动。尤其是幼儿园或者是小学什么的，应该有奖励办法，说鄂伦春话说得好的，应该有什么鼓励。你说的考大学、考公务员的时候，这都是好方法，要这样的话孩子们就能意识自己是鄂伦春族，我应该怎么办。要不像我这样成天给外孙女说你们学吧学吧，等你姥姥死了就没人会说啦，到时候还要花钱找别人，现成的老师你们不用。哎，就这么说也没人用过呀！有的人说你弄个房子办一个班吧，我说现在也没合适的地方呀，等这个路（指家门口正在建的马路）修好了，我办一个班也行。

白：要是没有这些政策出台，会有多少来学的呢？您有信心吗？

关：应该还是有。要是有这些政策的话就更好了，反正二三十个是没问题的。大人吧也有学的，还说“你办班吧大姐，孩子们去我也跟着去”。其实也不累，大家一起互相交流。

白：能做点有意义的事儿其实真挺好，生活也觉得充实，精神头也就足。

关：是，能让大家享受到，因为毕竟我有点文化，知道点东西，所以我应该多付出点也是对的。但是我觉得我事儿是多了一些，一会儿这个喊我，那个叫我的，说我是119，哈哈。朋友多，谁有事儿都找我。姑娘家、儿子家、侄女家钥匙我都有，人家说你看看你兜里的钥匙，比药都全。除了药全是钥匙，也挺忙的。一会儿这家一会儿那家，完了做点活。我也不指着卖，我就找点事儿干。只是皮活做不成了，这是真的。

白：狍子没有养殖的了是吧？

关：有也是少，一年也就杀几个。

白：狍子人工饲养很难吗？

关：反正不好养，那年我们家小叔子还养呢，也没养起来。我的两个狍皮衣服，都是从黑河拿过来的两个皮子，跟这个要点跟那个要点，就这么凑着做了三件，完了卖了一件。现在一般也不卖了，皮子不好得呀。做那个也累，一针一针地缝，狍皮也是一张一张熟，我现在一天只能熟一个了，熟两个的话第二天就干不动了，还不如轻松点。

白：您没有收徒弟啥的？

关：没有，皮子也没有，收徒弟做啥。我要让他做，做不好了我上哪儿再整皮子去呀，这是实话，要有皮子多熟几张也可以，没有呀。

白：干脆找替代品呢？

关：替代品也就是布呗，人人都有，没啥意思。布的服装有的是呀，它也没有真实感了。

白：再一个就是仿皮的哈，料肯定是人造的，不管怎么说看着还算像，当然皮子的珍贵，但那种相对便宜。

关：那种颜色不正，没咱原来皮子的那种色儿，便不便宜，也没啥意思。

白：关键是咱的量太少了，将来大家再穿民族服装，还有需要表演的，也不一定都要真皮的是吧。

关：今年七月份拍电视剧的时候，我们那时候就做了，穿着那个拍电视剧，就拍原先鄂伦春族搬迁、祭祀、结婚，近似于皮子的颜色吧，都穿那个了。现在确实也没有狍皮，也不可能为了拍个电视剧，让中央下令你去杀十个二十个狍子是吧？你就真要杀十个二十个，上哪儿找去呀！现在漫山遍野都找不着了。

白：现在是不是这种林子，狍子生存不了？

关：嗯，狍子野猪都生存不了啦，没有天然森林了。另一个是都开地了，哪儿都是地，没有生存环境了，所以这些个动物都上原始森林生存去了，那地方人进不去呀。所以皮子越来越珍贵，做个狍皮衣服也是难了。现在一件衣服就三四千块，这要原来的价格得买多少啊！这玩意儿也没法说。要是说教教做桦皮盒吧，也可以开个课，但是林业局不让弄桦皮，也都限制了，所以也没法开。

白：其实学校倒是没关系，咱可以不用真的东西，找替代品，你先学，最后一次课给你真东西，这都可以想办法。

关：对，但是你光会做不行，那个工艺也得跟得上，剪子刻刀啥的必须得有，得用那个画图案啊，那也得凿。

白：其实小孩做这些会很好玩，他们肯定有兴趣，做出来东西可以比赛，还可以展览，也有成就感。

关：那桦皮我小时候妈妈也都整图案，那时候有啥图案？也没水彩，都是用钉子一个一个的凿，别的没啥图案。再一个就是皮活的时候，红的黑的白的皮张绣上花，也就这个。那时候鄂伦春也有审美，不过就黑的和黄的，别的染不了，鄂伦春族衣服也就两个色儿。黄色为啥多，不是白的呢，主要是那个白的走到哪儿碰脏了不好整，就染个黄的。有的不染成黄的，就用烟把皮子熏了以后，整个架子，把狍皮衣服都搁那上面，用朽了的那种木头熏两天，熏黑了、黄了以后，就穿。这样的抗埋汰、抗湿，然后在容易坏的地方多缝一层，它就不会坏。所以鄂伦春人也挺聪明。

白：这些也都是咱鄂伦春人千百年总结出来的。咱们的服装现在看是真好看。

关：可不是。当时这个皮毛弄了也不用染色，就弄点花纹。咱们现在吃的是单一了，原来是各式各样的野菜，都晾着，冬天就能吃。再一个就是野果了，那时候也没人偷，都搁外边搁着，就在山上，也没人拿没人偷，就搁野外，搁哪儿采就在哪儿搁着，冻了以后拿回来。

白：其实这些生活细节，拍成电影、拍成动画片都会好看。

关：柳蒿芽、老山芹这些春天都晾干了，冬天吃。柳蒿芽那个汤，胃要不好，拉肚子，也都喝那个，这不就治病吗，现在有时候晾干了也喝。

白：咱鄂伦春的自己的药，本来也可以开发开发的。

关：要我说首先就应该开发鄂伦春原来接骨的药，还有骨头伤了坏了用那个。那个漫山遍野都是，熬成膏药贴伤，比别的什么膏药都好。

白：现在还有老人知道这个方子吗？

关：应该是都知道，有时候孩子们啥的，我就把它们拿回来熬成水，也喝。

白：你说咋就没人整这事儿呢。

关：我整过，我们一起上山的，有一个，我给他拿了几个，我说你去制药厂化验一下，是什么成分。结果他去制药厂也问了，制药厂说你得先交费，而且还可贵了，这就拉倒了，两次都没成功。

白：有没有加工好的，不用每次都现熬？

关：我们每次都现熬，其实鄂伦春的方子也挺多。那个东西吧，真要采集也容易，但是真正要药厂加工就麻烦了。所以什么地方种植多少，买几个山，大家都行动起来就好了。不过现在是哪儿都有，销路是不用愁的，这都是祖祖辈辈用过的东西。

白：现在就是看怎么能把它变成成药，能不能变成粉状的，或者贴的？

关：这个喝的和贴的就行，销量没毛病，但是这些东西能不能供上是真的。鄂伦春本来有很多好东西，现在文化文化也没了，说也不能说了，东西也没有了，也不打猎不穿皮衣服了，这些肉一年也吃不了一回了，像狍子肉犴肉我们上哪儿吃去？

白：大姐像你这个年龄往上的，都觉得这些消失了挺可惜吧？

关：是啊，年轻人倒是不这么想，没有了就没有了，我们觉得挺可惜，白瞎了。每次篝火节或者有啥活动啥的，我们二十来个老太太，都是无条件的参加去，说大家在一起不容易，有今年没明年，咱们好好乐呵吧，什么报酬不报酬的。

白：就是表演是吧。

关：是。其实去一次累得够呛，给我们一个盒饭，我们还挺高兴。这图些啥呢？反正我们鄂伦春老太太挺好的。我不会说也不会唱，腿也不能蹦了，长骨刺，就这个样子，就这么肿着，我这天天跟他们玩儿就不错了。我这腰也是骨质增生，也不敢跳了，反正能走就走，不行了就搁那儿坐着。

白：现在用鄂伦春传统的草药还管事不管事呀？

关：现在已经是不管事了，反正是维持吧。我胃不好，就只能是洗洗，别的不行。骨膜坏了，骨质增生，草药管不了这个。一开始没顾上，等到了这个程度不敢整了。我不说嘛，光为别人活啦！有时候贴了药膏还过敏，夏天还贴不了，一出汗就完了，冬天我就天天贴了。想跳舞的话，你就要两条腿蹦，蹦不了啊，少数民族一般都这个样子。

白：大姐，您给我讲这些真好，就是让您受累了，给我讲这么长时间。

关：没事儿，不累，就当我唠嗑呗。

后 记

记得当初，在我经过长期的困顿，终于将博士论文完成的时候，心中之感慨，是异乎于他人的。论文写作的过程，让我感受到了前所未有的苦闷与艰辛，但在此中我同时感受到的是自己的成长，不仅在相关领域知识的收获上，更多是在对自身不足的突破以及对自己和民族的未来的深入思考上。所以其间的快乐也是等量的。

深深感谢我的导师哈经雄教授对我多年来的指导和鼓励，他行为世范的学识和修养使我终生受益。特别感谢王军教授和董艳教授，他们关于民族文化传承等领域诸多有价值的思想和研究，给我以很大启发，他们对论文提出的珍贵意见、帮助和鼓励，是我的论文得以顺利完成的重要因素。

感谢尊敬的韦鹏飞教授、祁庆富教授对论文给予积极肯定并提出宝贵建议。感谢苏德教授、常永才教授以及其他师弟、师妹们，他们对我一直以来的关怀、帮助和鼓励，使我倍感温暖和感动，为我在前行中增添动力。感谢我的师姐丁月牙教授和钟志勇教授，对我完成自己不熟悉的数据分析部分给予的无私帮助。感谢赵海碧、赵比培、刘海英、付强、田李、唐胜勇、朱琳、涂君山、冯君社、石智伟、李雪、兰建华等同学，对论文中数据录入和排版等所做的繁杂工作。感谢焦隽和叶楠，在我最需要的时刻伸出援助之手。

还要特别感谢我家乡的亲人们。感谢白雅尔图、额尔登挂、白玉兰、辛来群、何秀芝、杜国良、何英莲、内淑梅、葛根塔娜、杨树梅、关继英、泉博顺、马连军、格尔巴杰、葛林杰等老前辈；感谢真诚善良的白娟和她可爱的女儿安蕊；感谢曲文、阿丽燕、敖荣凤、关红英、关志英、宏雷以及何文娜、刘世萍、廉成宝、迟宝权等好友；感谢白石、赛林、辛丽华、白丽、白丽君、张志光、白丽华、赛虎、鄂林鹏、白立珠、张明明、涂慧英等亲人，以及市教育局、鄂伦春旗教育局、鄂伦春中学、大杨树二中、阿里河一中、鄂伦春旗实验小学、托扎敏小学和诺敏小学的师生，在进行实地调查期间给予我的真诚帮助和热心支持。

谢谢我的堂哥赛革，在我多年的求学道路上给予的关心、鼓励和扶持。

在本书出版过程中，得到了“中央民族大学青年学者文库”基金的资助，在此深表感谢。特别感谢责任编辑宁玉老师，她细致耐心的编辑工作，帮助本书得以不断完善；感谢美术编辑布拉格老师，在图文设计方面给予了许多帮助和建议。

最后，感谢我的家人，尤其是我亲爱的父母，对我一直以来的无私付出和默默支持。没有他们的养育和影响，就没有我的今天。

感谢生我养我的这片土地和生活在这片土地上的人们。作为一个鄂伦春人，当我将为这篇话犹未尽的博士论文画上句号的时候，不仅没有如释重负的感觉，反而觉得压在心上的石头变得更加沉重了。那些曾经带给我童年无限欢乐的儿时游戏，那白桦林中围坐在老人身旁入神倾听的古老传说，那银白的雪坡上飞驰而下的雪橇，那夜晚篝火映照下火热的罕贝舞，那如泣如诉的口弦琴声和婉转悠扬的民歌……曾经伴随和哺育了多少代鄂伦春人！然而，当历史的时钟摆动到今天，这一切却正在渐渐离我们远去，甚至将会永远地从人类的视野中消失。为了使这些古老的民族文化一代代地保存和传承下去，让她不仅像嘎仙洞前清澈的溪流一样继续滋润鄂伦春的子孙后代，而且要让更多的民族了解和共享这些优秀的民族文化，我将一生继续我的研究，以此作为一个鄂伦春儿女对养育我的父母和民族的一点回报。